"十二五"普通高等教育本科国家级规划教材
国家级精品课程
国家级精品资源共享课
东北财经大学会计学系列
首批国家级线上线下混合式一流本科课程教材

配套教材

吴大军 主编 牛彦秀 耿云江 副主编

管理会计习题与案例

Management Accounting: Exercises and Cases

第7版

东北财经大学出版社
Dongbei University of Finance & Economics Press
大连

图书在版编目（CIP）数据

管理会计习题与案例 / 吴大军主编．—7版．—大连：东北财经大学出版社，2024.3

（东北财经大学会计学系列配套教材）

ISBN 978-7-5654-5071-6

Ⅰ．管…　Ⅱ．吴…　Ⅲ．管理会计-高等学校-教学参考资料　Ⅳ．F234.3

中国国家版本馆CIP数据核字（2023）第255797号

东北财经大学出版社出版

（大连市黑石礁尖山街217号　邮政编码　116025）

网　　址：http://www.dufep.cn

读者信箱：dufep@dufe.edu.cn

大连永盛印业有限公司印刷　　东北财经大学出版社发行

幅面尺寸：148mm×210mm　　字数：379千字　　印张：12.5

2024年3月第7版　　2024年3月第1次印刷

责任编辑：田世忠　李　彬　王芃南　　责任校对：一　心

封面设计：原　皓　　版式设计：原　皓

定价：33.00元

教学支持　售后服务　　联系电话：（0411）84710309

如有印装质量问题，请联系营销部：（0411）84710711

第7版前言

为适应“管理会计”课程教学的需要，我们组织东北财经大学会计学院部分有丰富教学经验的教师编写了这本《管理会计习题与案例》。

本书是“十二五”普通高等教育本科国家级规划教材、国家级精品课程“管理会计”、国家级精品资源共享课“管理会计”、首批国家线上线下混合式一流本科课程“管理会计”、东北财经大学会计学系列教材之一——《管理会计》的配套学习指导书。我们编写本书的初衷是突出课程重点、化解教材难点，帮助学生学习和掌握管理会计课程的基本内容、基本理论和基本方法。我们希望通过本书的引导与帮助，使学习管理会计课程的学生在熟悉总体框架的基础上，强化对各章知识点及相关重点和难点等内容的把握和理解，在充分自主预习和及时复习的前提下，尝试独立（部分或全部）完成各章练习题，以便进一步积累学习经验、增强学习兴趣、加深记忆、开拓解题思路。学习本书，不仅能达到有效地提高成绩的目的，而且有助于培养学生独立分析问题和解决问题的实战能力，促进理论与实践的结合。

本书编写认真落实党的二十大的人才培养要求。本书篇章的安排，与吴大军主编、牛彦秀教授和耿云江教授副主编的《管理会计》（东北财经大学出版社，2023年7月第7版）完全一致，共包括16章、2个附录和练习题参考答案。本书每章的主要构成内容包括学习目的与要求、预习要览（含关键概念和关键问题）、本章重点与难点、主要公式、练习题（含单项选择题、多项选择题、判断题和计算分析题）、案例和参考及阅读书目。附录一为货币时间价值（原为《管理会计》教材第6版及以前版本中的附录，因第7版教材增补的内容较多，故收入本书）。附录二中收录了东北财经大学在组织本科“管理会计”课程的期末考试中使用过的两套试卷，作为模拟试题，供读者了解试卷的题型、题量、答题说明或要求、难易程度以及考点分布情况。由于试卷已有部分内容失效，故本书未提供与之配套的标准答案和评分标准。本书最后是参考答案，与各章练习题中的各类题目一一对应，并为部分案例提供了分析提示。

本书的特点如下：

第一，面向学生自主学习，不遗余力，精心策划。具体表现在，为便于学生对照查询和预习、复习，增加了其他指导书中缺少的各章主要公式；同时为实践因材施教的方针，我们在各章关键问题的安排上，有意以启发式的思路设计了部分超越主教材内容或在学术上有争议的问题。

第二，所有的练习题及参考答案完全是按标准化命题规范认真设计而成的。不论从客观题的题干、选项的内容和格式，还是从计算分析题的命题思路、数据设计和答题过程来考察，所有内容均符合科学规范，可以直接作为正式的考试试题和标准答案使用。各章练习题中三类客观题各小题的先后顺序均按主教材的相应内容排序；尽量避免各小题选项字数过多或过少、相差悬殊或数值大小顺序杂乱无章等问题；每类客观题答案的选项分布体现了分散合理、机会均等的原则，避免答案过多地集中于B和C选项的现象；判断题的答案力争对错各占一半。这样不仅有助于学生按照教材内容和学习进度循序渐进地复习、掌握课程内容，杜绝机械地猜答案的可能，而且也为授课教师组织课后练习提供了系统的题库资料。

第三，附录中的模拟试题包含了跨章节的综合题，这就弥补了各章练习题缺少此类题型的不足。

本书由东北财经大学会计学院吴大军教授担任主编，牛彦秀教授和耿云江教授担任副主编。编写任务分工如下：第一、三、六、七、八、九、十和十一章和附录由吴大军编写；第四、十二和十三章由牛彦秀编写；第十四和十五章由耿云江编写；第二章由吴大军和崔发婧共同编写；第五章由吴大军和金韵韵共同编写；第十六章由吴大军、崔发婧和金韵韵共同编写；前言、目录和附录由吴大军编写。初稿完成后，由吴大军对全书内容进行了细致的修改和总纂。

在学习管理会计课程的过程中，欢迎读者登录教育部授权的“爱课程”网站，浏览国家级精品资源共享课“管理会计”的课程资源（课程负责人：东北财经大学，吴大军），观看或下载相关的多媒体资源、教师教学资源、学生学习指南、学生实践指南或阅读参考资料。

在本书的编写过程中，我们参考了大量中外文献资料和教材，在此对相关作者一并表示感谢。

由于我们的水平有限，在本书的编写过程中难免会有遗漏（如为节省篇幅，只有少量案例配备了分析提示；选用的案例资料还不够完整），恳请读者不吝赐教，以便我们在今后修订时更正。

编　者

2023年12月于大连

目　录

第一章　管理会计概述

一、学习目的与要求

本章的学习目的是使学生在了解管理会计基本假设的基础上，完整理解按照两条技术路线构建的管理会计基本概念框架结构的各项具体内容，全面了解管理会计产生与发展的历史沿革，明确管理会计形成与发展的内在原因，熟悉管理会计的发展趋势，掌握管理会计与财务会计、成本会计、财务管理的关系。

通过本章的学习，学生应了解管理会计的各项假设；掌握管理会计的定义、要素、应用原则、职能、基本内容和基本原则；熟悉管理会计的职能和内容；明确管理会计产生的背景，熟悉管理会计的历史沿革和重要时间节点；重点掌握管理会计形成与发展的根本原因；重点理解管理会计与财务会计的主要区别。

二、预习要览

（一）关键概念

1. 管理会计的基本前提
2. 管理会计的本质属性假设
3. 管理会计学
4. 管理会计的时间属性假设
5. 管理会计的空间属性假设
6. 多种计量单位假设
7. 充分占有数据假设
8. 理性行为假设
9. 管理会计的基本概念框架
10. 管理会计及其目标
11. 管理会计要素
12. 管理会计活动
13. 管理会计信息
14. 管理会计的应用原则
15. 战略导向原则
16. 融合性原则
17. 企业管理会计
18. 管理会计的职能
19. 管理会计的基本内容
20. 管理会计的基本原则

（二）关键问题

1. 本书提出管理会计假设基于什么基本前提？研究管理会计出于哪些假设？

2. 什么是管理会计？管理会计与管理会计学有什么关系？

3. 当代管理会计的时间属性假设包括哪些层次？管理会计的空间属性假设提出了哪些单位主体？

4. 为什么衡量管理会计的信息需要使用多种计量单位？

5. 管理会计的目标是什么？管理会计的要素包括哪些？

6. 应用管理会计应遵循哪些原则？

7. 财政部发布的管理会计应用指引包括哪两大类？截至2020年12月底，财政部分几批共发布了多少项管理会计应用指引？

8. 什么是职能？管理会计包括哪些职能？

9. 管理会计的基本内容有哪些？

10. 管理职能路线提出的管理会计基本原则包括哪些内容？

11. 请说明在西方管理会计发展史上，1922年、1952年和1972年发生了哪些与管理会计形成与发展有关的事件？

12. 结合管理会计理论和实践在我国发展的事实，说明“管理会计是西方资本主义的必然产物”这一说法的谬误所在。

13. 请谈谈你是怎样理解管理会计产生与发展的根本原因的。

14. 管理会计具有什么样的发展趋势？

15. 管理会计与财务会计存在哪些主要联系？

16. 管理会计与财务会计有哪些主要区别？

17. 管理会计与成本会计存在什么关系？

18. 什么是财务？什么是财务管理？怎样理解管理会计与财务管理之间的关系？

三、本章重点与难点

“管理会计是一个属于特定时代会计实践的范畴”是本书最基本的前提条件。基于此，提出了有关管理会计的本质属性、时间属性、空间属性、多种计量单位、充分占有数据和理性行为等一系列假设。

管理会计的本质属性假设包括实践、理论和逻辑三个维度：管理会计的本质属于实践的维度；管理会计学属于理论的维度；管理会计术语则属于逻辑学的维度。

管理会计的时间属性假设包括特定历史阶段产物假设、面向未来假设和合理预期假设三个层面。

管理会计的空间属性假设包括单位主体假设和多层主体假设两层含义。

多种计量单位假设说明衡量管理会计信息使用的计量单位不是唯一的货币计量单位，而是同时使用财务和非财务计量单位；信息的属性既可以是确定的，也可以是不确定的。

充分占有数据假设假定管理会计总能保质保量地取得有用的数据、为进一步科学有效地处理数据，以确保信息的有用性奠定基础。

理性行为假设假定管理会计各种目标的确定和方法的选择都是出于理性的考虑，采取理性行为。

管理会计的基本概念框架是构建管理会计学的基础。它是管理会计的定义、目标、内容构成（要素或职能）、应用原则等相关概念的有机组合。本书提出构建管理会计的基本概念框架的两条技术路线：官方路线和管理职能路线。

这里所述及的官方路线，是指按照我国财政部陆续颁发的《财政部关于全面推进管理会计体系建设的指导意见》（2014年10月发布）、《管理会计基本指引》（2016年6月发布）和《管理会计应用指引》（2017年9月至2018年12月发布）等文件设计的思路，构建管理会计基本概念框架的技术路线。按该路线构建的管理会计基本概念框架如下：

第一层面包括管理会计的定义、目标、要素和应用原则等，是通过《管理会计基本指引》集中发布的。

管理会计的定义：它是会计的重要分支，主要服务于单位（包括企业和行政事业单位，下同）内部管理需要，通过利用相关信息，有机融合财务与业务活动，在单位规划、决策、控制和评价等方面发挥重要作用的管理活动。管理会计工作是会计工作的重要组成部分。

管理会计的目标：通过运用管理会计的工具方法，参与单位规划、决策、控制、评价活动并为之提供有用信息，推动单位实现战略规划。

管理会计的要素：包括应用环境、管理会计活动、工具方法、信息与报告等。

管理会计的应用原则：包括战略导向原则、融合性原则、适应性原则和成本效益原则。

第二层面包括概括性指引（编号尾数为零）和具体应用指引（编号尾数不为零）两类内容，是通过《管理会计应用指引》陆续发布的。2017年9月至2018年12月，财政部分3批发布了累计34项管理会计应用指引。

按官方路线构建的管理会计基本概念框架，将财务活动的主体范围限定为企事业单位，有助于克服当前学术界对财务、财务活动和财务管理等相关概念的解释不统一甚至自相矛盾的问题，有助于正确划分管理会计与成本会计和财务管理的界限，但也存在一定的实际问题，有待于进一步完善。

按管理职能路线构建的管理会计基本概念框架包括：企业管理会计的定义、职能、内容和基本原则。

企业管理会计的定义：它又称微观管理会计，是指在当代市场经济条件下，以强化企业内部经营管理，实现最佳经济效益为最终目的，以现代企业经营活动及其价值表现为对象，通过对财务等信息的深加工和再利用，实现对经济过程的预测、决策、规划、控制和责任考核评价等职能的一个会计分支。

管理会计既是一种侧重于在现代企业内部经营管理中直接发挥作用的会计，同时又是企业管理的重要组成部分，因而也有人称其为“内部经营管理会计”，简称“内部会计”。

管理会计是现代企业会计系统中与传统的财务会计相对立的概念。

管理会计的职能：它是指管理会计实践本身客观存在的必然性所决定的内在功能，具体包括预测经济前景、参与经济决策、规划经营目标、控制经济过程和考核评价经营业绩五项内容。

管理会计的内容：它是指与其职能相适应的工作内容，包括预测分析、决策分析、全面预算、成本控制、责任会计和战略管理会计等方面。

预测决策会计是指管理会计系统中侧重于发挥预测经济前景和实施经营决策职能的最具有能动作用的会计子系统。它处于现代管理会计的核心地位，也是现代管理会计形成的关键标志之一。

规划控制会计是指在决策目标和经营方针已经明确的前提下，为执行既定的决策方案而进行有关规划和控制，以确保预期目标顺利实现的管理会计子系统。

责任会计是指在组织企业经营时，按照分权管理的思想划分各个内部管理层次的相应职责、权限及所承担义务的范围和内容，通过考核评价各有关方面履行责任的情况，反映其真实业绩，从而调动企业全体职工积极性的管理会计子系统。

战略管理会计是指以协助高层领导制定竞争战略、实施战略规划，从而促使企业良性循环并不断发展为目的，能够从战略的高度进行分析和思考，既提供与顾客和竞争对手等有关的具有战略相关性的外向型信息，也提供与本企业战略相关的内部信息，服务于企业战略管理的一个会计分支。

管理会计的基本原则包括：最优化原则、效益性原则、决策有用性原则、及时性原则、重要性原则、灵活性原则等。

表1-1列示了两条技术路线构建的管理会计基本概念框架的对比情况。

表1-1　　不同技术路线构建的管理会计基本概念框架的对比

技术路线		官方路线	管理职能路线
序号	对照标志		
1	管理会计的定义	管理会计是会计的重要分支，主要服务于单位（包括企业和行政事业单位，下同）内部管理需要，是通过利用相关信息，有机融合财务与业务活动，在单位规划、决策、控制和评价等方面发挥重要作用的管理活动。管理会计工作是会计工作的重要组成部分	企业管理会计，又称微观管理会计，是指在当代市场经济条件下，以强化企业内部经营管理、实现最佳经济效益为最终目的，以现代企业经营活动及其价值表现为对象，通过对财务等信息的深加工和再利用，实现对经济过程的预测、决策、规划、控制、责任考核评价等职能的一个会计分支

续表

技术路线		官方路线	管理职能路线
序号	对照标志		
2	管理会计的目标	通过运用管理会计工具方法，参与单位规划、决策、控制、评价活动并为之提供有用信息，推动单位实现战略规划	确保企业实现最佳的经济效益
3	管理会计的要素	应用环境、管理会计活动、工具方法、信息与报告	管理会计的工作主体是现代企业，而后者又处在现代市场经济条件下；管理会计的手段是对财务信息等进行深加工和再利用；管理会计与企业管理的关系是部分与整体之间的从属关系；管理会计既是一种侧重于在现代企业内部经营管理中直接发挥作用的会计，同时又是企业管理的重要组成部分；管理会计是现代企业会计系统中与传统的财务会计相对立的概念
4	管理会计应用原则	战略导向原则、融合性原则、适应性原则、成本效益原则	最优化原则、效益性原则、决策有用性原则、及时性原则、重要性原则、灵活性原则
5	管理会计的职能	参见管理会计的目标	预测经济前景、参与经济决策、规划经营目标、控制经营过程和考核评价经营业绩

续表

技术路线		官方路线	管理职能路线
序号	对照标志		
6	管理会计的内容	战略管理（含战略地图）、预算管理（含滚动预算、零基预算、弹性预算和作业预算）、成本管理（含目标成本法、标准成本法、变动成本法和作业成本法）、营运管理（含本量利分析、敏感性分析、边际分析、内部转移定价和多维度盈利能力分析）、投融资管理（含贴现现金流法、项目管理、情景分析和约束资源优化）、绩效管理（含关键绩效指标法、经济增加值法、平衡计分卡和绩效棱柱模型）、风险管理（含风险矩阵、风险清单）、企业管理会计报告（含管理会计信息系统和行政事业单位）	成本性态分析、变动成本法、作业成本法、本量利分析（含保本分析、保利分析、保净利分析、经营杠杆系数、敏感性分析）、预测分析（含目标利润预测、利润敏感性分析、目标成本预测、资金需用量预测）、决策分析（含定价决策、生产决策、长期投资决策评价指标计算、长期投资决策方法的应用、投资敏感性分析、风险投资决策）、全面预算（含经营预算、决策预算、财务预算、滚动预算方法、零基预算方法和弹性预算方法）、成本控制（含标准成本控制、质量成本控制、存货成本控制、作业成本控制）、责任会计和企业绩效评价、其他专题（含战略地图、环境管理会计、人力资源管理会计和管理会计信息系统）

管理会计萌生于19世纪末20世纪初，其雏形产生于20世纪上半叶，正式形成和发展于第二次世界大战之后，20世纪70年代后在世界范围内得以迅速发展。

从会计发展史的角度看，由传统近代会计向现代会计的过渡形成了管理会计产生的时代背景。

从20世纪50年代起，管理会计首先在西方得到迅速发展。

从20世纪90年代起至今，管理会计进入了强调价值创造的阶段。

一些国家也尝试将管理会计引入公共部门管理之中，并随着新公共管理运动的兴起在全世界推广。

专业管理会计团体的成立标志着现代管理会计进入了成熟期。

管理会计实践的发展，大大促进了管理会计学理论研究的繁荣。在西方会计发展史上，1922年第一次提出“管理的会计”术语；1952年正式提出“管理会计”术语。

从20世纪70年代末80年代初，开始向发达国家学习引进有关管理会计知识算起，我国大致经历了宣传介绍、吸收消化、改革创新和全面推进4个发展阶段。

在我国，虽然管理会计相关理论引入时间较短，但相关实践早已有之，其中不乏成功探索和有益尝试。

2016年10月，财政部制定发布《会计改革与发展“十三五”规划纲要》，明确了推进管理会计广泛应用的具体任务并确立了“2018年底前基本形成以管理会计基本指引为统领、以管理会计应用指引为具体指导、以管理会计案例示范为补充的管理会计指引体系”的目标。

2021年11月，财政部制定发布《会计改革与发展“十四五”规划纲要》，提出了全面深化管理会计应用的五项举措，以推动完成会计职能对内拓展这一重要任务。

社会生产力的进步、市场经济的繁荣及其对经营管理的客观要求，是导致管理会计形成与发展的内在原因。虽然管理会计最初诞生于西方资本主义社会，但它本身绝非西方资本主义制度或资本主义经济的必然产物。

现代电子计算机技术的进步加速了管理会计的完善与发展。

在管理会计形成与发展的过程中，现代管理科学理论起到了积极的促进作用，但不能将管理会计说成是管理理论的产物。

进入21世纪以来，越来越多的国家加大了应用和推广管理会计的力度，越来越多的最新研究成果被迅速应用到企业的管理实践之中，一些国家成立了管理会计师职业管理机构，相继颁布了管理会计工作规范和执业标准。国际会计标准委员会和国际会计师联合会等国际性组织也成立了专门的机构，尝试制定国际管理会计准则，颁布了有关管理会计师的职业道德规范等文件。

总之，随着经济全球化和知识经济的不断发展，以计算机技术和现代网络技术为代表的信息革命向社会生活大范围、深层次渗透，科技在经济发展中的贡献大幅提高，管理会计作为管理中决策支持的一个重要组成部分，要不断拓展应用的深度与广度，进一步适应信息技术飞速发展、管理模式不断变革、外部环境不确定性增加的现实，在集成数据处理、长期与短期决策平衡、不确定性风险识别与规避等方面发挥作用，为单位提供更多财务信息系统不能提供的、更高层次的信息支持，更好地发挥价值创造的作用。同时，随着新公共管理运动在世界范围内蓬勃发展，各国政府及非政府部门在管理过程中也要进一步运用管理会计的理念、技术与方法，提高管理效能。

鉴于越来越多的人将关注点集中在管理会计工作系统化和规范化、管理会计职业化和社会化，以及国际管理会计和战略管理会计等课题上，说明管理会计具有系统化、规范化、职业化、社会化和国际化的发展趋势。

与管理会计职业化相联系的管理会计职业道德规范问题，也越来越受到各方关注。

按照西方会计学的一般解释，管理会计从传统会计中分离出去之后，企业会计中相当于组织日常会计核算和期末对外报告的那部分内容就被称为财务会计，成为与管理会计对立的概念。

管理会计与财务会计的联系为：（1）管理会计与财务会计同属于现代会计；（2）管理会计与财务会计的最终目标相同；（3）管理会计与财务会计相互分享部分信息；（4）财务会计的改革有助于管理会计的发展。

管理会计与财务会计的区别是：（1）工作主体（范围）的层次不同；（2）服务对象（工作侧重点）不同；（3）职能定位不同；（4）遵循的原则、标准和依据的基本概念框架结构不同；（5）信息特征及信息载体不同；（6）方法体系不同；（7）工作程序不同；（8）体系的完善程度不同；（9）观念的取向不同；（10）对会计人员素质的要求不同。

管理会计与财务会计的主要区别可参见表1-2。

表1-2 **管理会计与财务会计的区别**

序号	标志	管理会计	财务会计
1	工作主体的层次	以整个企业（单位）和内部不同层次的责任单位为主体	以整个企业为单一工作主体
2	服务对象	为强化企业（单位）内部经营管理、提高经济效益服务，属于对内报告的会计	侧重于对外部相关单位和人员提供财务信息，属于对外报告的会计
3	职能定位	以创造价值为重点，是解析过去、控制现在与筹划未来的有机结合。首要职能是满足未来决策，属于算活账的经营型会计	以记录价值为重点，通过确认、计量、记录和报告等程序来反映和报告过去实际已经发生的经济业务的历史信息，属于算呆账的报账型会计
4	遵循的会计原则、标准和所依据的基本概念框架结构	不必强制执行企业会计准则和行业会计制度，以现代管理理论为指导，不受传统会计要素、观念和原则的约束。所依据的基本概念框架结构具有灵活性和超前性	严格遵守企业会计准则和行业会计制度，以保证其所提供的财务报表在时间上的前后期一致性和空间上的可比性；所依据的基本概念框架结构具有超稳定性
5	信息特征及信息载体	为满足内部管理的特定要求，根据需要和可能，不定期地提供有选择的、部分的和不定期的信息。既包括定量资料，也包括定性资料；既可以使用货币单位，又可以选择实物量单位、时间量单位和相对数单位。相关信息不追求精确，但须满足及时性和相关性。通常只有参考价值，不具有法律效能。其信息载体大多为没有统一格式的各种内部报告，报告的类型无统一规定	定期向与企业有利害关系的集团或个人提供较为全面的、系统的、连续的和综合的财务信息。该信息主要是以价值尺度反映的定量资料，对精确度和真实性的要求较高，至少在形式上要绝对平衡，且具有一定的法律效能。其信息载体为具有统一格式的凭证系统、账簿系统和报表系统，社会往往要统一规定财务报告的种类和核算口径

续表

序号	标志	管理会计	财务会计
6	方法体系	方法灵活多样，在信息处理过程中大量运用现代数学方法	方法比较稳定，核算时往往只需运用简单的算术方法
7	工作程序	程序性较差，工作有较大的回旋余地，企业可根据自己的实际情况自行设计其管理会计工作流程。不同企业的管理会计工作程序具有较大差异性	工作必须执行固定的会计循环程序，具有强制性。即使企业间的实际管理水平可能存在较大的差异，但仅从财务会计工作程序的角度看，同类企业的财务会计工作程序往往大同小异
8	体系的完善程度	体系尚不够完整，处于继续发展和不断完善的过程中，缺乏统一性和规范性	业务核算体系已相对成熟和稳定，形成了通用的会计规范和统一的会计模式，具有统一性和规范性
9	观念的取向	既看重实施管理行为的结果，更关注管理的过程。在管理会计观念中，企业中的每一个人都是财富和效益的创造者，属于可开发的人力资源。注意合格人才的培养并核算人力资源成本，密切注意管理过程及其结果对企业内部各方面人员心理和行为的影响，调动起他们的积极性和工作热情，设法充分发挥其主观能动性	将着眼点放在如何真实准确地反映企业生产经营过程中人、财、物等要素在供、产、销各个阶段中分布、使用及消耗的情况，更为重视定期报告企业的财务状况和经营成果的质量。不太关心管理过程及其结果对企业内部各方面人员心理和行为的影响
10	对会计人员素质的要求	管理会计工作的水平在很大程度上取决于会计人员素质。该项工作考虑因素多，涉及内容复杂，从业者的知识面要宽和专业造诣要深，具有分析问题、解决问题和应变能力，需要由复合型高级会计人才来承担，对会计人员素质的要求比较高	会计人员的素质也会影响到财务会计工作的质量，但相比之下，对财务会计人员素质的要求不如对管理会计人员的要求高，而且侧重点也不同。财务会计工作需要操作能力较强、工作细致的专门人才来承担

成本会计是企业会计系统中专门用于核算成本的会计分支，目前已有许多国家将成本会计学的内容列入初级管理会计。

管理会计与成本会计的联系为：管理会计的外延能够完全包含成本会计的全部内容。因此，从学科建设的角度看，将成本会计学全部纳入管理会计学的内容，既是明智的选择，又是科学发展的归宿。

两者的区别为：其一，对象不同；其二，时态不同。

财务，又称理财（即打理财富），是指有关主体为实现特定目的，通过取得、使用或调度资金所发生的相关活动，包括融资、投资、运营等。财务管理是指特定财务主体或受托人围绕上述活动开展的管理。

管理会计与财务管理的联系为：（1）同一单位的工作环境相同；（2）主要工作对象（如投资决策）相同或相似，工作内容交叉；（3）预算、决策和控制的职能相同；（4）许多财务指标（如净现值）的计算口径与方法、评价标准相同；（5）管理会计可以直接对财务管理信息进行深加工和再利用。

管理会计与财务管理的区别为：（1）工作主体的属性不同；（2）某些职能的名称相同但工作的侧重点不同；（3）不同工作主体的同名指标计算依据不同；（4）信息计量单位不完全一致。

四、练习题

（一）单项选择题

1.在下列各项中，与管理会计本质相联系的维度是（　　）。

A.实践的维度　　B.理论的维度

C.逻辑学的维度　　D.国际的维度

2.在下列各项管理会计假设中，包括特定历史阶段假设、面向未来假设和合理预期假设三层含义的是（　　）。

A.本质属性假设　　B.时间属性假设

C.空间属性假设　　D.计量单位假设

3.下列项目中，与划分管理会计工作主体相联系的假设是（　　）。

A.本质属性假设　　B.时间属性假设

C.空间属性假设　　D.计量单位假设

4.我国官方正式发布的管理会计定义，最早出现在《财政部关于全面推进管理会计体系建设的指导意见》中，该文件正式印发于（　　）。

A.2014年1月　　B.2014年10月

C.2016年6月　　D.2016年10月

5.财政部会计司发布的《管理会计基本指引》正式印发于（　　）。

A.2014年1月　　B.2014年10月

C.2016年6月　　D.2016年10月

6.我国明确提出“推进管理会计广泛应用的三大具体任务”，出自财政部制定并发布的《会计改革与发展“十三五”规划纲要》，该文件正式印发于（　　）。

A.2014年1月　　B.2014年10月

C.2016年6月　　D.2016年10月

7.单位在应用管理会计时，必须面对的基础条件要素是（　　）。

A.应用环境　　B.管理会计活动

C.工具方法　　D.信息与报告

8.下列各项中，不属于管理会计应用原则的是（　　）。

A.战略导向原则　　B.融合性原则

C.理性行为原则　　D.适应性原则

9.下列各项中，20世纪初在美国出现，能够作为管理会计原始雏形的标志之一的是（　　）。

A.责任会计　　B.预测决策会计

C.战略管理会计　　D.标准成本计算制度

10.在管理会计的发展进程中，强调价值创造的阶段开始于（　　）。

A.19世纪末20世纪初　　B.20世纪20年代

C.20世纪50年代　　D.20世纪90年代

11.在管理会计发展史上，第一个被人们使用的管理会计术语是（　　）。

A.“管理会计”　　B.“管理的会计”

C.“传统管理会计”　　D.“现代管理会计”

12.企业管理会计，又称为（　　）。

A.传统管理会计　　B.微观管理会计

C.现代管理会计　　D.战略管理会计

13.在管理会计的发展历史中，“管理会计”术语正式提出的时间是（　　）。

A.1922年　　B.1952年

C.1972年　　D.1992年

14.在西方，最早出现的管理会计专业团体成立于（　　）。

A.20世纪50年代　　B.20世纪60年代

C.20世纪70年代　　D.20世纪80年代

15.在管理会计发展史上，美国的执业管理会计师（CMA）最初形成于（　　）。

A.1922年　　B.1952年

C.1972年　　D.1992年

16.在管理会计的发展历史中，首次将“应用和推广管理会计”问题提升到战略高度的时间是（　　）。

A.1922年　　B.1952年

C.1972年　　D.1980年

17.在我国，虽然管理会计相关理论引入较晚，但相关实践早已有之，最早出现的是（　　）。

A.宝钢的标准成本制度　　B.邯钢的成本否决

C.武钢的CVP分析　　D.鞍钢的班组核算

18.导致管理会计产生与发展的根本原因是（　　）。

A.生产力的进步　　B.西方会计学的发展

C.管理科学的繁荣　　D.电子计算机的应用

19.下列项目中，不属于能够揭示管理会计与财务会计之间共性特征的表述是（　　）。

A.两者都是现代会计的组成部分

B.两者相互制约、相互补充

C.两者的具体目标相同

D.两者共享部分信息

20.在现代企业会计系统中，管理会计又可称为（　　）。

A.算呆账的报账型会计　　B.算活账的经营型会计

C.外部会计　　D.预算会计

(二) 多项选择题

1.下列各项中，属于管理会计假设的有（　　）。

A.本质属性假设　　B.时间属性假设

C.空间属性假设　　D.多种计量单位假设

E.理性行为假设

2.下列各项中，属于管理会计主体的有（　　）。

A.企业单位　　B.各种事业单位

C.部分事业单位　　D.各级政府部门

E.单位以外的个人

3.下列各项中，可以作为管理会计计量单位的有（　　）。

A.财务指标　　B.非财务指标

C.确定性信息　　D.非确定性信息

E.虚拟指标

4.下列各项中，符合管理会计的理性行为假设所包括意义的表述有（　　）。

A.管理会计师总是按科学办事，采取理性行为

B.每一项管理会计具体目标都具有可操作性

C.管理会计信息能够体现成本效益原则

D.管理会计信息有助于总体目标的实现

E.管理会计信息有助于管理者正确决策

5.下列各项中，属于按照官方路线构建的管理会计基本概念框架结构内容的有（　　）。

A.管理会计的定义　　B.管理会计的目标

C.管理会计的要素　　D.管理会计的应用原则

E.管理会计假设

6.下列各项中，属于官方发布的管理会计要素的有（　　）。

A.管理会计目标　　B.管理会计活动

C.工具方法　　D.信息与报告

E.应用环境

7.下列各项中，属于官方发布的管理会计应用原则的有（　　）。

A.融合性原则　　B.适应性原则

C.成本效益原则　　D.战略导向原则

E.决策有用性原则

8.在按照职能路线构建的管理会计基本概念框架下，属于管理会计职能的有（　　）。

A.预测经济前景　　B.参与经济决策

C.规划经营目标　　D.控制经济过程

E.考核评价经营业绩

9.在按照管理职能构建的管理会计基本概念框架下，属于管理会计基本原则的内容有（　　）。

A.最优化原则　　B.效益性原则

C.及时性原则　　D.真实性原则

E.灵活性原则

10.如果管理会计信息要具备决策有用性的质量特征，那么必须同时满足的条件有（　　）。

A.具有相关性　　B.具有重要性

C.具有精确性　　D.具有可信性

E.具有全面性

11.如果管理会计信息要具备可信性的质量特征，那么必须同时满足的条件有（　　）。

A.具有相关性　　B.具有可靠性

C.具有精确性　　D.具有全面性

E.具有可理解性

12.下列各项中，属于现代管理会计内容的有（　　）。

A.预测决策会计　　B.规划控制会计

C.责任会计　　D.战略管理会计

E.非营利组织会计

13.下列各项中，属于正确描述预测决策会计特征的说法包括（　　）。

A.它是现代管理会计形成的关键标志之一

B.它处于现代管理会计的核心地位

C.它主要履行规划经营目标的职能

D.它能够考核评价经营业绩

E.它最具有能动性

14.管理会计理论在我国大致经历了（　　）。

A.宣传介绍阶段　　B.吸收消化阶段

C.改革创新阶段　　D.停滞滑坡阶段

E.全面推进阶段

15.管理会计是由许多因素共同作用的必然结果，其中内在因素包括（　　）。

A.社会生产力的进步　　B.现代化大生产

C.高度繁荣的市场经济　　D.资本主义社会制度

E.现代管理科学的发展

16.下列各项中，可以揭示现代管理会计发展趋势内容的有（　　）。

A.系统化　　B.规范化

C.职业化　　D.社会化

E.国际化

17.下列表述中，能够揭示管理会计特征的有（　　）。

A.以责任单位为主体

B.必须严格遵守公认会计原则

C.工作程序性较差

D.可以提供未来信息

E.重视管理过程和职工的作用

18.管理会计与财务会计之间有许多不同之处，如（　　）。

A.工作主体不同　　B.服务对象不同

C.遵循的原则不同　　D.信息特征不同

E.观念取向不同

19.通过分析管理会计职能的时间特征，可以发现管理会计信息横跨过去、现在和未来三个时态，其中能够体现未来时态特征的职能有（　　）。

A.预测　　B.决策

C.控制　　D.考核

E. 评价

20. 管理会计与财务管理相比，有许多不同之处，例如（　　）。

A. 工作主体属性不同

B. 信息计量单位不同

C. 同一单位的工作环境不同

D. 部分职能的工作侧重点不同

E. 不同工作主体同名指标计算依据不同

（三）判断题

1. 管理会计是一个属于特定时代会计实践的范畴。（　　）

2. 最初的管理会计实践产生于企业，因此只有在企业中管理会计工作才能有用武之地。（　　）

3. 2021 年 11 月，财政部制定并发布《会计改革与发展“十四五”规划纲要》，提出了全面深化管理会计应用的五项举措。（　　）

4. 开展管理会计活动过程中所使用的财务信息和非财务信息，都不是管理会计信息，而是管理会计所利用的数据；只有经过管理会计信息系统处理过的（生成的）、对管理有用的数据才是管理会计信息。（　　）

5. 管理会计信息特征上的可靠性是由信息的真实性和合法性所决定的。（　　）

6. 管理会计究竟具备哪些职能，取决于人们的认识水平。（　　）

7. 管理会计的职能是客观的，但它所起到的作用受到人的主观能动性的影响。（　　）

8. 管理会计既为企业管理服务，又属于整个企业管理系统的有机组成部分，处于企业价值管理的核心地位。（　　）

9. 如同财务会计一样，管理会计基本原则中的重要性原则也是为修订全面性原则而专门设计的。（　　）

10. 管理会计是西方人将管理与会计两个主题巧妙结合的产物，是一个用于概括管理会计工作与管理会计理论的概念，是一个会计信息子系统，属于边缘学科。（　　）

11. 管理会计是西方会计学与管理科学相结合的产物。（　　）

12. 管理会计专业团体的成立，标志着现代管理会计进入了成熟期。（　　）

13. 因为管理会计最初出现在西方社会，所以可以断定它是资本主义的必然产物。（ ）

14. 由于我国从20世纪70年代末80年代初才开始引进管理会计理论，据此可以断定，我国管理会计实践开始的时间更晚。（ ）

15. 战略管理会计是当今管理会计理论研究的新热点之一。（ ）

16. 因为管理会计与财务会计同属于现代企业会计，所以两者的奋斗目标是完全一致的。（ ）

17. 因为管理会计只为企业内部管理服务，所以与对外服务的财务会计有本质的区别。（ ）

18. 管理会计既提供价值信息，又提供非价值信息；既提供定量信息，又提供定性信息；既提供部分的、有选择的信息，又提供全面的、系统的信息。（ ）

19. 既然企业会计中包括财务会计和管理会计两个分支，那么我国颁布的《企业会计准则》同样适用于管理会计。（ ）

20. 通过研究新兴的管理会计与传统的财务会计之间的联系及区别，可以帮助人们深刻理解管理会计的关键所在。（ ）

五、案例

管理会计学教学中的案例分析

所谓案例（case）是指在组织课程教学中所采用的，事先经过技术处理的专门素材或具体事例。组织案例教学可以培养学生发现问题、分析问题和解决问题的能力。以案例作为教学素材的教学方式被称为案例教学，它已经成为近年来国内外大学专业教育中经常采用的教学方式之一。

案例的类型很多，如按照内容的多少和难易程度的不同，可分为微型案例、中小型案例和大型案例；按不同的案例设计目的可以将其分为三种类型：为教师组织课堂讲授而设计的案例（简称引导案例）、为组织学生开展课堂讨论而设计的案例（简称课堂讨论案例）和为学生课后分析而设计的案例（简称课后分析案例）。

以经济和管理学科为例，一个完整的案例，通常包括以下要素，即组织、情境、问题、角色、任务和目标。其中，组织是指一个相对完整的经济组织（如企业、公司等）或非营利单位；情境是指对该组织的历史与现状、该组织所处经营环境或相关综合条件的描述；问题是指该组织目前所面临的具体问题（可以是一个也可以是一组）；角色是指案例设计者为案例使用者预先规定的扮演对象；任务是案例设计者围绕具体问题向案例使用者提出的具体要求；目标是案例设计者要达到的最终目的。

有经验的设计者，在制作案例时通常会尽量做到以下事项：

第一，选择典型组织。即从大量的真实企事业单位中，经过严格筛选，确定最具有代表性的组织作为特定案例发生的主体单位。

第二，仿真设计模拟情境。仿真就是要求案例素材必须来源于真实事件，只有这样才能使案例使用者置身于真实可信的组织环境中，但仿真不等于完全把现实生活中的所有场景环境都直接搬到案例中去，这一方面是因为难以获取完整的信息，另一方面各种无关信息又太多，必须经过“去粗取精、去伪存真”的后期加工制作过程。所谓情境设计，就是把与案例无关的条件屏蔽掉，必要时设置一定的假设条件，以降低分析难度。

第三，隐含问题。有些案例（如引导案例）只是为了提出要研究的问题，将组织所面临的问题直接反映出来，其实质与课堂教学中使用的例题相差不大，但在设计课堂讨论案例或课后分析案例时，就必须设法将问题隐藏起来，不能过于直白。

第四，科学分配角色。这要求必须为案例使用者设计恰如其分的角色。因为不同角色的人物所处的地位不同，考虑问题的角度就不一样，对其所提的要求也就不同。在分配角色时，除了要为案例分析者设计角色外，还必须规定案例分析结论的使用者是谁。也就是说你不仅要知道你是谁，而且还要知道你所完成的案例分析报告最后要提交给谁。一个复杂的案例可能要有许多人共同参与，这就需要进行科学合理的分工，由不同的学生扮演不同的角色。

第五，规定的任务不宜过细。为了充分调动学生发现问题、分析问题和解决问题的积极性，可以不在案例中明确规定任务。即使规定了任务也不宜过于精细，以免限制学生想象力的发挥。

第六，目标必须切合实际。案例的设计必须从实际出发，目标不能定得过高或过低。目标定得过高，学生不知道从何下手，会挫伤他们参与的积极性；目标定得太低，又会使学生感到没有兴趣。

第七，不为案例设计标准答案，并允许出现不同意见。除了单纯定量分析的案例，通常不必为案例设计标准答案，因为案例分析本身就是要让学生积极参与分析，允许学生发表不同意见，可以“八仙过海、各显神通”。当然，为了避免学生走弯路，也可以设计具有引导性的分析思路供学生参考。

在管理会计学的教学过程中安排案例分析，学生应完成以下主要工作：

第一，阅读案例资料，熟悉环境。通过阅读，学生应尽快熟悉案例情景，身临其境地进入自己要扮演的角色所处的环境，明确有关条件，设法理解案例设计的目标。

第二，发现问题，明确分析方向。对隐含问题的案例而言，学生能从案例素材中发现问题是成功完成分析目标的前提。即使案例已经明确交代了一些问题，也往往只是展现了部分表面现象，更何况问题往往不止一个。因此，能够从案例中尽快发现问题，是最为困难的工作。这就要求学生具备“透过现象看本质”的能力。对复杂的案例，除了要设法发现所有问题外，还必须对问题按轻重缓急或重要性进行梳理排序，不能“胡子眉毛一把抓”。

第三，选择分析方法，开展具体分析。针对发现的问题，进行定性和定量分析。学生必须灵活运用案例分析的方法，不要“一面倒”或“一条道跑到黑”。如果能够将定性分析方法与定量分析方法结合起来使用，往往更有实际意义。

第四，形成分析结论和建议。对有明确要求的案例，必须针对具体问题写出分析意见或建议；对没有确切要求的案例，也要根据发现的问题提出自己的分析结论。

第五，写出书面分析报告。案例分析必须有书面分析报告，以下是仅供参考的内容安排：本案例的目标、分析思路、角色认证、问题识别、分析方法与过程、分析结论与建议、个人体会。案例报告的字数应当不受任何限制，只要能说明问题就行。对课堂案例讨论，可以不要求学生写案例分析报告，但至少应事先写出能反映个人见解的发言提纲。

六、参考及阅读书目

[1] 邵达伟. 管理会计案例 [M]. 李欲晓, 等译. 北京: 机械工业出版社, 1999.

[2] 王忠, 周剑杰, 胡静波. 管理会计学教学案例 [M]. 北京: 中国审计出版社, 2001.

[3] 罗奇, 艾伦, 布朗利二世. 管理会计与控制系统案例 [M]. 何斌, 翟淼, 译. 大连: 东北财经大学出版社, 2000.

[4] 吴大军. 管理会计 [M]. 北京: 中央广播电视大学出版社, 1999.

[5] 温素彬. 管理会计: 理论·模型·案例 [M]. 3版. 北京: 机械工业出版社, 2019.

[6] 刘俊勇. 管理会计 [M]. 北京: 高等教育出版社, 2020.

[7] 冯巧根. 管理会计 [M]. 4版. 北京: 中国人民大学出版社, 2020.

[8] 吴大军. 管理会计 [M]. 7版. 大连: 东北财经大学出版社, 2023.

第二章　成本性态分析

一、学习目的与要求

本章的学习目的是使学生在了解成本分类概念的基础上，明确成本性态分析涉及的各种成本及其特性，能够掌握成本性态分析的两种程序和应用历史资料分析法的三种具体操作方法。

通过本章的学习，学生应理解管理会计的支出、费用和成本的基本概念与相互关系；了解成本的主要分类；熟悉成本性态的概念及分类的结果；掌握固定成本、变动成本、混合成本的概念、构成内容、特征及类型；熟悉相关范围的定义及意义；在明确成本性态分析与成本按性态分类异同的基础上，了解成本性态分析的程序、各种成本性态分析方法的特征及适用范围；重点掌握高低点法和一元直线回归法的应用技巧。

二、预习要览

（一）关键概念

1. 管理会计中的成本　　2. 成本性态
3. 固定成本　　4. 约束性固定成本
5. 酌量性固定成本　　6. 变动成本
7. 技术性变动成本　　8. 酌量性变动成本
9. 混合成本　　10. 阶梯式混合成本
11. 标准式混合成本　　12. 低坡式混合成本
13. 曲线式混合成本　　14. 相关范围
15. 成本性态分析　　16. 技术测定法
17. 直接分析法　　18. 高低点法
19. 散布图法　　20. 一元直线回归法

（二）关键问题

1. 管理会计是怎样给成本下定义的？成本的关键属性是什么？

2. 怎样理解支出、费用与成本之间的关系？为什么管理会计不需要严格区分成本与费用？

3. 按照企业管理的要求，管理会计中的成本可以分为哪些不同的类型？各种分类的意义何在？

4. 成本按其性态分类的结果究竟是两大类，还是三大类？

5. 当成本按其性态进行分类时，为什么混合成本的存在具有必然性？

6. 固定成本与变动成本的高低通常以什么形式来反映？

7. 结合各种成本的细分情况说明降低固定成本和变动成本的正确途径。

8. 相关范围对成本性态有何影响？怎样理解成本性态的相对性、暂时性和可转化性？

9. 讨论成本性态分析与成本按其性态分类的异同。

10. 成本性态分析有哪几种程序？其特点如何？

11. 在成本性态分析中，是否一定要先按性态进行成本分类，然后再对混合成本进行分解？

12. 成本性态分析的方法有哪些？各种方法的特点与适用范围如何？

13. 在应用一元直线回归法时，如果利用插入计算机函数的方法计算相关系数和回归系数，其计算结果是否与手工计算的结果一致？

三、本章重点与难点

在管理会计中，成本是指企业在生产经营过程中对象化的，以货币表现的，为达到一定目的而应当或可能发生的各种经济资源的价值牺牲或代价。这个定义特别重视成本形成的原因（目的性）和成本发生的必要性，而对成本发生的时态没有做严格的规定。

与消耗程度和计价基础相比较，补偿尺度应当是成本的关键属性。

在会计发展进程中，依次出现了支出、费用和成本三个概念。

支出与费用之间具备单向转化的关系：当期发生的资本性支出先形成长期资产，然后分期转化为以后不同期间的费用；当期发生的经营性支出可转化为当期或下期费用；当前的支出不一定形成当期费用；以前发生的支出有可能形成当期费用。成本与费用之间具备双向转化的关系：费用通过对象化可以转化为成本；已消耗的成本可以转化为费用。

选择不同标志可对管理会计中的成本进行多重分类，以满足不同的管理要求。

成本性态是指成本总额与特定业务量之间在数量方面的依存关系，又称为成本习性。全部成本按其性态分类，可分为固定成本、变动成本和混合成本三大类。

固定成本是指在一定条件下，其总额不随业务量发生任何数额变化的那部分成本。在我国工业企业中，可以作为固定成本看待的项目包括：生产成本中列入制造费用不随产量变动的差旅费、折旧费、劳动保护费、车间管理人员工资和租赁费等；销售费用中不受销量影响的销售人员工资、广告费和折旧费等；管理费用中不受产量或销量影响的企业管理人员工资、折旧费、租赁费、保险费等；财务费用中不受产量或销量影响，各期发生额稳定的利息支出等。

固定成本具有两个特点：一是固定成本总额的不变性；二是单位固定成本的反比例变动性。

固定成本按其是否受企业管理当局短期决策行为的影响，又可进一步细分为约束性固定成本和酌量性固定成本两类。通常，我们讲降低固定成本总额，是指降低酌量性固定成本。

变动成本是指在一定条件下，其总额随业务量成正比例变化的那部分成本，又称可变成本。在我国工业企业中，可以作为变动成本看待的项目包括：生产成本中直接用于产品制造的与产量成正比的原材料、燃料和动力、外部加工费、外购半成品、按产量法计提的折旧费和单纯计件工资形式下的生产工人工资；销售费用、管理费用和财务费用中那些与销量成正比的费用项目。

变动成本具有两个特点：一是变动成本总额的正比例变动性；二是单位变动成本的不变性。

变动成本可根据其发生的原因，进一步分为技术性变动成本和酌量性变动成本两类。要降低变动成本，就应从降低单位产品变动成本的消耗量着手。

混合成本是指介于固定成本和变动成本之间，既随业务量变动又不成正比例变动的那部分成本。混合成本的存在具有客观必然性。

混合成本与业务量之间的关系比较复杂，按照混合成本变动趋势的不同，又可分为阶梯式混合成本、标准式混合成本、低坡式混合成本和曲线式混合成本四种类型。

鉴于每种类型的混合成本都可以直接或间接地用一个直线方程“y=a+bx”去模拟，这就为成本性态分析中的混合成本分解提供了数学依据。混合成本分解是指按照一定方法将混合成本区分为固定部分和变动部分的过程。

管理会计中把不会改变固定成本和变动成本性态的有关期间、业务量的特定变动范围称为广义的相关范围，把业务量因素的特定变动范围称为狭义的相关范围。

研究固定成本和变动成本都必须与一定的时期和一定的业务量范围相联系，因为只要在相关范围内，不管时间多久、业务量增减变动幅度多大，固定成本总额的不变性和变动成本总额的正比例变动性都将存在。一旦超出这一范围，情况就会发生变化。

相关范围的存在使得固定成本和变动成本的性态具有相对性、暂时性和可转化性的特点。

成本性态分析是指在明确各种成本性态的基础上，按照一定的程序和方法，最终将全部成本区分为固定成本和变动成本两大类，并建立相应成本函数模型的过程。

成本性态分析与成本按性态分类既有联系，又有区别。两者的联系在于：（1）两者的对象相同；（2）开展成本性态分析要以明确成本按性态分类为前提。

两者的区别是：（1）两者的性质不同；（2）两者的最终结果不同。

成本性态分析的程序是指完成成本性态分析任务经过的步骤，有分步分析程序和同步分析程序两种类型。前者要求先按成本性态进行分类，然后再进行混合成本分解；后者不需要分类，直接对总成本进行定量处理即可。

成本性态分析的方法是指完成成本性态分析任务必须采取的技术手

段。常用的成本性态分析方法包括技术测定法、直接分析法和历史资料分析法。

技术测定法又称工程技术法，它以建设前期的设计资料为依据，故只适于投入量与产出量关系比较稳定的新企业主要成本的测算，对已发生较大技术变革或生产能力有重大变动的老企业不太适用；同时，对新企业众多的间接成本也往往因为缺乏有关标准，而需结合其他方法进行成本性态分析。另外，此方法应用起来比较复杂，需要花费较多的时间和费用。

直接分析法又称个别确认法，它简便易行，凡具有一定会计知识和业务能力的人都能掌握，属于典型的单步骤分析程序，适用于管理会计基础工作开展较好的企业，但由于此法要求分析者掌握大量第一手资料，实际分析的工作量太大，因此不适合规模较大企业开展成本性态分析时采用。

历史资料分析法包括高低点法、散布图法和一元直线回归法三种具体应用形式。

高低点法的程序是根据高、低两点坐标，先计算出b，然后再求出a。本法的优点在于简便易行，便于理解。其缺点是由于它只选择了诸多历史资料中的两组数据作为计算依据，使得建立起来的成本性态模型很可能不具有代表性，容易导致较大的计算误差。这种方法只适用于成本变化趋势比较稳定的企业。

散布图法的程序是根据全部数据，先画线读出a值，再求出b值。该法能够考虑提供的全部历史资料，其图像可反映成本的变动趋势，比较形象直观，易于理解，较高低点法更为科学，其计算结果更为精确。但画直线完全靠目测，不同的人会有不同的画法，容易出现人为的误差，从而影响分析结果的客观性。

采用一元直线回归法既可以先计算b，再计算a，也可以同时计算a和b。该法利用了微分极值原理，因此计算结果比前两种方法更为准确，但计算工作量较大，比较麻烦。如果能使用Excel电子表格，在Excel电子表格中分别插入Correl（或Pearson）、Intercept和Slope函数，可计算出r、a和b的值。

四、主要公式

$y=a+bx$

总成本=固定成本+单位变动成本×业务量

混合成本=混合成本中的固定部分+混合成本中变动部分的单位额×业务量

在高低点法下：

$$b=\frac{y_1-y_2}{x_1-x_2}=\frac{\text{高低点成本之差}}{\text{高低点业务量之差}}$$

$a=y_i-bx_i$ （i=1或2）

=低点成本-b×低点业务量$=y_2-bx_2$

=高点成本-b×高点业务量$=y_1-bx_1$

在散布图法下，a为y轴上的读数值，不需要计算，b的公式为：

$$b=\frac{y_p-a}{x_p}$$

在一元直线回归法下：

$$\text{相关系数}r=\frac{n\sum xy-\sum x\sum y}{\sqrt{\left[n\sum x^2-(\sum x)^2\right]\cdot\left[n\sum y^2-(\sum y)^2\right]}}$$

$$b=\frac{n\sum xy-\sum x\sum y}{n\sum x^2-(\sum x)^2}$$

$$a=\frac{\sum y-b\sum x}{n}=\frac{\sum x^2\sum y-\sum x\sum xy}{n\sum x^2-(\sum x)^2}$$

五、练习题

（一）单项选择题

1.下列各项中，属于成本关键属性的是（　　）。

A.消耗尺度　　B.补偿尺度

C.计价基础　　D.支付手段

2.在管理会计中，成本的发生与特定决策方案是否有关的性质被称为（　　）。

A.成本的可辨认性　　B.成本的可盘存性

C.成本的相关性　　D.成本的可控性

3.在管理会计中，将全部成本区分为直接成本和间接成本依据的分类标志是（　　）。

A.成本实际发生的时态　　B.成本的可辨认性

C.成本的可盘存性　　D.成本的可控性

4.在管理会计中，将全部成本区分为产品成本和期间成本依据的分类标志是（　　）。

A.成本的可盘存性　　B.成本的相关性

C.成本的可控性　　D.成本的性态

5.将全部成本分为固定成本、变动成本和混合成本依据的分类标志是（　　）。

A.成本的可盘存性　　B.成本的相关性

C.成本的可控性　　D.成本的性态

6.在管理会计中，销售费用的正确归属是（　　）。

A.制造费用　　B.主要成本

C.加工成本　　D.非制造成本

7.下列项目中，只能在发生当期予以补偿、不可递延到下期的成本是（　　）。

A.产品成本　　B.期间成本

C.直接成本　　D.间接成本

8.在相关范围内，单位固定成本的变动规律为（　　）。

A.随业务量的增加而减少　　B.随业务量的减少而减少

C.随业务量的增加而增加　　D.不随业务量的变动而变动

9.下列各类固定成本中，能够在不改变企业产能的前提下，降低其总额的是（　　）。

A.约束性固定成本　　B.酌量性固定成本

C.半固定成本　　D.单位固定成本

10.在管理会计中，单耗相对稳定的外购零部件成本应当归属于（　　）。

A.约束性固定成本　　B.酌量性固定成本

C.技术性变动成本　　D.酌量性变动成本

11.下列各项中，不受业务量因素的影响而准确反映变动成本水平的指标是（　　）。

A.变动成本总额　　B.单位变动成本

C.变动成本的总额与单位额　　D.变动成本率

12.标准式混合成本又可称为（　　）。

A.半固定成本　　B.半变动成本

C.延期变动成本　　D.曲线式成本

13.下列项目中，属于阶梯式混合成本的是（　　）。

A.制造费用　　B.生产工人计件工资

C.机器设备维护保养费　　D.检验员工资

14.在管理会计中，狭义的相关范围是指（　　）。

A.成本的变动范围　　B.业务量的变动范围

C.时间的变动范围　　D.市场容量的变动范围

15.就同一企业而言，同一成本项目在不同时期可能有不同的性态，这是因为成本性态具有（　　）。

A.相对性　　B.暂时性

C.可转化性　　D.变动性

16.成本性态分析的对象与成本按性态分类的对象相同，都是（　　）。

A.总成本　　B.固定成本

C.变动成本　　D.资金运动

17.某企业在进行成本性态分析时，需要对混合成本进行分解。据此，可以断定该企业应用的是（　　）。

A.高低点法　　B.回归直线法

C.分步分析程序　　D.同步分析程序

18.在应用高低点法进行成本性态分析时，选择高点坐标的依据是（　　）。

A.最高的成本

B.最高的业务量

C.最高的业务量和最高的成本

D.最高的业务量或最高的成本

19.在应用历史资料分析法进行成本性态分析时，必须首先确定a，然后才能计算出b的方法是（　　）。

A.直接分析法　　B.高低点法

C.散布图法　　D.回归直线法

20.在历史资料分析法的各种具体应用方法中，计算结果最为精确的方法是（　　）。

A.高低点法　　B.散布图法

C.直接分析法　　D.一元直线回归法

（二）多项选择题

1.下列各项中，属于未来成本的有（　　）。

A.标准成本　　B.变动成本

C.固定成本　　D.混合成本

E.预算成本

2.成本以其可辨认性为标志进行分类，其分类结果包括（　　）。

A.直接成本　　B.间接成本

C.产品成本　　D.期间成本

E.可控成本

3.成本按其经济用途分类，其分类结果包括（　　）。

A.历史成本　　B.未来成本

C.可控成本　　D.生产成本

E.非生产成本

4.下列项目中，属于固定成本的有（　　）。

A.定期支付的广告费　　B.计件工资

C.企业管理人员工资　　D.按产量法计提的折旧费

E.按使用年限法计提的折旧费

5.下列项目中，能够揭示固定成本特点的有（　　）。

A.总额的不变性　　B.总额的正比例变动性

C.单位额的不变性　　D.单位额的反比例变动性

E.单位额的变动性

6.在不改变企业经营方向的前提下，不宜降低成本总额，应通过提高产品产量，从而降低其单位额的成本项目有（　　）。

A.新产品开发费　　B.机器设备折旧费

C.员工培训费　　　　　　　　D.保险费

E.管理人员薪金

7.下列各项中，一般应纳入变动成本的有（　　）。

A.按产量法提取的折旧　　　　B.厂部办公费

C.车间租赁费　　　　　　　　D.直接材料

E.计件工资

8.下列各项中，属于酌量性变动成本的有（　　）。

A.管理人员工资

B.分散作业的计件工资

C.单耗相对稳定的外购燃料成本

D.可调换购买单位的外购材料成本

E.消耗相对稳定的外购零部件成本

9.下列各项中，能够揭示变动成本特点的有（　　）。

A.总额的不变性　　　　　　　B.总额的正比例变动性

C.单位额的不变性　　　　　　D.单位额的变动性

E.单位额的反比例变动性

10.下列项目中，属于混合成本的有（　　）。

A.标准式混合成本　　　　　　B.阶梯式混合成本

C.低坡式混合成本　　　　　　D.递增型混合成本

E.递减型混合成本

11.广义相关范围包括的内容有（　　）。

A.成本的变动范围　　　　　　B.收入的变动范围

C.费用的变动范围　　　　　　D.业务量的变动范围

E.期间的变动范围

12.在下列各项混合成本中，由明显的变动成本和固定成本两部分组成的有（　　）。

A.半固定成本　　　　　　　　B.半变动成本

C.低坡式混合成本　　　　　　D.曲线式混合成本

E.阶梯式混合成本

13.相关范围的存在，导致固定成本和变动成本的性态均具有以下特点，即（　　）。

A.相对性　　B.暂时性

C.可转化性　　D.不变性

E.正比例变动性

14.下列各项中，能够揭示成本性态分析与成本按性态分类关系的有（　　）。

A.两者既有联系又有区别　　B.两者的性质不同

C.两者的最终结果不同　　D.两者的对象不同

E.前者以后者为前提

15.下列各项中，既可以用于同步分析程序又可以用于混合成本分解的方法包括（　　）。

A.高低点法　　B.散布图法

C.一元直线回归法　　D.直接分析法

E.技术测定法

16.下列各项中，属于成本性态分析程序的有（　　）。

A.单步骤分析程序　　B.同步分析程序

C.多步骤分析程序　　D.分步分析程序

E.一元直线回归法

17.下列各项中，属于历史资料分析法具体应用方法的有（　　）。

A.技术测定法　　B.直接分析法

C.高低点法　　D.散布图法

E.一元直线回归法

18.利用历史资料分析法建立成本模型时，计算步骤正确的有（　　）。

A.先求b，后求a　　B.先确定a，后求b

C.计算a和b之前，先求r　　D.a和b可以同时求得

E.先求x和y，再求a和b

19.下列企业中，应当采用技术测定法进行成本性态分析的有（　　）。

A.任何企业　　B.新建的企业

C.历史资料完整的老企业　　D.刚进行过技术改造的老企业

E.有成本性态分析基础的企业

20.在进行成本性态分析时，应用一元直线回归法的前提条件包

括（　　）。

A. 相关系数小于零　　B. 相关系数等于零

C. 相关系数等于+1　　D. 相关系数趋近于+1

E. 相关系数不等于零

（三）判断题

1. 管理会计中的成本概念关注的是其形成的目的性和发生的必要性，并不过分强调成本发生的时态。（　　）

2. 将成本按其可辨认性分为直接成本与间接成本有利于分清各部门责任，考核其工作绩效。（　　）

3. 由于广义产品有销货和存货两种形式，因此产品成本也存在销货成本和存货成本两种表现形式。（　　）

4. 定期支付的广告费属于酌量性固定成本。（　　）

5. 成本性态是成本总额与特定业务量之间在质量方面的依存关系。（　　）

6. 成本按经济用途分类，是财务会计按完全成本法进行成本核算的基础。（　　）

7. 成本总额按其性态分类，可以分为固定成本和变动成本两大部分。（　　）

8. 固定成本水平通常以其总额来表示，而变动成本水平则以其单位额来表示。（　　）

9. 无论哪一种混合成本，实质上都可以分为固定部分和变动部分。（　　）

10. 通常我们所讲的降低固定成本总额是指降低约束性固定成本。（　　）

11. 成本性态分析的最终目的就是要把全部成本分为固定成本、变动成本和混合成本三大类。（　　）

12. 无论是固定成本还是变动成本，都存在一定的相关范围。（　　）

13. 成本性态分析是成本按性态分类的前提。（　　）

14. 成本性态分析是指在总成本按性态进行分类的基础上，对混合成本进行分解，最后建立成本性态模型的过程。（　　）

15. 混合成本分解的方法就是成本性态分析的方法。（　　）

16. 用同一种成本性态分析方法对同一企业分别按两种成本性态分析程序进行处理，最终建立的总成本模型应当完全一致。（　　）

17. 用不同的成本性态分析方法对同一企业进行成本性态分析，最终建立的总成本模型可能完全不同。（　　）

18. 成本性态分析的直接分析法不适用于新建企业。（　　）

19. 相比较而言，在手工操作环境下，高低点法的计算精度最高，但计算过程最为复杂。（　　）

20. 相比较而言，在手工操作环境下，一元直线回归法的计算精度最高，但计算过程最为复杂。（　　）

（四）计算分析题

1. 已知：某企业主要经营A产品，该产品连续10期的产量和总成本资料见表2-1。

表2-1　　**A产品的产量和总成本**

指标＼期间	1	2	3	4	5	6	7	8	9	10
产量（件）	25	28	29	30	27	26	28	29	31	26
总成本（元）	71 000	82 000	83 520	84 500	77 750	74 480	81 560	83 230	84 560	75 850

要求：用高低点法对A产品进行成本性态分析。

2. 已知：某企业只生产一种产品，20×8年前10个月该企业发生的制造费用见表2-2。

表2-2　　**20×8年前10个月该企业发生的制造费用**

指标＼月份	1	2	3	4	5	6	7	8	9	10
产量（件）	150	200	300	250	300	250	350	300	250	150
制造费用（元）	16 000	20 000	27 000	25 000	26 000	24 000	28 000	25 000	23 000	16 000

要求：用高低点法分解该企业的制造费用。

3.已知：某企业的设备维修费属于混合成本，20×8年各月的实际资料见表2-3。

表2-3　　20×8年各月的实际资料

指标＼月份	1	2	3	4	5	6	7	8	9	10	11	12
机器工作小时	9	8	9	10	12	14	11	11	13	8	6	7
设备维修费（元）	30 000	25 000	29 000	31 000	34 000	40 000	32 000	33 000	35 000	26 000	20 000	22 000

要求：

（1）用一元直线回归法对该企业的设备维修费进行分解。

（2）利用Excel函数，计算相关系数r、回归系数a和b，并与手工计算结果进行对比。

六、案例

案例2-1　Woody公司的两种成本性态分析程序

1.案例资料：

Woody公司只生产一种产品，每个月最大的产量为200件，市场容量为250件。长期以来，该公司在进行成本性态分析时都按以下程序进行：对各期总成本先按性态进行分类，将其分为固定成本、变动成本和混合成本三大类，然后再对混合成本按高低点法进行分解。

已知20×8年2月份的产销量最低，为100件，当月总成本为82 500万元，按其成本性态分类的结果为：固定成本为60 000万元，变动成本为10 000万元，其余为混合成本；10月份的产销量最高，为200件，当月总成本为95 000万元。当年公司的产销量始终在相关范围内变动。

（1）该公司的老会计Sam采用的步骤与方法

①计算2月份的混合成本。2月份的混合成本等于当月的总成本扣除当月的固定成本（a_1）和变动成本（b_1x），即：

2月份的混合成本=82 500−60 000−10 000=12 500（万元）

②确定10月份的固定成本。根据固定成本总额不变性的特点，可以推断出10月份的固定成本等于2月份的水平，即10月份的固定成本（a_1）为60 000万元。

③确定2月份的单位变动成本，因为2月份的单位变动成本b_1等于该月的变动成本总额除以当月的产销量100件，2月份的单位变动成本为：

$$b_1=\frac{10\ 000}{100}=100\text{（万元/件）}$$

④根据变动成本单位额的不变性和总额的正比例变动性的特点，推算出10月份的变动成本数额为b_1与当月的产销量x的乘积，10月份的变动成本为：

$$b_1x=100\times200=20\ 000\text{（万元）}$$

⑤推算出10月份的混合成本，即：

10月份的混合成本=95 000−60 000−20 000=15 000（万元）

⑥确定高低点坐标。Sam确定的高低点坐标分别为（200，15 000）和（100，12 500），这里的成本指标为混合成本。

⑦计算混合成本中变动部分的单位额b_2，公式为：

$$b_2=\frac{\text{高低点混合成本之差}}{\text{高低点业务量之差}}=\frac{15\ 000-12\ 500}{200-100}=25\text{（万元/件）}$$

⑧计算混合成本中的固定部分a_2，公式为：

$$a_2=\text{低点混合成本}-b_2\times\text{低点业务量}=12\ 500-25\times100=10\ 000\text{（万元）}$$

⑨据此建立的该公司每个月的混合成本性态模型为：

$$y=10\ 000+25x$$

⑩Sam最终建立的总成本性态模型为：

$$y=(a_1+a_2)+(b_1+b_2)x$$
$$=(60\ 000+10\ 000)+(100+25)x$$
$$=70\ 000+125x$$

（2）Elvis采用的程序和方法

Elvis是20×8年10月底才进入该公司的会计人员。他在评价Sam采用的方法时，发现不必每次都先进行成本分类然后再进行混合成本分解。他建议以总成本为分析对象，直接应用高低点法，同样可以达到成本性态分析的目的。

①确定高低点坐标，此时的成本指标为总成本。仍以10月份和2月

份的历史资料来确定高低点的坐标，结果为（200，95 000）和（100，82 500）。

②直接套公式计算单位变动成本b，即：

$$b=\frac{高低点总成本之差}{高低点业务量之差}=\frac{95\ 000-82\ 500}{200-100}=125（万元/件）$$

③计算固定成本a，即：

固定成本（a）=低点总成本−b×低点业务量

=82 500−125×100=70 000（万元）

④Elvis建立的总成本性态模型为：

y=70 000+125x

2.案例要求：

请根据上述资料，分别讨论以下问题：

（1）说明Sam和Elvis在进行成本性态分析的过程中分别采用了什么程序？

（2）假定Woody公司20×8年12月份的产销量为198件，总成本达到全年最高值，为95 500万元，如果由你来应用高低点法进行成本性态分析，建立的总成本性态模型应当是什么？为什么？

（3）“y=70 000+125x”这个模型的经济含义是什么？它能否真实（模拟）反映Woody公司20×8年每个月的成本水平？为什么？

（4）假定Woody公司在20×9年的成本水平不变，“y=70 000+125x”这个模型能否继续适用？为什么？

（5）假设Woody公司决定在20×9年将每个月的最大产销量增加为250件，预计其总成本性态模型将发生哪些变化？你的依据是什么？

（6）根据本案例，你能得出哪些结论？

案例2-2　约克郡Parkton医疗中心设备维修部成本函数的建立[①]

1.案例资料：

杰克是美国纽约市约克郡Parkton医疗中心的一名会计，现正在对该中心各部门发生的成本进行成本性态分析。杰克通过调查得知，设备维修部每月的成本主要是该部门员工的工资、清洁物料费与维修材料费，

①HORNGREN，SUNDEM，STRATTON．管理会计教程［M］．许秉岩，史向乐，译．10版．北京：华夏出版社，1999.作者有改动。

且其成本总额与服务的病人日总数线性相关。他已取得该部门在过去的一年中每月的总成本及每月服务的病人日总数的有关数据，见表2-4。

表2-4　每月的总成本及每月服务的病人日总数

月份 指标	1	2	3	4	5	6	7	8	9	10	11	12
总成本（美元）	37 000	23 000	37 000	47 000	33 000	39 000	32 000	33 000	17 000	18 000	22 000	20 000
病人日总数	3 700	1 600	4 100	4 900	3 300	4 400	3 500	4 000	1 200	1 300	1 800	1 600

为保证计算结果的准确性，杰克决定用一元直线回归法进行分析。计算伊始，杰克首先计算了相关系数r，以揭示和验证成本总额与服务的病人日总数之间的具体相关程度。计算结果为r=0.98，接近1，表明成本总额与服务的病人日总数之间存在着基本的正相关关系。在此基础上，杰克利用一元直线回归法中计算固定成本和变动成本的有关公式，计算得出成本总额中的固定成本为9 329美元，单位变动成本为每个病人每日6.95美元。所以，杰克得出并向Parkton医疗中心的CFO报告的分析结论是，设备维修部的成本函数为：y=9 329+6.95x。

2.案例要求：

根据案例资料，验证杰克的操作过程，并说明你受到哪些启发。

七、参考及阅读书目

［1］阿特金森. 管理会计［M］. 王立彦，译. 3版. 北京：北京大学出版社，2004.

［2］HORNGREN，SUNDEM，STRATTON.管理会计教程［M］. 许秉岩，史向东，译. 10版. 北京：华夏出版社，1999.

［3］沃伦，里夫，费斯. 会计学——管理会计分册［M］. 北京：机械工业出版社，2003.

［4］吴大军. 管理会计［M］. 北京：中央广播电视大学出版社，1999.

［5］刘运国，梁德荣，黄婷晖. 管理会计前沿［M］. 北京：清华

大学出版社，2003.

［6］乐艳芬. 管理会计学［M］. 上海：立信会计出版社，2003.

［7］潘爱香. 管理会计学［M］. 3版. 北京：经济科学出版社，2006.

［8］潘飞. 管理会计［M］. 4版. 上海：上海财经大学出版社，2019.

［9］冯巧根. 管理会计［M］. 4版. 北京：中国人民大学出版社，2020.

［10］崔婕. 管理会计［M］. 2版. 北京：清华大学出版社，2020.

［11］吴大军. 管理会计［M］. 7版. 大连：东北财经大学出版社，2023.

第三章　变动成本法

一、学习目的与要求

本章的学习目的是使学生在了解成本计算分类概念的基础上，明确变动成本法与传统的完全成本法之间的主要区别，真正理解导致两种成本法营业利润狭义差额的根本原因，理解营业利润广义差额的直接和间接定性推断标准，能应用利润差额简算法，熟悉变动成本法的优缺点和具体应用方案。

通过本章的学习，学生应了解管理会计中成本计算的主要分类和变动成本法的概念；掌握变动成本法的理论前提和贡献式损益确定程序；熟悉变动成本法与完全成本法的主要区别；充分理解两种成本法分期营业利润差额的含义及两种定性推断标准；熟练掌握与运用利润差额简算法；了解变动成本法的优缺点和该法在我国的应用情况。

二、预习要览

（一）关键概念

1. 成本计算
2. 变动成本法
3. 完全成本法
4. 常规成本计算
5. 产品成本
6. 期间成本
7. 贡献式损益确定程序
8. 传统式损益确定程序
9. 营业利润狭义差额
10. 营业利润广义差额
11. 利润差额直接定性推断标准
12. 利润差额间接定性推断标准
13. 利润差额简算法

（二）关键问题

1. 管理会计中的成本计算可以分为哪些不同类型？各种分类依据的标志是什么？

2. 在变动成本法下，为什么产品成本中只包括变动生产成本？

3. 在变动成本法下，为什么固定生产成本必须作为期间成本处理？

4. 变动成本法与完全成本法有哪些主要区别？其中最本质的区别是什么？

5. 怎样理解变动成本法三种贡献式利润表格式之间的异同？

6. 无论非生产成本的性态是固定性，还是变动性，最终都不能改变其属于期间成本的性质，这是为什么？

7. 为什么说两种成本法出现不为零的营业利润差额只有可能性，没有必然性？

8. 为什么说只有在变动成本法下，利润才真正成为反映企业经营状况的“晴雨表”？

9. 为什么说对固定性制造费用的处理方法不同，并不是导致两种成本法出现不为零的营业利润差额的根本原因？造成利润狭义差额的根本原因究竟是什么？

10. 两种成本法的营业利润广义差额有哪些变动规律？

11. 从理论和实践的角度看，营业利润差额简算法的意义何在？

12. 请说明利润广义差额性质的直接判定依据是什么？利润广义差额性质的间接判定标准是什么？

13. 为什么说按照利润差额简算法计算营业利润广义差额的关键是计算完全成本法下期末存货吸收的固定生产成本？

14. 变动成本法有哪些优点和局限性？现阶段，我国应用变动成本法都采取了哪些方案？

三、本章重点与难点

变动成本法是指在组织常规的产品成本计算过程中，以成本性态分析为前提，只将变动生产成本作为产品成本的构成内容，而将固定生产成本及非生产成本作为期间成本，按贡献式损益确定程序计量损益的一种成本计算模式。

管理会计理论认为：产品成本应该只包括变动生产成本，而不应包括固定生产成本，固定生产成本必须作为期间成本处理，这就构成了变动成本法的理论前提。固定生产成本只是定期地创造可供企业利用的生产能量，与期间的关系更为密切。因此，在变动成本法下，固定生产成本应当与非生产成本同样作为期间成本处理。

两种成本计算法的区别表现在以下几方面：（1）应用的前提条件不同。变动成本法首先要求进行成本性态分析，把全部成本划分为变动成本和固定成本两大部分，尤其要把属于混合成本性质的制造费用按产量分解为变动性制造费用和固定性制造费用两部分。（2）产品成本及期间成本的构成内容不同。在变动成本法下，产品成本只包括变动生产成本，固定生产成本和非生产成本则全部作为期间成本处理。（3）销货成本及存货成本的水平不同。在变动成本法下，当期末存货量不为零时，固定生产成本被作为期间成本直接计入当期利润表，不可能转化为存货成本或销货成本。（4）常用的销货成本计算公式不同。变动成本法的销货成本全部是由变动生产成本构成的，所以本期销货成本等于单位变动生产成本与本期销量的乘积。（5）损益确定程序不同。在变动成本法下，只能按贡献式损益确定程序计量营业损益；而在完全成本法下，则必须按传统式损益确定程序计量营业损益。（6）所提供的信息用途不同。变动成本法是为满足面向未来决策、强化企业内部管理的要求而产生的。它能够提供科学反映成本与业务量之间、利润与销量之间有关量的变化规律的信息，从而有助于加强成本管理，强化预测、决策、计划、控制和业绩考核等职能，促进以销定产，减少或避免因盲目生产而带来的损失。

某期分别按完全成本法和变动成本法确定的营业利润之差，称为该期两种成本法营业利润的广义差额。不同期间两种成本法营业利润的广义差额可能大于零，也可能小于零或者等于零。其中，不等于零的差额称为狭义差额。导致两种成本法分期营业利润出现狭义差额的根本原因，在于两种成本计算法计入当期利润表的固定生产成本水平出现了差异，这种差异又具体表现为完全成本法下期末存货吸收的固定生产成本与期初存货释放的固定生产成本之间的差异。

利润广义差额有如下三种性质：（1）若完全成本法下期末存货吸收的固定生产成本等于期初存货释放的固定生产成本，则两种成本计算法确定的营业利润差额必然为零；（2）若完全成本法下期末存货吸收的固定生产成本大于期初存货释放的固定生产成本，则两种成本计算法确定的营业利润差额必然大于零；（3）若完全成本法下期末存货吸收的固定生产成本小于期初存货释放的固定生产成本，则两种成本计算法确定的营业利润差额必然小于零。

利润广义差额的直接定性推断，是指根据特定条件下产销之间的三种关系直接作出利润广义差额性质判断的方法，该法适用于在特定条件下形成的各种特殊产销关系或各种特殊组合产销关系。

特殊产销关系是指在特定期间内，当期末存货量和期初存货量两个因素中至少有一个为零时所形成的产销关系，包括以下三种情况：（1）当特殊产销平衡（期末存货量和期初存货量均为零）时，利润广义差额恒等于零；（2）当特殊产大于销（期末存货量不为零，期初存货量为零）时，利润广义差额大于零；（3）当特殊产小于销（期末存货量为零，期初存货量不为零）时，利润广义差额小于零。

特殊组合产销关系是指在特定期间内，当期末存货量和期初存货量均不为零，本期与前期产量相等时所形成的产销关系。其具体包括以下三种情况：（1）当特殊组合产销平衡时，利润广义差额为零；（2）当特殊组合产大于销时，利润广义差额大于零；（3）当特殊组合产小于销时，利润广义差额小于零。

利润广义差额的间接定性推断，是指根据特定期间内，期初存货量和上期产量均不等于零时所形成的Q_2/Q_1与x_1/x_0之间的各种关系，间接作出利润广义差额性质判断的方法。该法适用于除特殊产销平衡和特殊产大于销以外的各种情况，包括一般产销平衡、一般产大于销和一般产小于销。当Q_2/Q_1等于x_1/x_0（标记为Ⅰ）时，ΔP等于零；当Q_2/Q_1大于x_1/x_0（标记为Ⅱ）时，ΔP大于零；当Q_2/Q_1小于x_1/x_0（标记为Ⅲ）时，ΔP小于零。

在管理会计实践中，在不用分别按两种成本计算法确定营业利润的情况下，可以直接得到广义差额的数据。这就涉及两种成本计算法营业利润广义差额简算法的问题。

利润差额简算法的理论意义在于：有助于推导、证明利润广义差额的变动规律；该法的实践价值在于：有助于简化成本计算。

变动成本法的优点包括：（1）能够揭示利润和业务量之间的正常关系，有利于促使企业重视销售工作。（2）可以提供有用的成本信息，便于科学地开展成本分析和组织成本控制。（3）提供成本和收益资料，便于企业进行短期经营决策。(4)采用变动成本法可以简化成本核算工作。

变动成本法的缺点在于:(1)计算出来的单位产品成本不符合传统成本观念的要求。(2)不能适应长期决策的需要。(3)对企业所得税会产生一定的影响。

到目前为止,关于变动成本法的应用,有如下三种不同的观点:(1)采用“双轨制”,即在完全成本法的核算资料之外,另外设置一套变动成本法的核算系统,提供两套平行的成本核算资料,以分别满足不同的需要。(2)采用“单轨制”,即以变动成本法完全取代完全成本法,最大限度地发挥变动成本法的优点。(3)采用“结合制”,即将变动成本法与完全成本法结合使用,日常核算建立在变动成本法的基础之上,以满足企业内部经营管理的需要,期末再对需要按完全成本反映的有关项目进行调整,以满足对外报告的需要。

四、主要公式

变动成本法下的损益确定程序:

营业收入-变动成本=贡献边际

贡献边际-固定成本=营业利润

完全成本法下的损益确定程序:

营业收入-营业成本=营业毛利

营业毛利-营业费用=营业利润

通用的损益计算公式:

某成本法下的营业利润=该成本法下的中间指标-该成本法下的期间成本

两种成本法营业利润广义差额计算公式:

$$\text{某期两种成本法营业利润的广义差额}=\text{该期完全成本法的营业利润}-\text{该期变动成本法的营业利润}$$

或

$$=\text{完全成本法下期末存货吸收的固定生产成本}-\text{完全成本法下期初存货释放的固定生产成本}$$

两种成本法营业利润广义差额简算法公式:

$$\text{两种成本法当期营业利润的差额}=\text{完全成本法下单位期末存货中的固定生产成本}\times\text{期末存货量}-\text{完全成本法下单位期初存货中的固定生产成本}\times\text{期初存货量}$$

或

$$=\text{完全成本法下单位期末存货中的固定生产成本}\times\text{期末存货量}-\text{完全成本法下期初存货释放的固定生产成本}$$

两种情况下，完全成本法下期末存货中的固定生产成本的计算公式：

其1：$$\begin{matrix}\text{完全成本法下期末}\\\text{存货中的固定生产成本}\end{matrix}=\frac{\text{本期固定生产成本}}{\text{本期产量}}\times\text{期末存货量}$$

其2：$$\begin{matrix}\text{完全成本法下期末}\\\text{存货中的固定生产成本}\end{matrix}=\begin{matrix}\text{本期固定}\\\text{生产成本}\end{matrix}+\begin{matrix}\text{完全成本法下单位期初}\\\text{存货中的固定生产成本}\end{matrix}\times\left(\begin{matrix}\text{期末}\\\text{存货量}\end{matrix}-\begin{matrix}\text{本期}\\\text{产量}\end{matrix}\right)$$

应用利润差额简算法推算完全成本法相关指标的计算公式：

$$\begin{matrix}\text{某期完全成本法}\\\text{的营业利润}\end{matrix}=\begin{matrix}\text{该期变动成本法}\\\text{的营业利润}\end{matrix}+\begin{matrix}\text{该期两种成本法}\\\text{营业利润的广义差额}\end{matrix}$$

$$\begin{matrix}\text{某期完全成本法}\\\text{的期末存货成本}\end{matrix}=\begin{matrix}\text{该期变动成本法}\\\text{的期末存货成本}\end{matrix}+\begin{matrix}\text{完全成本法期末存货}\\\text{应吸收的固定生产成本}\end{matrix}$$

五、练习题

（一）单项选择题

1.在下列各项中，能够体现管理会计中“成本计算”（costing）含义的是（　　）。

A.狭义成本计算　　B.广义成本计算

C.原始成本计算　　D.常规成本计算

2.下列项目中，程序相对稳定、规范性较强、可纳入日常核算体系的是（　　）。

A.常规成本计算　　B.特殊成本计算

C.责任成本计算　　D.质量成本计算

3.在管理会计的发展过程中，变动成本法最初被称为（　　）。

A.吸收成本法　　B.归纳成本法

C.直接成本法　　D.边际成本法

4.下列各项中，与“吸收成本法”、“归纳成本法”、“兼收成本法”或“制造成本法”内涵完全相同的是（　　）。

A.完全成本法　　B.变动成本法

C.历史成本法　　D.标准成本法

5.在下列各项中，构成变动成本法下产品成本内容的是（　　）。

A.变动成本　　B.固定成本

C.生产成本　　　　　　　　　　D.变动生产成本

6.下列项目中，不能列入变动成本法产品成本中的是（　　）。

A.直接材料　　　　　　　　　　B.直接人工

C.固定性制造费用　　　　　　　D.变动性制造费用

7.在下列各项中，不属于完全成本法下期间成本内容的是（　　）。

A.变动非生产成本　　　　　　　B.固定非生产成本

C.生产成本　　　　　　　　　　D.财务费用

8.在变动成本法下，销售收入与变动成本之差等于（　　）。

A.净利润　　　　　　　　　　　B.营业利润

C.销售毛利　　　　　　　　　　D.贡献边际

9.在管理会计中，单价与单位变动成本的差额被称为（　　）。

A.单位收入　　　　　　　　　　B.单位利润

C.单位贡献边际　　　　　　　　D.单位贡献边际率

10.下列各项中，不属于变动成本法与完全成本法本质区别的是（　　）。

A.应用的前提条件不同　　　　　B.销售成本水平不同

C.损益确定程序不同　　　　　　D.计算出的营业利润不同

11.在变动成本法下，利润表提供的中间指标是（　　）。

A.营业毛利　　　　　　　　　　B.贡献边际

C.营业利润　　　　　　　　　　D.期间成本

12.在变动成本法下，固定生产成本应列入利润表的（　　）。

A.期间成本　　　　　　　　　　B.产品成本

C.直接成本　　　　　　　　　　D.非生产成本

13.在其他条件相同的情况下，变动成本法下计算的单位产品成本比完全成本法下计算的单位产品成本（　　）。

A.小　　　　　　　　　　　　　B.大

C.相同　　　　　　　　　　　　D.无法确定

14.在前后期产量和成本水平均不变的条件下，若本期完全成本法下计算的利润小于变动成本法下计算的利润，则意味着（　　）。

A.本期产量大于本期销量　　　　B.本期产量等于本期销量

C.期末存货量大于期初存货量　　D.期末存货量小于期初存货量

15. 当产品的销售价格、成本水平均不变时，按变动成本法计算的营业利润与当期实现的销量之间是（　　）。

A. 正比例关系　　B. 同方向变动关系

C. 反比例关系　　D. 反方向变动关系

16. 在其他条件不变的情况下，如果本期销量比上期增加，则可断定按变动成本法计算的本期营业利润（　　）。

A. 一定等于上期　　B. 应当小于上期

C. 一定大于上期　　D. 可能等于上期

17. 假定其他条件不变，若某企业连续3年按变动成本法计算的营业利润分别为10 000万元、12 000万元和11 000万元，则下列表述中正确的是（　　）。

A. 第三年的销量最少　　B. 第二年的销量最多

C. 第一年的产量比第二年少　　D. 第二年的产量比第三年多

18. 如果完全成本法的期末存货吸收的固定生产成本大于期初存货释放的固定生产成本，则两种方法计算的营业利润差额（　　）。

A. 一定等于零　　B. 可能等于零

C. 一定大于零　　D. 一定小于零

19. 如果完全成本法的期末存货成本比期初存货成本多20 000元，而变动成本法的期末存货成本比期初存货成本多8 000元，则可断定两种成本法的营业利润广义差额为（　　）。

A. 8 000元　　B. 12 000元

C. 28 000元　　D. 20 000元

20. 如果某期的期初存货量为零，产量为2 000件，销量为1 000件，固定生产成本总额为2 000元，按变动成本法计算的营业利润为5 000元，则按完全成本法计算的营业利润为（　　）。

A. 1 000元　　B. 4 000元

C. 5 000元　　D. 6 000元

（二）多项选择题

1. 如果按成本计算流程的不同进行分类，则分类结果应当包括（　　）。

A. 估计成本计算　　B. 实际成本计算

C.标准成本计算　　　　　　　D.分批成本计算

E.分步成本计算

2.在现代管理会计的常规成本计算分类中，划分变动成本法与完全成本法的分类标志包括（　　）。

A. 成本计算流程和计算的规范性

B. 划分产品成本和期间成本的口径

C. 成本计算手段

D. 成本计算时态

E. 损益确定程序

3.在下列各项中，属于变动成本法应用前提条件的有（　　）。

A.要求进行成本性态分析

B.要求把各种混合成本按产量进行分解

C.把混合成本性质的制造费用按产量进行分解

D.把混合成本性质的销售费用按销量进行分解

E.把混合成本性质的管理费用按销量进行分解

4.在变动成本法下，产品成本包括（　　）。

A.变动性管理费用　　　　　　B.变动性销售费用

C.变动性制造费用　　　　　　D.直接材料

E.直接人工

5.在变动成本法下，期间成本通常包括（　　）。

A.固定性制造费用　　　　　　B.间接材料费

C.间接人工费　　　　　　　　D.管理费用

E.销售费用

6.在完全成本法下，期间费用应当包括（　　）。

A.制造费用　　　　　　　　　B.变动性制造费用

C.固定性制造费用　　　　　　D.销售费用

E.管理费用

7.在期初存货不为零的情况下，完全成本法直接应用“单位生产成本×本期销量”计算当期销货成本需要具备的前提条件包括（　　）。

A. 前后期固定成本总额不变

B. 前后期单位变动成本不变

C. 前后期非生产成本不变

D. 前后期产量不变

E. 前后期销量不变

8. 在下列各项中，能够揭示完全成本法与变动成本法区别的有（　　）。

A. 损益计算程序不同

B. 应用的前提条件不同

C. 产品成本构成内容不同

D. 常用的销货成本计算公式不同

E. 对固定生产成本的处理方法不同

9. 在下列与变动成本法贡献式利润表三种格式有关的说法中，正确的有（　　）。

A. 在不同的利润表格式中，非生产成本的原有性质不变

B. 三种格式都能反映"营业毛利"这个中间指标

C. 对销售费用、管理费用补偿的顺序不同

D. 三种格式计算出来的营业利润数额相同

E. 非生产成本在各表中的扣除位置不同

10. 下列项目中，与可能导致完全成本法和变动成本法确定的分期损益出现差异完全无关的因素有（　　）。

A. 直接材料　　B. 管理费用

C. 财务费用　　D. 销售费用

E. 固定生产成本

11. 变动成本法提供的信息对强化企业管理有相当大的积极作用，比如可以（　　）。

A. 加强成本管理　　B. 促进以销定产

C. 调动企业增产的积极性　　D. 简化成本计算

E. 满足对外报告的需要

12. 如果不考虑其他限定条件，在下列关于完全成本法与变动成本法下各期损益的描述中，正确的有（　　）。

A. 当一般产销平衡时，则前者利润一定等于后者利润

B. 当特殊产销平衡时，则前者利润一定等于后者利润

C. 当一般产小于销时，则后者利润一定小于前者利润

D. 当一般产小于销时，则后者利润一定大于前者利润

E. 当特殊产大于销时，则后者利润一定小于前者利润

13. 在不考虑其他附加条件的情况下，将完全成本法下期末存货吸收的固定生产成本与期初存货释放的固定生产成本进行比较，下列表述中正确的有（　　）。

A. 当前者等于后者时，则营业利润广义差额等于零

B. 当前者大于后者时，则营业利润广义差额大于零

C. 当前者小于后者时，则营业利润广义差额小于零

D. 当前者大于后者时，则营业利润广义差额小于零

E. 当前者小于后者时，则营业利润广义差额大于零

14. 下列各项中，属于完全成本法缺点的有（　　）。

A. 无法揭示利润与销量之间的依存关系

B. 可能掩盖各部门降低成本的真实业绩

C. 不利于管理者理解成本和利润的信息

D. 可能导致盲目生产

E. 计算比较复杂

15. 按照变动成本法的观点，在特定条件下，利润应当随着产品的销量同方向变动，这些特定条件包括（　　）。

A. 生产工艺没有发生实质性变化

B. 单位变动生产成本不变

C. 固定销售费用总额不变

D. 财务费用总额不变

E. 前后期销量不变

16. 在管理会计发展进程中，变动成本法曾被称为（　　）。

A. 直接成本法　　B. 边际成本法

C. 吸收成本法　　D. 制造成本法

E. 全部成本法

17. 下列各项中，与导致营业利润狭义差额出现没有任何关系的有（　　）。

A. 单价　　B. 销量

C. 变动生产成本　　　　　　　　D. 固定非生产成本

E. 变动非生产成本

18. 如果某企业在某期出现营业利润狭义差额，就意味着该企业在该期发生了以下特殊事件，即（　　）。

A. 完全成本法下期末期初存货中的固定生产成本出现了差异

B. 两种成本法计入当期利润表的固定生产成本水平出现了差异

C. 两种成本法对固定生产成本的处理方式出现了差异

D. 两种成本法的利润表格式出现了差异

E. 两种成本法的营业利润水平出现了差异

19. 下列各项中，属于变动成本法优点的有（　　）。

A. 便于分清部门的责任，实施成本控制

B. 易于为管理部门理解和掌握

C. 符合传统的成本概念

D. 简化产品成本计算

E. 有利于长期决策

20. 下列各项中，属于应用变动成本法"结合制"设想内容的有（　　）。

A. 期末对需要按完全成本法反映的有关项目进行调整

B. 期末编制完全成本法的会计报表

C. 日常核算以变动成本法为基础

D. 单独核算固定性制造费用

E. 单独核算变动性制造费用

（三）判断题

1. 西方最早的直接成本法实际上就是变动成本法。（　　）

2. 所谓"制造成本法"实际上就是西方的完全成本法。（　　）

3. 变动成本法的理论前提是：产品成本只包括变动生产成本，固定生产成本必须作为期间成本处理。（　　）

4. 在确定企业成本时，完全成本法要考虑所有的生产成本，而变动成本法只考虑变动生产成本。（　　）

5. 生产成本中的直接成本就是变动成本，间接成本就是固定成本。（　　）

6. 按照变动成本法的解释，期间成本中只包括固定成本。（　　）

7. 变动成本法和完全成本法计入利润表的期间费用，虽然形式上不同，但内容相同。（　　）

8. 无论哪种成本计算法，对非生产成本都作为期间成本处理，必须在发生的当期全额计入利润表，不同的只是计入利润表的位置或补偿的顺序。（　　）

9. 无论在什么情况下，两种成本法都可以直接应用“单位产品成本×本期销量”计算销货成本。（　　）

10. 当存货量不为零时，按变动成本法确定的存货成本必然小于完全成本法下的存货成本。（　　）

11. 两种成本计算法的营业利润计算方法不同、利润表格式不同、中间指标不同和计算的营业利润不同，都是由损益确定程序不同造成的。（　　）

12. 两种成本法出现不为零的利润差额，只有可能性，没有必然性。（　　）

13. 导致变动成本法和完全成本法这两种方法分期营业利润出现狭义差额的根本原因，就在于它们对固定生产成本的处理采取了不同的方式。（　　）

14. 变动成本法与完全成本法之间最本质的区别就是两者提供信息的用途不同。（　　）

15. 在相关范围内，不论各期产量是否相等，只要销量相等，其按完全成本法计算的各期营业利润必然相等。（　　）

16. 在任何条件下，营业利润广义差额的性质都与产销之间的关系有关。（　　）

17. 营业利润广义差额的性质取决于期末存货量和期初存货量的数量关系。（　　）

18. 除特殊产销平衡和特殊产大于销两种情况，特定期间的期末存货量与期初存货量之比，同本期产量与上期产量之比的数量对比关系，决定着当期营业利润广义差额的性质。（　　）

19. 变动成本法既有利于短期决策，也有利于长期决策。（　　）

20. 在应用变动成本法的多种设想中，能兼顾企业内部管理和对外

报告要求的方法被称为双轨制。（　　）

（四）计算分析题

1. 已知：某企业只产销一种产品，其有关资料如下：产量为2 000件，销量为1 800件，期初存货为零；贡献边际率为60%；原材料为6 000元，计件工资为4 000元，其他变动性制造费用为每件0.40元，固定性制造费用总额为2 000元，变动性销售与管理费用为每件0.20元，固定性销售与管理费用总额为300元。

要求：

（1）根据给定的贡献边际率确定单价。

（2）按两种成本法计算单位产品成本。

（3）按两种成本法编制利润表。

（4）说明两种成本法计算的营业利润不同的原因。

2. 已知：某公司从事单一产品生产，连续三年销量均为1 000件，而三年的产量分别为1 000件、1 200件和800件。单位产品售价为200元，管理费用与销售费用均为固定成本，两项费用各年总额均为50 000元，单位产品变动生产成本为90元，固定性制造费用为20 000元。第一年的期初存货量为零。存货计价采用先进先出法。

要求：

（1）分别采用变动成本法和完全成本法计算第一年的营业利润。

（2）不用计算，直接判断第二年和第三年按变动成本法确定的营业利润。

（3）按照利润差额简算法分别计算第二年和第三年两种成本法的利润差额。

（4）不用编利润表，计算第二年和第三年完全成本法下的营业利润。

（5）根据本题计算结果，验证两种成本法营业利润广义差额特殊变动规律的合理性。

3. 已知：某企业本期有关资料如下：单位直接材料成本为10元，单位直接人工成本为5元，单位变动性制造费用为7元，固定性制造费用总额为4 000元，单位变动性销售与管理费用为4元，固定性销售与管理费用为1 000元。期初存货量为零，本期产量为1 000件，销量为

600件，单位售价为40元。

要求：分别按两种成本法的有关公式计算下列指标：

（1）单位产品成本。

（2）期间成本。

（3）销货成本。

（4）营业利润。

4.已知：某公司连续两年的产销量、成本和售价等资料见表3-1。

表3-1　**产销量、成本和售价资料**

项　　目	第一年	第二年
产量（件）	8 000	10 000
销量（件）	8 000	6 000
单位变动生产成本（元/件）	15	15
固定性制造费用（元）	40 000	40 000
固定性销售与管理费用（元）	10 000	10 000
单价（元）	40	40

该公司按变动成本法计算的营业利润第一年为150 000元，第二年为100 000元，存货采用先进先出法计价。

要求：用利润差额简算法计算完全成本法下各年的营业利润。

5.已知：某企业生产一种产品，第一年、第二年的产量分别为170 000件和140 000件，销量分别为140 000件和160 000件，存货的计价采用先进先出法，每单位产品的售价为5元。生产成本资料如下：每件产品变动生产成本为3元，其中，直接材料为1.30元，直接人工为1.50元，变动性制造费用为0.20元；固定性制造费用每年的发生额为150 000元。变动性销售与管理费用为销售收入的5%，固定性销售与管理费用发生额为65 000元，两年均未发生财务费用。

要求：

（1）分别按变动成本法和完全成本法计算并确定第一年和第二年的营业利润。

（2）具体说明第一年和第二年分别按两种成本计算方法确定的营业利润产生差异的原因。

6.已知：某公司按变动成本法核算的20×8年1月产品成本资料如下（该公司采用先进先出法计价）：单位产品成本为50元，本期固定性制造费用为30 000元，期初存货数量为500件，本期完工产品6 000件，本期销售产品5 500件，销售价格为100元/件，固定性销售与管理费用为45 000元。上期产品单位固定生产成本为5元。

要求：计算下列指标：

（1）完全成本法下的期末存货成本。

（2）完全成本法下的本期营业利润。

7.已知：某公司只生产一种产品，连续5年的产销量资料见表3-2。

表3-2 **产销量资料**

年　　份	1	2	3	4	5
期末存货量 Q_2					
期初存货量 Q_1	0				
期末期初存货量的变动幅度 Q_2/Q_1					
当期产量 x_1	8 000	5 000	8 000	6 000	4 000
当期销量 x_2	7 000	5 500	8 000	6 000	4 100
上期产量 x_0	0				
前后期产量的变动幅度 x_1/x_0					

假定该公司5年内的产品售价和成本水平均不变，存货采用先进先出法计价。

要求：

（1）填列表3-2中的所有空白单元格。

（2）根据相关指标，指出各年完全成本法和变动成本法利润差额的性质，并说明你的判断结论是根据哪些指标之间的关系作出的。

（3）直接判断变动成本法下营业利润达到最高水平和最低水平的年份，并说明理由。

六、案例

华达工艺制品有限公司业绩分析——完全成本法的缺点

华达工艺制品有限公司宣布业绩考核报告后，二车间负责人李杰情绪低落。原来，他任职以来积极开展降低成本活动，严格监控成本支出，考核时却没有完成核定任务，严重挫伤了他的工作积极性。财务负责人了解情况后，召集了有关成本核算人员寻找原因，并采取了进一步行动。

华达公司从事工艺品加工销售，自20×4年年初成立以来，一直以“重质量、守信用”在同行中享有较好的声誉。近期，公司决定实行全员责任制，寻求更佳的效益。企业根据3年来实际成本资料，制定了较详尽的费用控制方法。

材料消耗实行定额管理，产品耗用优质木材，单件定额为6元，人工工资实行计件工资，计件单价为3元，在制作过程中需用专用刻刀，每件工艺品限领1把，单价为1.30元，劳保手套每生产10件工艺品领用1副，单价为1元。当月固定资产折旧费为8 200元，摊销为800元，保险费为500元，仓库租赁费为500元，当期计划产量为5 000件。

车间实际组织生产时，根据当月订单组织生产2 500件，车间负责人李杰充分调动生产人员的工作积极性，改善加工工艺，严把质量关，杜绝了废品，最终使材料消耗定额由每件6元降到4.50元，领用专用工具刻刀2 400把，价值3 120元。但是，在业绩考核中，却没有完成任务，出现了令人困惑的结果。

要求：运用管理会计的相关内容分析出现这一考核结果的原因。

七、参考及阅读书目

[1] 吴大军. 管理会计 [M]. 北京：中央广播电视大学出版社，1999.

[2] 蔡淑娥. 管理会计学习指导与习题 [M]. 沈阳：辽宁人民出版社，1996.

[3] 李惟庄. 管理会计学试题分析与解答 [M]. 上海：立信会计出版社，2000.

［4］孙茂竹，文光伟，杨万贵．管理会计学教学辅导书——学生用书［M］．4版．北京：中国人民大学出版社，2006.

［5］王忠，周剑杰，胡静波．管理会计学教学案例［M］．北京：中国审计出版社，2001.

［6］陈金菊．管理会计解题指南［M］．北京：中国对外经济贸易出版社，2000.

［7］王琳．管理会计学习指导［M］．2版．大连：东北财经大学出版社，1996.

［8］潘飞．管理会计［M］．4版．上海：上海财经大学出版社，2019.

［9］温素彬．管理会计：理论·模型·案例［M］．3版．北京：机械工业出版社，2019.

［10］刘俊勇．管理会计［M］．北京：高等教育出版社，2020.

［11］冯巧根．管理会计［M］．4版．北京：中国人民大学出版社，2020.

［12］崔婕．管理会计［M］．2版．北京：清华大学出版社，2020.

［13］李贺，李小光，赵刘磊，等．管理会计：理论·实务·案例·实训［M］．上海：上海财经大学出版社，2020.

［14］吴大军．管理会计［M］．7版．大连：东北财经大学出版社，2023.

第四章　作业成本法

一、学习目的与要求

本章的学习目的是使学生在了解作业成本法相关概念的基础上，了解作业成本法产生的背景，明确作业成本法的理论依据及实施步骤，熟悉作业成本法的实务应用。

通过本章的学习，学生应掌握作业、作业成本法等基本概念，掌握作业成本法产生的原因；重点掌握作业成本法的理论基础及实施步骤，熟练掌握作业成本法下的产品成本计算、账务处理及适用范围；熟悉作业成本法与传统产品成本计算的区别；掌握作业成本法下的损益核算。

二、预习要览

（一）关键概念

1. 作业
2. 作业链
3. 资源
4. 成本动因
5. 战术成本动因
6. 资源动因
7. 作业动因
8. 成本库
9. 作业中心
10. 作业成本
11. 单位层作业
12. 批量层作业
13. 产品层作业
14. 维持层作业
15. 作业成本法

（二）关键问题

1. 什么是作业成本法？
2. 作业成本法产生的原因是什么？
3. 如何理解作业、作业成本、作业成本法的关系？
4. 什么是成本动因？成本动因有几类？

5. 作业包括哪些类型？可以按作业类型将作业成本划分为相应类型吗？

6. 作业成本法核算的理论依据是什么？该法的核算对象与传统的核算对象有何不同？

7. 如何实施作业成本法？

8. 作业成本法下怎样进行账务处理？

9. 作业成本法适用于所有企业吗？

10. 作业成本法与完全成本法的区别表现在哪些方面？

11. 作业成本法与现行制度相结合的损益核算体系有什么特点？

12. 如何理解作业成本法下的成本性态和成本性态分析？

三、本章重点与难点

2013年8月，财政部颁布《企业产品成本核算制度（试行）》，自此作业成本法被我国政府认可，成为制度允许的一种产品成本核算方法。

作业成本法的产生，源于产品成本计算精确性的要求，最初产生于20世纪80年代中后期的西方。

1970年以后，西方很多企业的制造费用已达到直接人工成本的400%～500%，而直接人工成本在产品成本中的比重仅为10%～20%。

作业成本法产生的主要原因有：（1）生产力发展导致企业内外部环境变化；（2）传统间接成本（制造费用）的分配方法有缺陷。

作业成本法是指以作业为中间桥梁，以作业中心作为间接费用归集和分配的对象，结合直接费用计算产品成本的一种成本核算方法。发展中的作业成本法实际上已经延伸到损益层面，涉及如何从满足内部管理的角度核算税前利润的问题，也是一种损益核算方法。

作业成本法的基础概念包括：作业、作业链、资源、成本、成本动因、作业动因、成本库、作业中心、作业成本、作业层次类型、各类作业成本等。

作业，是指企业生产经营过程中各项独立并相互联系的活动；作业链，是企业为了满足顾客需要而设立的一系列前后有序的作业的集合体；资源，是指企业生产经营过程中，初始形态上的各种劳动耗费；成本，在作业成本法下是指由作业而引发的资源消耗；成本动因（亦称成本驱动因素），是指导致成本发生的事项或活动。从企业角度看，可将成本动因分为战略成本动因和战术成本动因两大类：前者是指与生产经营活动相关的成本驱动因素（按其分配性质不同可进一步分为资源动因和作业动因两类）；后者反映作业量与资源耗费之间的因果关系。作业动因，是反映产品产量与作业成本之间因果关系的一个概念；成本库，是由具有相同作业动因的各种资源耗费项目归集而形成的成本集合；作业中心，是由具有相同作业动因的一系列相互联系、能够实现某种特定功能的作业集合（成本库所归集的成本实际上就是作业中心的成本）；作业成本，是指特定作业中心所归集的成本；作业层次类型，按作业等级可将作业划分为单位层作业、批量层作业、产品层作业和维持层作业等类型。单位层作业，是指随单位产品数量变动而成正比例变动的作业；批量层作业，是指随批别的变动而成正比例变动的作业；产品层作业，是指作业动因随特定产品种类的变动而成正比例变动的作业；维持层作业，是指为车间或企业整体服务，与车间或企业整体管理水平有关的作业。与各层相对应的作业成本称为单位层作业成本、批量层作业成本、产品层作业成本和维持层作业成本。

作业成本法的理论依据就是：产品消耗作业，作业耗用资源，消耗资源会发生成本。。

作业成本法的核算对象分别为产品和作业中心。作业中心是责任体系的最基本单位，其构成既可以是一个作业，也可是多项作业的集合。

作业成本法的核算程序如下：（1）划分作业并建立作业中心；（2）细分制造费用项目中的直接成本和间接成本；（3）确认并计量各作业中心的作业成本；（4）计算作业成本分配率；（5）计算产品成本。

作业成本法最终核算的是产品成本，在生产过程中因消耗料工费资源而发生的全部成本均区分为直接成本（含直接材料成本、直接工资中的计件工资和按直接方式计入成本的计时工资、制造费用中的直接部分）和间接成本（含直接工资中按间接方式计入成本的计时工资、制造费用中的间接材料、间接人工和其他间接部分）两大类的基础上，将直接成本直接计入产品，将间接成本按照“资源—作业中心—产品”的顺序进行确认、计量和分配，最终计算出产品成本。

作业成本法在进行账务核算处理时，可按不同的作业中心设立总账科目，用来核算应归于该作业中心的直接计时人工成本和间接制造费用。

判断一个企业是否符合作业成本法的适用范围，应综合考虑是否具备七个条件。

作业成本法与完全成本法的联系有三点：一是它们都属于日常成本核算方法；二是它们都以计算产品成本为目的；三是它们的最终核算对象相同。

两种方法在理论依据、计算对象、间接费用分配标准、产品成本计算结果和所提供信息对决策的影响等方面有明显区别。

作业成本法与现行制度相结合的损益核算体系，具有核算对象灵活、期间成本也区分直接成本与间接成本等特点。

基于作业的损益核算属于企业内部盈利能力分析，在账务处理方面无须增加任何科目。

在作业成本法下，成本性态是指成本与成本动因之间的依存关系；成本性态分析是指依据成本动因，将全部成本区分为短期变动成本、长期变动成本和综合变动成本三大类的分析过程。

短期变动成本，是指传统意义上的变动成本概念，即随业务量变动而成正比例变动的成本，直接材料是典型的短期变动成本；长期变动成本，是指在较长时期内，与作业消耗量（也称业务活动量）成正比例变动的成本；综合变动成本，是指在较长时期内变动，但其变动既与业务量不相关，也与作业消耗量不相关，其变动原因很难确定的成本。

将作业类别与成本性态分析相结合，单位层作业成本属于短期变动成本，批量层作业成本和产品层作业成本属于长期变动成本，维持层作业成本则属于综合变动成本。

在作业成本法下，按照重新诠释的成本性态分析，可对贡献式损益确定程序进行一定变革。

四、主要公式

各作业中心作业成本分配率的计算公式为：

$$\text{某作业中心作业成本分配率}=\frac{\text{该作业中心归集的资源成本总额}}{\text{该作业中心的作业动因总数}}$$

某种产品总成本的计算公式为：

$$\text{某产品总成本}=\sum\frac{\text{该产品的}}{\text{直接成本}}+\sum\left(\frac{\text{某作业中心的}}{\text{作业成本分配率}}\times\frac{\text{该产品在该作业}}{\text{中心的成本动因量}}\right)$$

基于作业的变动成本法的贡献式损益计算公式为：

$$\frac{\text{作业成本法下}}{\text{的税前利润}}=\frac{\text{销售}}{\text{收入}}-\frac{\text{短期}}{\text{变动成本}}-\frac{\text{长期}}{\text{变动成本}}-\frac{\text{综合}}{\text{变动成本}}$$

五、练习题

（一）单项选择题

1.在我国，作业成本法取得法律地位的年份是（　　）。

A.1992年　　B.1996年

C.2013年　　D.2016年

2.1970年以后，国外许多企业的制造费用已达到直接人工成本的（　　）。

A.10%~20%　　B.30%~40%

C.60%~80%　　D.400%~500%

3.在作业成本法下，企业生产经营过程中初始形态上的各种劳动耗费被称为（　　）。

A.资源　　B.作业

C.成本　　D.成本动因

4.按照作业成本法的相关理论，成本动因与成本的发生之间必然具有（　　）。

A.可靠性　　B.依赖性

C.及时性　　D.相关性

5.下列各项中，能够反映产品产量与作业成本之间因果关系的是（　　）。

A.资源动因　　B.作业动因

C.成本动因　　D.产品动因

6.由于归集作业成本的性质相同，所以可将成本库视为（　　）。

A.作业　　B.作业链

C.作业中心　　D.作业成本

7.下列各项中，随单位产品数量变动而成正比例变动的作业被称为（　　）。

A.单位层作业　　B.产品层作业

C.维持层作业　　D.批量层作业

8.下列各项中，属于单位层作业成本的是（　　）。

A.检验成本　　B.直接材料

C.直接人工　　D.订单成本

9.要想降低批量层作业成本，只能设法减少（　　）。

A.作业的批数　　B.变动成本

C.单位成本　　D.总成本

10.下列各项中，属于作业成本法归集间接费用对象的是（　　）。

A.作业　　B.产品成本

C.作业中心　　D.制造费用

11.下列各项中，属于机器调整作业动因的是（　　）。

A.产品设计　　B.一般管理

C.生产批次　　D.检验次数

12.下列各项中，可以作为资源动因的是（　　）。

A.人工小时　　B.检验次数

C.生产批次　　D.设计时数

13.在实务中，如果某项作业的作业动因较难确定，则可将此类作业视为（　　）。

A.单位层作业　　B.批量层作业

C.维持层作业　　D.产品层作业

14.按照作业成本法的理论观点，产品消耗的是（　　）。

A.成本　　B.资源

C.费用　　D.作业

15.下列各项中，应列为作业成本法成本计算对象的是（　　）。

A.产品和作业中心　　B.车间

C.产品　　D.作业中心

16.在作业成本法下，下列项目中一定属于直接成本的是（　　）。

A.直接材料　　B.直接人工

C.变动性制造费用　　D.固定性制造费用

17.下列各项中，属于作业成本法最终核算内容的是（　　）。

A.产品成本　　B.作业成本

C.资源成本　　D.责任成本

18.在完全成本法下，间接费用的分配标志是（　　）。

A.作业动因　　B.成本动因

C.业务量　　D.生产批次

19.在作业成本法下，人们将成本动因与成本之间的依存关系称为（　　）。

A.成本性态　　B.成本因素

C.成本功能　　D.作业动因

20.按作业成本法进行盈利能力分析时，成本核算范围得到拓展，新纳入的内容是（　　）。

A.生产成本　　B.期间成本

C.固定性制造费用　　D.变动成本

（二）多项选择题

1.下列各项中，属于作业成本法产生环境背景的有（　　）。

A.社会生产力的提高　　B.顾客多样化的产品需求

C.制造费用比重急剧增长　　D.直接人工比重急剧增长

E.直接材料比重急剧增长

2.下列各项中，与作业成本法的产生密切相关的有（　　）。

A.生产力的发展

B.企业内外环境的变化

C.为克服传统间接费用的分配缺陷

D.为克服传统加工成本的计算缺陷

E.为克服变动成本法的缺陷

3.从企业角度看，可将成本动因分为以下类型，包括（　　）。

A.战略成本动因　　B.战术成本动因

C.传统成本动因　　D.现代成本动因

E.古典成本动因

4.成本动因按其在作业成本中体现的分配性质不同进行分类，其结果包括（　　）。

A.资源动因　　B.作业动因
C.产品动因　　D.需求动因
E.价格动因

5.下列各项中，属于作业按层次等级分类的结果有（　　）。

A.单位层作业　　B.批量层作业
C.产品层作业　　D.维持层作业
E.稳定层作业

6.下列各项中，可能计入作业中心成本进行核算的有（　　）。

A.直接材料　　B.直接人工
C.直接制造费用　　D.间接制造费用
E.折旧费

7.下列各项中，属于维持层作业内容的有（　　）。

A.产品设计　　B.产品介绍
C.人事管理　　D.一般管理
E.机器调整

8.下列各项中，与产品层作业的作业动因无关的因素有（　　）。

A.产品设计　　B.正在生产的产品产量
C.正在生产的生产批量　　D.企业总体规划中的特定产品
E.订单份数

9.下列各项中，可以归属于作业动因的有（　　）。

A.机器小时　　B.订单份数
C.检验件数　　D.产品批次
E.人工工时

10.下列各项中，可以归属于某作业中心资源耗费的有（　　）。

A.直接材料　　B.修理费
C.办公费　　D.产品专属费用
E.直接人工

11.下列各项中，反映作业成本法和完全成本法共同之处的表述包括（　　）。

A.都属于日常成本核算

B.都需要计算产品成本

C.都需要计算作业成本

D.都属于制度允许的成本核算方法

E.都属于内部核算方法

12.下列各项中，反映作业成本计算与传统成本计算明显区别的有（　　）。

A.成本计算的理论依据不同　　B.成本计算的对象不同

C.间接费用的分配标准不同　　D.产品成本的计算结果不同

E.提供信息对决策的影响不同

13.如果基于作业类别对传统成本性态分析进行变革，则下列说法中正确的有（　　）。

A.单位层作业属于短期变动成本

B.批量层作业属于长期变动成本

C.产品层作业属于长期变动成本

D.维持层作业属于综合变动成本

E.以上说法都正确

14.如果按成本动因对全部成本进行分类，分类的结果包括（　　）。

A.短期变动成本　　B.长期变动成本

C.综合变动成本　　D.短期固定成本

E.长期固定成本

15.下列各项中，可作为短期变动成本分配标志的有（　　）。

A.人工工时　　B.产量

C.销量　　D.直接材料耗用量

E.机器小时

16.下列各项中，能够准确描述长期变动成本显著特征的有（　　）。

A.作业消耗量的变动与成本的变动在时间上不同步

B.成本的变动在时间上与业务量的变动同步

C.成本动因与业务量无关

D.变动所需时间较短

E.变动所需时间较长

17.下列各项中，属于实施作业成本法必备的基础条件的有（　　）。

A.拥有高素质的人才　　B.拥有高水平的管理经验

C.拥有一定的资金实力　　D.拥有信息系统开发能力

E.拥有财会专业知识

18.下列各项中，可作为作业成本法下盈利能力分析对象的有（　　）。

A.某一产品　　B.某一生产线

C.某一品牌　　D.某一订单

E.某一项目

19.下列各项中，属于实施作业成本法核算程序中相应环节的有（　　）。

A.划分作业并建立作业中心

B.区分直接成本和间接成本

C.计算作业成本分配率

D.确认并计量各作业中心的作业成本

E.计算产品成本

20.如果将作业成本法与变动成本法结合起来核算损益，那么需要将总成本区分为（　　）。

A.直接成本　　B.间接成本

C.短期变动成本　　D.长期变动成本

E.综合变动成本

（三）判断题

1.作业成本法因产品成本计算的精确性而产生。（　　）

2.成本库归集的成本是作业中心的成本。（　　）

3.作业成本法是指以作业为中间桥梁，以作业动因作为间接费用的归集对象的一种成本核算方法。（　　）

4.作业成本法最初建立在完全成本法的基础上，探求间接费用分配的精确性。（　　）

5.作业动因应当反映公司管理与作业成本的因果关系。（　　）

6.成本动因与成本的发生具有相关性，但成本动因本身不具有可计

量性。 (　　)

7. 机器调整属于一项作业，它会导致产品成本的发生。 (　　)

8. 维持层作业成本大多与企业的生产能力有关。 (　　)

9. 作业成本法下核算制造费用时，应首先将所有的制造费用区分为直接制造费用和间接制造费用。 (　　)

10. 对于工艺较为复杂的产品的单位产品成本，作业成本法下的计算结果一定高于完全成本法下的计算结果。 (　　)

11. 作业成本法下的产品成本计算结果较完全成本法下的计算结果相对精确。 (　　)

12. 作业成本法不仅要计算作业成本，也要计算产品成本，不仅要考虑直接成本，也要考虑间接成本。 (　　)

13. 作业中心归集的作业成本中包含了直接资源和间接资源。 (　　)

14. 应用作业成本法既可以核算产品成本，也可以核算损益。 (　　)

15. 作业成本法的实施，常常取决于企业管理者的意向。 (　　)

16. 作业成本法的理论依据是：产品消耗资源，产品消耗作业。 (　　)

17. 作业成本法下的产品成本是所建立的各作业中心作业成本分配值的合计值。 (　　)

18. 综合变动成本的成本动因不明，并在较长时间内固定不变，因此此类成本也可以称为维持性固定成本。 (　　)

19. 从长期来看，固定成本固定不变，但变动成本并非全部随业务量的变动成正比例变动。 (　　)

20. 作业成本法下核算损益，其分析对象固定为产品，成本核算范畴已经拓展到期间成本。 (　　)

（四）计算分析题

1.已知：某制造厂生产A、B两种产品，20×7年1月份的有关成本资料见表4-1。

表4-1　**有关成本资料表**　金额单位：元

产品名称	产　量	单位产品机器小时数	直接材料单位成本	直接人工单位成本
A产品	100件	2小时	50	40
B产品	200件	4小时	80	30

该厂每月制造费用总额为50 000元，有4个与制造费用相关的作业中心，各作业中心的成本及作业动因情况见表4-2。

表4-2　　作业中心相关资料

作业名称	成本动因	作业成本（元）	作业动因数		合计
			A产品	B产品	
质量检验	检验次数	4 000	5次	15次	20次
订单处理	生产订单份数	4 000	30份	10份	40份
机器运行	机器小时数	40 000	200小时	800小时	1 000小时
设备调整准备	调整准备次数	2 000	6次	4次	10次

假定：在完全成本法下，以机器小时作为制造费用的分配标准。

要求：分别按作业成本法和完全成本法计算该月A、B两种产品的单位成本。

2.已知：某企业的甲部门生产A、B两种产品，每年能提供总工时50 000小时，其中A产品耗用10 000小时，B产品耗用40 000小时。该车间20×6年发生制造费用875 000元，A、B产品的单位材料成本分别为25元、15元，单位直接人工成本都是10元。应用作业成本法的相关资料见表4-3。

表4-3　　应用作业成本法的相关资料　　金额单位：元

成本动因	追踪成本	成本动因数			分配率	A分配	B分配
		A耗用	B耗用	合计			
机器调整次数（次）	230 000	3 000	2 000	5 000	46	138 000	92 000
质量检验次数（次）	160 000	5 000	3 000	8 000	20	100 000	60 000
生产订单数（个）	81 000	200	400	600	135	27 000	54 000
直接工时（小时）	404 000	10 000	40 000	50 000	8.08	80 800	323 200
合计	875 000					345 800	529 200
产量（个）						5 000	20 000
单位产品制造费用						69.16	26.46

A产品和B产品所需要的直接人工工时相等，都是2小时，但A产品的工艺比较复杂，设计中的机器调整、质量检验次数多，批量小，订单多。而B产品工艺比较简单，批量大。目前，A产品的市场单价为120元，B产品的市场单价为65元。

要求：

（1）分别按传统方法和作业成本法计算A产品和B产品的单位产品成本。

（2）分别按传统方法和作业成本法计算A产品和B产品的盈利能力指标。

3.已知：某企业在同一生产车间生产A和B两种产品，这两种产品的生产加工工艺不同，A产品工艺比B产品复杂。A产品每月生产100件，B产品每月生产150件。相关资料见表4-4。

表4-4 **A产品和B产品的相关资料** 金额单位：元

项目	A产品	B产品
产品产量（件）	100	150
直接材料	10 000	12 000
直接人工	2 000	3 000

为实施作业成本法，该企业依据生产流程建立了5个作业中心，归集的作业成本见表4-5。

表4-5 **作业中心及作业成本表** 单位：元

作业中心	材料领用	包装	质量检验	设备维护	装卸搬运
作业成本	15 000	8 000	10 000	12 000	5 000

5个作业中心的作业动因及发生的作业量见表4-6。

表4-6 **作业动因及相关作业量**

作业中心	作业动因	作业量		
		A产品	B产品	合计
材料领用	材料领用数量（件）	7	8	15
包装	包装批次（批）	3	5	8
质量检验	质量检验小时数（小时）	10	15	25
设备维护	设备维护小时数（小时）	4	8	12
装卸搬运	装卸搬运次数（次）	4	6	10

要求：

（1）计算制造费用。

（2）将资源计入作业中心时，有2 000元是因为A产品发生的特殊质量检验费，计算此时A产品和B产品的直接成本和间接成本。

（3）计算包装的作业成本分配率以及A、B产品应分配的包装作业成本。

4.已知：某企业本月生产甲、乙两种产品，其中甲产品技术工艺过程较简单，市场占有率较高、生产批量大，乙产品为新开发产品，工艺过程较复杂，生产批量较小。传统成本计算法下的制造费用按机器工时分摊，甲、乙两种产品发生的机器工时分别为：40 000小时、4 000小时。对作业进行分析后，企业建立的作业中心及相关作业动因等资料见表4-7。

表4-7 **作业相关资料**

作业中心	作业成本（元）	作业动因	作业量		
			甲产品	乙产品	合计
材料采购	96 000	采购次数（次）	90	70	160
生产准备	48 000	准备次数（次）	160	80	240
质量检验	72 000	检验次数（次）	120	60	180
机器工作	176 000	机器工时（小时）	40 000	4 000	44 000
设备维修	48 000	维修工时（小时）	1 400	1 000	2 400
合计	440 000	—	—	—	—

要求：

（1）计算批量层次作业成本和单位层次作业成本。

（2）按完全成本法计算甲、乙产品应分摊的制造费用。

六、案例

案例4-1 XM市三德兴公司作业成本法的实施

（一）企业背景及问题的提出

XM市三德兴公司为生产硅橡胶按键的企业，主要给遥控器、普通电话、移动电话、计算器和电脑等电器设备提供按键。1985年11月开始由新加坡厂商在XM市设厂生产，1999年该公司被美国ITT工业集团控股。XM市三德兴公司年总生产品种约6 000种，月总生产型号达300多种，每月总生产数量多达2 000万件，月产值为人民币1 500万元，员工约1 700人。企业的生产特点为品种多、数量大、成本不易精确核算。

XM市三德兴公司在成本核算和成本管理方面大致经过两个阶段：

第一阶段（1980—1994年）：无控制阶段。1994年以前，国内外硅橡胶按键生产行业的竞争很小，基本属于卖方市场，产品的质量和价格完全控制在生产商手中，XM市三德兴公司作为国内主要的硅橡胶按键生产商之一，在生产管理上最主要的工作是尽可能地增加产量，没有太多考虑成本核算与成本管理的问题。

第二阶段（1994—2000年）：传统成本核算阶段。从1994年开始，一方面，硅橡胶按键行业的竞争者增多，例如中国台湾地区的大洋、旭利等企业的加入；另一方面，由于通信电子设备的价格下降，硅橡胶按键产品的价格也不断下降，1994年硅橡胶按键价格跌了近20%。硅橡胶按键行业逐渐变为买方市场。成本核算问题突出表现出来，此时公司才开始意识到成本核算问题的重要性。在这个阶段，公司主要采用传统成本法进行核算，即首先将直接人工和直接材料等计入产品的生产成本，再将各项间接资源的耗费归集到“制造费用”账户，然后以直接人工作为分配基础对整个制造过程进行成本分配，分配率的计算公式为：

分配率=单种产品当月所消耗的直接人工÷当月公司消耗的总直接人工

由此分配率可计算得到各产品当月被分配到的制造费用，再除以当月生产的产品数量，可以得到产品的单位制造费用，将单位制造费用与直接材料和直接人工相加，即得到产品的单位生产总成本。企业简单地将产品的单位生产总成本与产品单价进行比较，从而计算出产品的盈亏水平。

1997年下半年的亚洲金融危机导致整个硅橡胶按键市场需求量大幅度下降，硅橡胶按键生产商之间的竞争变得异常激烈，产品价格一跌再跌，产品价格已经处在产品成本的边缘，稍不注意就会亏本，因此，对订单的选择也开始成为一项必要的决策。XM市三德兴公司的成本核算及管理变得非常重要和敏感。此时，硅橡胶按键已经从单纯的生产过程转向生产和经营过程，一方面，生产过程复杂化了，XM市三德兴公司每月生产的产品型号多达数百种，且经常变化，每月不同，其中消耗物料达上千种，工时或机器台时在各生产车间很难精确界定，已经无法按照传统成本法对每种产品分别进行合理、准确的成本核算，也无法为企业生产决策提供准确的成本数据；另一方面，企业的行政管理、技术研究、后勤保障、采购供应、营销推广和公关宣传等非生产性活动大大增加，为此类活动发生的成本在总成本中所占的比重不断提高，而此类成本在传统成本法下又同样难以进行合理的分配。如此一来，以直接人工为基础分配间接制造费用和非生产成本的传统成本法变得不再适用，公司必须寻找其他更为合理的成本核算和成本管理方法。

（二）作业成本法在企业中的实际运用

XM市三德兴公司实施作业成本法主要包括以下三个步骤。

1.确认主要作业，明确作业中心

作业是在企业内与产品相关或对产品有影响的活动。企业的作业可能多达数百种，通常只能对企业的重点作业进行分析。根据XM市三德兴公司产品的生产特点，从公司作业中划分出备料、油压、印刷、加硫和检查等五项主要作业。其中，备料作业的制造费用主要是包装物的消耗，油压作业的制造费用主要是电力的消耗和机器的占用，印刷作业的制造费用大多为与印刷相关的成本与费用，加硫作业的制造费用则主要为电力消耗，而检查作业的制造费用主要是人工费用。各项制造费用先后被归集到上述五项作业中。

2.选择成本动因，设立成本库

成本库按作业中心设置，每个成本库代表它所在作业中心由作业引发的成本。成本库按照特定成本动因解释成本变动的原因。这当中成本动因的选择非常重要，成本动因是一项作业产出的定量计算。通常成本动因的选择可以从两个方面来考虑：一是作业的层次，二是驱动的特点。所谓层次，是指作业概念中的单位作业、批量作业和产品作业；所谓驱动，是指产品消耗作业的性质。驱动一般包括经济业务驱动、期间驱动、密度或直接收费驱动等。其中经济业务驱动，是指依作业发生的频率来计量的驱动；期间驱动，是指用完成每一项作业所花费的时间来计量的驱动；密度或直接收费驱动，则指根据每次完成一项作业所实际消耗的资源来计量的驱动。

在XM市三德兴公司备料、油压、印刷、加硫和检查等五项主要作业里，确认的成本动因如下：

（1）备料作业。该作业很多工作标准或时间的设定都是以重量为依据的。因此，该作业的制造成本与该作业产出半成品的重量直接相关，也就是说，产品消耗该作业的量与产品的重量直接相关。所以企业以产品的重量作为该作业的成本动因。

（2）油压作业。该作业的制造成本主要表现为电力的消耗和机器的占用，这主要与产品在该作业的生产时间有关，即与产品消耗该作业的时间有关。因此，企业以油压小时作为该作业的成本动因。

（3）印刷作业。从工艺特点来看，该作业主要与印刷的道数有关，因此，企业以印刷道数作为该作业的成本动因。

（4）加硫作业。该作业有两个特点：一方面，该作业的制造成本主要为电力消耗，而这与时间直接相关；另一方面，该作业产品的加工形式为成批加工的形式，因此，企业以每批产品的加硫小时作为该作业的成本动因。

（5）检查作业。该作业以人工为主，而XM市三德兴公司的工资以绩效时间为基础，因此，企业以检查小时作为该作业的成本动因。

此外，XM市三德兴公司还包括工程部、品管部以及电脑中心等基础作业，根据公司产品的特点，产品直接材料的消耗往往与上述基础作业所发生的管理费用没有直接相关性，所以基础作业的分配中没有选择直接材料，而是以直接人工为基础予以分配。

3.计算最终产品成本

根据所选择的成本动因，对各作业的动因量进行统计，再根据该作业的制造费用求出各作业的动因分配率，将制造费用分配到相应的产品中去。然后根据各产品消耗的动因量算出各产品的总作业消耗及单位作业消耗。最后将算出的单位作业消耗与直接材料和直接人工相加得出各产品的实际成本。

（三）传统成本法与作业成本法计算结果的比较

依据上述计算步骤，以2000年9月份的生产数据为基础，对378种型号的产品分别核算其产品成本。表4-8和表4-9分别列出了两组有代表性的计算结果。其中，表4-8的数据显示，在传统成本法下计算后发现企业亏本，而采用作业成本法重新计算后发现企业并没有亏本；表4-9的数据显示，在传统成本法下计算，企业没有亏本，而按作业成本法计算后却发现了亏本的产品型号。

表4-8 **产品成本计算比较表（一）** 金额单位：美元

产品型号	单价	生产数量（个）	传统成本法		作业成本法	
			单位成本	单位利润	单位成本	单位利润
3DS06070ACAA	0.12	385 233	0.1207	−0.0007	0.11	0.01
3DS06070AEAA	0.12	434	0.1207	−0.0007	0.11	0.01
7505832X01	0.34	424 376	0.36	−0.02	0.31	0.03

表4-9 **产品成本计算比较表（二）** 金额单位：美元

产品型号	单价	生产数量（个）	传统成本法		作业成本法	
			单位成本	单位利润	单位成本	单位利润
EUR51CT785H	0.05	25	0.03	0.02	0.07	−0.02
3DS07206ACAA	0.19	3 015	0.02	0.17	0.47	−0.28
UR51CT984E	0.06	103	0.04	0.02	0.24	−0.18
ST−3000	0.04	1 519	0.038	0.002	0.043	−0.003
3104−207−73731	0.11	456	0.07	0.04	0.20	−0.09
3104−207−68052	0.16	1 533	0.12	0.04	0.18	−0.02
3139−227−64762	0.09	210	0.06	0.03	0.22	−0.13
3135−013−0211	0.09	68	0.07	0.02	1.99	−1.90
20578940	0.41	12	0.14	0.27	0.64	−0.23
BHG420008A	0.11	401	0.06	0.05	0.112	−0.002

通过作业成本法的核算不难看出：

（1）传统成本法对成本的核算与作业成本法对成本的核算有相当大的差异。作业成本法是根据成本动因将作业成本分配到产品中去，而传统成本法是用数量动因将成本分配到产品里。

（2）在传统成本法下完全无法得到的各作业单位和各产品消耗作业的信息却可以在作业成本法中得到充分的反映。公司可以据此分析在那些亏本的产品型号中，究竟哪些作业的消耗偏多，进而探讨减少使用这些作业的可能性。

（3）对于在传统成本法中核算为亏本而在作业成本法下不亏本的产品型号，可以通过作业成本法来了解成本分配的信息。

（4）通过作业成本法的计算，可以了解在公司总的生产过程中，哪一类作业的消耗最多，哪一类作业的成本最高，从而知道从哪个途径来降低成本，提高生产效率。根据各作业中心的成本分配结果可知，该公司油压作业的单位动因成本最高，其作业的总成本也最大，印刷作业的成本动因量及作业总成本次之。这样，公司在今后可以从不同的角度改善这两项作业，比如通过增加保温措施以减少每小时电力消耗的方法来降低油压作业中每小时作业的成本；通过合并工序来减少印刷作业的动因量。如此，通过加强成本核算与成本管理把企业的管理水平提升到作业管理层次上来。

（四）XM市三德兴公司实施作业成本法的体会

（1）动因的选择不必求全，但应该找到最重要的、与主要成本花费相关的关键因子。最初，该公司实施作业成本法时试图找出与所有成本耗用均相关的成本动因，但经多方面尝试后证明该做法是不可能的，在一个独立的作业中不可能所有的耗费都与同一个成本动因成正比例关系。之后，该公司转而试图将作业做进一步细分，但随即发现如此一来将会有非常多的作业，在实际生产中要统计这些作业也是困难重重。经反复探讨并仔细研究作业成本法的原理后，最终采用如下方法：先选择相对独立的、对产品的形成影响较大的主要作业，然后确定作业中与主要的成本消耗相关性较大的成本动因。这一做法虽然会在一定程度上降低成本核算的准确度，但正如卡普兰教授和阿特金森教授所指出的，一套合理的作业成本制度的目标不是拥有最准确的成本计量方法，如果把一个产品实际的成本消耗看作靶的中心，一个相对简单的制度只要能始终如一地击中靶的中环和外环就可以算得上准确。而传统的成本制度实际上从来没有击到过靶，甚至连放靶的墙也没有击到。

（2）成本动因的选择可采取多元化的方式，注意与传统成本核算系统相结合。事实上，作业成本法与传统成本法并不是相互排斥的，它是在解决传统成本法存在问题的基础上对传统成本法的发展。例如，该公司在选择备料成本动因时，就选取了“备料重量”这一通常在传统成本法里使用的分配因子，这有助于提高成本核算的准确性和合理性。

（3）实施作业成本法必须要以完善的计算机系统为基础。XM市三德兴公司原材料消耗的种类以及生产的产品品种都较多，如果没有计算机系统的支持，实施作业成本法几乎是不可能的。该公司的计算机已实现网络连接，并建立配方库、标准库等基础数据系统，已按管理信息系统的要求建立了独立的核算系统，具有数据处理中心并形成相应的信息。

（4）在当今日益激烈的竞争环境里，企业能否生存及发展的关键就在于能否以较少的投入获得较高的收益。在给定投资决策的前提下，成本核算与成本管理成为企业能否获利的一项重要决定因素。谁成本控制得好，谁就能以相对较低的价格获得竞争优势。而成本控制的前提之一就在于获得正确的成本信息，只有正确地掌握产品各类成本的构成及来源，才能有效地控制成本。但在传统成本法下，企业各项间接性的成本大都以直接人工或机器小时等为标准分配到各产品中去，对于像XM市三德兴公司这类原材料和产品品种数量繁多、差异又大的企业而言，传统的成本分配方法非常不准确。它提供了产品成本的错误信息，使企业的成本控制无的放矢，难以真正达到控制成本的目的。与此相反，作业成本法把企业的生产活动看作由一系列的作业组成，它通过一定的成本动因将产品与实际所使用的作业联系在一起，而作业又与所消耗的资源相联系，每完成一项作业都要消耗一定的资源。这样核算出来的成本就比较能反映企业真实的成本状况，从而为管理者提供较为真实的成本信息，有利于企业的成本核算和成本管理。

根据以上资料，请回答下列问题：

（1）你认为作业成本法实施以前XM市三德兴公司在成本核算方面存在的最主要问题是什么？

（2）为什么说作业成本法较传统成本核算及成本控制而言更加先进？

（3）实施作业管理一定要首先实现作业成本计算吗？

（4）如何设置作业中心？

案例4-2　光耀电子公司的价格困惑

已知：光耀电子公司生产三种电子产品，分别是X、Y和Z。产品X工艺简单，每年销售10 000件；产品Y工艺相对复杂，在三种产品中的销量最大，每年销售20 000件；产品Z工艺最复杂，每年销售4 000件。该公司将产品成本的125%作为产品的目标售价，并一直采用传统成本计算方法计算产品成本，同时以直接人工工时为基础分配制造费用，单位产品成本及目标售价的计算见表4-10。

表4-10　**单位产品成本计算表（传统方法）**　金额单位：元

项　目	产品X	产品Y	产品Z
直接人工工时（小时）	30 000	80 000	8 000
直接材料	500 000	1 800 000	80 000
直接人工	580 000	1 600 000	160 000
制造费用	990 000	2 640 000	264 000
成本合计	2 070 000	6 040 000	504 000
产量（件）	10 000	20 000	4 000
单位产品成本	207	302	126
目标售价（元/件）	258.75	377.50	157.50

最近销售部负责人向管理层反映了一个情况：若按照传统成本计算方法，产品X按照目标售价出售，其销售及盈利状况正常；产品Y是该公司的主要产品，年销量最高，目前由于市场竞争激烈，将该产品的实际售价降到了328元，远远低于其目标售价；产品Z的售价定在157.50元时公司收到的订单数量非常多，超过了其生产能力，因此公司将产品Z的单价提高到了250元，即使在这一价格下，公司收到的订单依然很多，其他公司在产品Z的市场上无力与该公司竞争。

如果该公司实施作业成本法，相关资料见表4-11。

表4-11　　　　　　　　**产品X、Y、Z作业中心相关资料**

作业中心	作业动因	作业量及分配率				
		产品X	产品Y	产品Z	合计	分配率
材料采购	订单数量（张）	1 200	4 800	14 000	20 000	10
物料处理	材料移动（次）	700	3 000	6 300	10 000	60
启动准备	准备次数（次）	1 000	4 000	10 000	15 000	0.20
装配	机器小时（小时）	10 000	25 000	8 000	43 000	28.20
质量控制	检验小时（小时）	4 000	8 000	8 000	20 000	21.05
产品包装	包装次数（次）	400	3 000	6 600	10 000	25
工程处理	工程处理时间（小时）	10 000	18 000	12 000	40 000	17.50
一般管理	直接人工（小时）	30 000	80 000	8 000	118 000	4.30

根据以上资料，请回答下列问题：

（1）为什么产品Z的售价具有竞争力而产品Y不具有竞争力？

（2）该公司产品售价的制定方式有问题吗？

（3）为什么作业成本法的计算结果更有助于公司作出正确的价格决策？

案例4-3　许继电气实施的作业成本法

许继电气是许继电气股份有限公司的简称，该公司系国家电力系统自动化及继电保护控制行业大型骨干和主导企业，公司开发、生产的继电保护及自动化产品均已达到世界先进水平。许继电气最初采用传统的成本核算模式核算成本，随着工艺及生产技术的进步，传统核算方法已经严重脱离实际，难以满足企业管理、考核和控制等决策的需要。公司开始探索作业成本核算和管理体系的构建，最终成功地设计出了一套科学合理的作业成本核算系统（ABC）并实施了作业管理（ABM）。

成本核算内容可以分成两大部分：一部分是生产性费用，另一部分是非生产性费用（即期间费用）。下面以生产性费用在生产部门的处理为例，详细介绍该公司的作业成本核算：

（1）直接费用，主要是直接材料，运用合适的软件直接计入成本核算对象。

（2）人工费用。由于许继电气的人工费用是按照以产值折算的工时比例分配到各个合同的，实际上也属于间接费用，而非传统意义上的直接人工，因此运用作业成本法，通过作业分析计入各个作业中心的资源耗费，再通过作业动因将其分配到产品或者下一个作业中心。

（3）制造费用。运用作业成本法，通过作业分析计入成本核算对象。

（4）在以上划分的基础上，通过作业成本核算体系重新计算合同、产品的成本，并利用核算数据进行分析。

根据以上资料，请分析：

许继电气采用作业成本法时与采用传统的成本核算方法有哪些不同。

七、参考及阅读书目

［1］屈成鹰，沈艺峰．作业成本法：XM市三德兴公司应用的实地研究［J］．财务与会计，2001（4）．

［2］欧阳清，杨雄胜．成本会计学［M］．北京：首都经济贸易大学出版社，2003．

［3］余绪缨．管理会计［M］．北京：首都经济贸易大学出版社，2004．

［4］冯巧根．管理会计［M］．4版．北京：中国人民大学出版社，2020．

［5］温素彬．管理会计：理论·模型·案例［M］．3版．北京：机械工业出版社，2019．

［6］吴广达．环境管理会计［M］．北京：经济科学出版社，2016．

［7］孙红梅，等．企业社会责任会计体系构建研究［M］．上海：上海财经大学出版社，2014．

［8］张文贤．人力资源会计［M］．2版．北京：科学出版社，2018．

［9］吴大军．管理会计［M］．7版．大连：东北财经大学出版社，2023．

第五章 本量利分析原理

一、学习目的与要求

本章的学习目的是使学生在了解本量利分析假设的基础上，掌握单一品种条件下保本分析、保利分析和保净利分析的计算技巧，理解各种本量利关系图的特点，能正确选择和应用多品种本量利分析的具体方法，了解保本点敏感性分析的一般原理，掌握单一品种和多品种条件下的计算经营杠杆系数的理论公式和简化公式。

通过本章的学习，学生应了解本量利分析的概念、前提条件和内容；熟悉本量利分析的基本关系式；熟练掌握保本点、保利点、净保利点有关公式及其应用；掌握DOL理论公式和简化公式及其应用技巧；熟悉企业经营安全程度的评价指标，及各种主要的本量利分析图的特点；了解有关因素的变动对保本点和保利点的影响；掌握多品种条件下综合贡献边际率法和联合单位法的应用技巧；了解是否存在经营杠杆效应的判定标准；一般了解多品种条件下各种方法的特点及适用范围和保本点敏感性分析的原理与方法。

二、预习要览

（一）关键概念

1. 本量利分析
2. 贡献边际
3. 贡献边际率
4. 保本与保本状态
5. 保本分析
6. 保本点
7. 安全边际
8. 保本作业率
9. 保利分析
10. 保利点
11. 保净利点
12. 保利成本
13. 保利单价
14. 本量利关系图

15. 主要品种法

16. 分算法

17. 联合单位法

18. 综合贡献边际率法

19. 顺序法

20. 保本点敏感性分析

21. 经营杠杆系数

22. DOL的各种计算公式

（二）关键问题

1. 本量利分析的基本假定是什么？

2. 贡献边际有哪几种表现形式？其计算公式如何？

3. 贡献边际率指标有什么作用？它与变动成本率的关系如何？

4. 确定单一品种保本点的方法有哪些？从计算公式上看，各方法有哪些主要区别？

5. 评价企业经营安全程度可使用哪些评价指标？怎样进行相关指标的计算与评价？

6. 比较单一品种条件下的保本点、保利点和保净利点计算公式之间的异同。

7. 在单一品种条件下，能够分别影响保本点、保利点、安全边际和营业利润的因素有哪些？这些因素变动会对上述指标产生什么样的影响？

8. 本量利关系图包括哪些类型？每种本量利关系图各有哪些优缺点？

9. 多品种条件下的本量利分析方法有哪些？它们分别适用于哪些企业？

10. 主要品种法、分算法、联合单位法、综合贡献边际率法和顺序法的基本原理分别是什么？

11. 管理会计进行敏感性分析时，通常以哪些假设条件的存在为前提？

12. 保本点敏感性分析主要计算哪些指标？

13. 怎样判断报告期是否具备经营杠杆效应？

14. 产生经营杠杆效应的条件有哪些？单价、成本、销量与经营杠杆系数之间存在什么样的关系？

15. 单一品种条件下DOL的理论公式和简化公式与多品种条件下DOL的理论公式和简化公式有何异同？

三、本章重点与难点

本量利分析是指在变动成本计算模式的基础上，以数学化的会计模型与图式来揭示固定成本、变动成本、销量、单价、销售额、利润等变量之间的内在规律性联系，为会计预测、决策和规划提供必要的财务信息的一种定量分析方法。

本量利分析的基本假定或前提条件包括：（1）成本性态分析的假定；（2）相关范围及线性假定；（3）产销平衡和品种结构稳定的假定；（4）变动成本法的假定；（5）目标利润的假定。

本量利关系的基本公式十分重要，必须牢牢记住。

贡献边际是指产品的销售收入与相应变动成本之间的差额，又称边际贡献、贡献毛益、边际利润或创利额。

贡献边际率是指贡献边际总额占销售收入总额的百分比，又等于单位贡献边际占单价的百分比。贡献边际率与变动成本率之和等于1。

保本是指企业在一定时期内的收支相等、盈亏平衡、不盈不亏、利润为零。当企业处于上述特殊情况时，称为企业达到保本状态。保本分析是研究当企业恰好处于保本状态时本量利关系的一种定量分析方法，包括保本点的确定和企业经营安全程度分析两项内容，前者为关键。

单一品种的保本点有保本量和保本额两种表现形式。在多品种条件下，只能确定总保本额，无法确定总保本量。

确定单一品种的保本点有三种方法：（1）图解法；（2）基本等式法；（3）贡献边际法。

评价企业经营的安全程度，可利用安全边际率和保本作业率指标，两者之和等于1。

保利分析是盈利条件下的本量利分析的简称，即通过逐一描述业务量、成本、单价、利润等因素相对其他因素而存在的定量关系进行本量利分析的过程。

保利点是指在单价和成本水平确定的情况下，为确保预先确定的目标利润能够实现，而应达到的销量和销售额的统称。

计算保利点的公式最为重要，因为它可以把保本点、保利点与保净利点计算公式联系起来。如当目标利润为零时，保利点的公式就自动转变为保本点公式；当要求计算保净利点时，若记不住公式，亦可根据已知的目标净利润和所得税税率先求出目标利润，再套用保利点的计算公式。

单位变动成本、固定成本总额和目标利润与保利点同方向变动，而单价与保利点反方向变动，销量的变动既不会影响保本点的计算，也不会影响保利点的计算。

本量利关系图是指在平面直角坐标系上使用解析几何模型反映本量利关系的图像的统称，主要包括传统式本量利关系图、贡献式本量利关系图和利润-业务量式本量利关系图三种。

传统式本量利关系图是一种较为常见的、能够反映本量利基本关系的图形，在实际中应用最广泛，具体可分为标准式和金额式两种图形。

贡献式本量利关系图可以反映贡献边际指标，但无法直接反映固定成本线。

利润-业务量式本量利关系图可以反映业务量变动对利润的影响，优点是简单明了，缺点是不能显示业务量变动对成本的影响。

多产品条件下的本量利分析方法主要包括：主要品种法、分算法、联合单位法、综合贡献边际率法和顺序法等。前三种方法都属于将多品种条件下的本量利分析转化或简化为单一产品本量利分析的形式，又各自有特殊的应用条件；综合贡献边际率法的关键是计算综合贡献边际率。

管理会计进行敏感性分析时，通常以下列假设条件的存在为前提：有限因素的假定；因素不相关的假定；相同变动幅度的假定；影响效果相同的假定。保本点敏感性分析主要计算保本单价、保本单位变动成本和保本固定成本三个指标。

在单一品种条件下，当报告期只有销量一个因素变动，其他因素均不变、固定成本大于零和基期利润大于零时，销量一定程度的变动会使利润以更大幅度变动，学术界将企业存在的这种利润变动率大于销量变动率的特殊现象称为经营杠杆效应。在多品种条件下，企业存在经营杠杆效应的条件要多一条，即“报告期销量单独变动后导致贡献边际总额发生变动”。

用于衡量经营杠杆效应的指数叫经营杠杆系数。在单一品种条件下，如果存在经营杠杆效应，则经营杠杆系数DOL等于报告期的利润变动率除以销量变动率（或销售收入变动率、变动成本变动率、贡献边际变动率），该公式称为DOL的理论公式。在多品种条件下，DOL的理论公式等于报告期的利润总额变动率除以贡献边际总额变动率。上述所有指标的变动率均为报告期环比变动率。

不论品种是否单一，DOL的简化公式都等于基期贡献边际（总额）与基期利润（总额）之比。

四、主要公式

营业利润（P）=销售收入-总成本

$=px-(a+bx)$

=销售收入-变动成本-固定成本

=单价×销量-单位变动成本×销量-固定成本

=（单价-单位变动成本）×销量-固定成本

贡献边际（Tcm）=销售收入-变动成本

$=px-bx$

=单位贡献边际×销量 $=cm\cdot x$

=销售收入×贡献边际率 $=px\cdot cmR$

单位贡献边际（cm）=单价-单位变动成本

$=p-b$

$=\frac{\text{贡献边际}}{\text{销量}}=\frac{Tcm}{x}$

=销售单价×贡献边际率

$=p\cdot cmR$

贡献边际率（cmR）$=\frac{\text{贡献边际}}{\text{销售收入}}\times 100\%$

$=\frac{Tcm}{px}\times 100\%$

$=\frac{\text{单位贡献边际}}{\text{单价}}\times 100\%$

$=\frac{cm}{p}\times 100\%$

营业利润（P）=贡献边际-固定成本=Tcm-a

贡献边际（Tcm）=固定成本+营业利润=a+P

固定成本（a）=贡献边际-营业利润=Tcm-P

$$变动成本率（bR）=\frac{变动成本}{销售收入}\times 100\%$$

$$=\frac{bx}{px}\times 100\%$$

$$=\frac{单位变动成本}{单价}\times 100\%$$

$$=\frac{b}{p}\times 100\%$$

贡献边际率（cmR）=1-变动成本率=1-bR

变动成本率（bR）=1-贡献边际率=1-cmR

$$基本等式法下特定期间的保本量（x_0）=\frac{该期固定成本}{单价-单位变动成本}=\frac{a}{p-b}$$

基本等式法下特定期间的保本额（y_0）=单价×该期保本量=px_0

$$贡献边际法下特定期间的保本量（x_0）=\frac{该期固定成本}{单位贡献边际}=\frac{a}{cm}$$

$$贡献边际法下特定期间的保本额（y_0）=\frac{该期固定成本}{贡献边际率}=\frac{a}{cmR}$$

$$=\frac{该期固定成本}{1-变动成本率}=\frac{a}{1-bR}$$

$$\begin{matrix}特定期间的安全\\边际量（MS量）\end{matrix}=\begin{matrix}现有（实际）或\\预计（计划）的销量\end{matrix}-\begin{matrix}该期的\\保本量\end{matrix}=x_1-x_0$$

$$\begin{matrix}特定期间的安全\\边际额（MS额）\end{matrix}=\begin{matrix}现有（实际）或\\预计（计划）的销售额\end{matrix}-\begin{matrix}该期的\\保本额\end{matrix}=y_1-y_0$$

$$特定期间的安全边际率（MSR）=\frac{该期的安全边际量}{现有(实际)或预计(计划)的销量}\times 100\%$$

$$=\frac{MS量}{x_1}\times 100\%$$

$$=\frac{该期的安全边际额}{现有(实际)或预计(计划)的销售额}\times 100\%$$

$$=\frac{MS额}{y_1}\times 100\%$$

安全边际额（MS额）=单价×安全边际量=p·MS量

特定期间的保本作业率（dR）$=\frac{\text{该期保本量}}{\text{现有或预计销量}}\times100\%$

$=\frac{x_0}{x_1}\times100\%$

$=\frac{\text{该期保本额}}{\text{现有或预计销售额}}\times100\%$

$=\frac{y_0}{y_1}\times100\%$

安全边际率+保本作业率=MSR+dR=1

特定期间保利量（x′）$=\frac{\text{该期固定成本}+\text{该期目标利润}}{\text{单价}-\text{单位变动成本}}$

$=\frac{a+TP}{p-b}$

$=\frac{\text{该期固定成本}+\text{该期目标利润}}{\text{单位贡献边际}}$

$=\frac{a+TP}{cm}$

该期保利额（y′）=单价×该期保利量=p·x′

$=\frac{\text{该期固定成本}+\text{该期目标利润}}{\text{贡献边际率}}=\frac{a+TP}{cmR}$

$=\frac{\text{该期固定成本}+\text{该期目标利润}}{1-\text{变动成本率}}=\frac{a+TP}{1-bR}$

特定期间保净利量（x″）$=\frac{\text{该期固定成本}+\frac{\text{该期目标净利润}}{1-\text{所得税税率}}}{\text{单价}-\text{单位变动成本}}=\frac{a+\frac{TTP}{1-tR}}{p-b}$

该期保净利额（y″）$=\frac{\text{该期固定成本}+\frac{\text{该期目标净利润}}{1-\text{所得税税率}}}{\text{贡献边际率}}=\frac{a+\frac{TTP}{1-tR}}{cmR}$

特定期间的保利单位变动成本（b′）=单价$-\frac{\text{该期固定成本}+\text{该期目标利润}}{\text{该期预计销量}}$

$=p-\frac{a+TP}{x_1}$

特定期间的保利固定成本（a′）$=\left(\text{单价}-\text{单位变动成本}\right)\times\text{该期预计销量}-\text{该期目标利润}$

$=(p-b)\cdot x_1-TP$

$$特定期间的保利单价（p）=该期单位变动成本+\frac{该期固定成本+同期目标利润}{该期预计销量}$$

$$=b+\frac{a+TP}{x_1}$$

$$特定期间的利润（P）=\begin{pmatrix}单 & - & 单位变\\ 价 & & 动成本\end{pmatrix}\times该期销量-该期固定成本$$

$$=(p-b)\cdot x-a$$

$$=单位贡献边际\times该期安全边际销量=cm\cdot MS量$$

$$=贡献边际率\times该期安全边际销售额=cmR\cdot MS额$$

特定期间销售利润率=该期贡献边际率×该期安全边际率

$$联合保本量=\frac{固定成本}{联合单价-联合单位变动成本}$$

$$联合保利量=\frac{固定成本+目标利润}{联合单价-联合单位变动成本}$$

$$综合保本额=\frac{全厂固定成本}{综合贡献边际率}=\frac{a}{cmR'}$$

$$综合保利额=\frac{全厂固定成本+目标利润}{综合贡献边际率}=\frac{a+TP}{cmR'}$$

$$综合贡献边际率（cmR'）=\frac{全厂贡献边际总额}{全厂销售收入总额}\times100\%=\frac{\sum Tcm}{\sum px}\times100\%$$

$$某种产品为全厂创造的贡献边际率（cmRi''）=\frac{该产品创造的贡献边际}{全厂销售收入之和}\times100\%$$

$$=\frac{Tcm_i}{\sum px_i}\times100\%$$

$$综合贡献边际率（cmR'）=\sum\begin{pmatrix}某种产品的 & \times & 该产品的\\ 贡献边际率 & & 销售额比重\end{pmatrix}=\sum(cmR_i\cdot B_i)$$

$$保本单价=现有单位变动成本+\frac{现有固定成本}{现有销量}$$

$$保本单位变动成本=现有单价-\frac{现有固定成本}{现有销量}$$

保本固定成本=（现有单价-现有单位变动成本）×现有销量

$$单一品种按理论公式计算的经营杠杆系数（DOL）=\frac{报告期利润变动率}{报告期销量变动率}=\frac{K_0}{K_3}$$

$$多品种按理论公式计算的经营杠杆系数（DOL）=\frac{报告期利润总额变动率}{报告期贡献边际总额变动率}$$

按简化公式计算的经营杠杆系数（DOL）$=\frac{\text{基期贡献边际}}{\text{基期利润}}=\frac{Tcm}{P}$

五、练习题

（一）单项选择题

1. 按照本量利分析的假设，收入函数和成本函数的自变量相同，为（　　）。

A. 单位变动成本　　B. 销售单价

C. 固定成本　　D. 销量

2. 某企业只生产一种产品，该产品的贡献边际率为65%，本期销售额为200 000元，营业利润为100 000元，则该产品的固定成本为（　　）。

A.30 000元　　B.70 000元

C.100 000元　　D.130 000元

3. 当企业的贡献边际总额等于利润时，该企业的固定成本总额（　　）。

A. 等于零　　B. 不等于零

C. 大于零　　D. 小于零

4. 已知A企业生产和销售单一产品，销售单价为20元/件，单位变动成本为12元/件，今年的固定成本总额为40 000元，预计明年将增加8 000元的酌量性固定成本，其他条件不变，则明年该企业的保本量为（　　）。

A.1 000件　　B.4 000件

C.5 000件　　D.6 000件

5. 如果某企业经营安全程度的评价结论为“值得注意”，据此可以断定，该企业安全边际率的数值（　　）。

A. 在10%以下　　B. 在10%至20%之间

C. 在20%至30%之间　　D. 在30%至40%之间

6. 下列有关贡献边际率与其他指标关系的表达式中，唯一正确的是（　　）。

A. 贡献边际率+保本作业率=1　　B. 贡献边际率+变动成本率=1

C.贡献边际率+安全边际率=1　　D.贡献边际率+危险率=1

7.在单价和销量不变的条件下，如果贡献边际数额上升了，那就意味着（　　）。

A.固定成本总额下降了　　B.固定成本总额上升了

C.单位变动成本下降了　　D.单位变动成本上升了

8.下列选项中，不会受现有销量变动影响的是（　　）。

A.营业利润　　B.安全边际率

C.安全边际量　　D.保本量

9.某企业只生产一种产品，单价为56元/件，单位变动成本为36元/件，固定成本总额为4 000元。如果企业要确保安全边际率达到50%，则销量应达到（　　）。

A.143件　　B.222件

C.400件　　D.500件

10.某公司生产的产品，单价为2元/件，贡献边际率为40%，本期的保本量为20万件，其固定成本为（　　）。

A.16万元　　B.50万元

C.80万元　　D.100万元

11.如果产品的单价与单位变动成本的变动率相同，其他因素不变，则保本量（　　）。

A.不确定　　B.不变

C.上升　　D.下降

12.下列各项中，其计算结果等于保本量的是（　　）。

A.固定成本/贡献边际率　　B.固定成本/单位贡献边际

C.固定成本/安全边际率　　D.固定成本/单位安全边际

13.在下列指标中，可直接作为判定企业经营安全程度的指标的是（　　）。

A.保本量　　B.贡献边际

C.保本额　　D.保本作业率

14.某企业的变动成本率为60%，安全边际率为30%，则其销售利润率为（　　）。

A.12%　　B.18%

C.28%　　D.42%

15.已知某企业的销售收入为10 000元，固定成本为2 200元，保本作业率为40%。在此情况下，该企业可实现利润（　　）。

A.1 800元　　B.2 300元

C.3 300元　　D.3 800元

16.在利润-业务量式盈亏临界图中，若横轴表示销量，则利润线的斜率表示（　　）。

A.贡献边际率　　B.变动成本率

C.单位贡献边际　　D.单位变动成本

17.在贡献式本量利关系图中，总成本线与变动成本线之间的距离所代表的是（　　）。

A.贡献边际　　B.固定成本

C.利润区　　D.亏损区

18.根据本量利分析原理，下列措施中，只能提高安全边际而不会降低保本点的是（　　）。

A.提高单价　　B.增加产量

C.降低单位变动成本　　D.降低固定成本

19.假定下列各项中的因素变动均处于相关范围内，则能够导致保本点升高的是（　　）。

A.单价提高　　B.单位变动成本升高

C.实际销量增多　　D.安全边际量增大

20.下列各项中，需要先计算综合保本额和保利额的多品种本量利分析方法是（　　）。

A.综合贡献边际率法　　B.联合单位法

C.分算法　　D.主要品种法

21.如果经营杠杆系数等于1，表明企业的固定成本（　　）。

A.等于零　　B.大于零

C.小于零　　D.为任意值

22.下列各项中，唯一能够作为计算多品种经营杠杆系数理论公式分母的是（　　）。

A.销量变动率　　B.销售收入总额变动率

C.变动成本总额变动率　　　　D.贡献边际总额变动率

（二）多项选择题

1.下列项目中，属于本量利分析应当研究的内容有（　　）。

A.销量与利润的关系　　　　B.销量、成本与利润的关系

C.成本与利润的关系　　　　D.产品质量与成本的关系

E.单价与成本和利润的关系

2.在下列各项中，属于本量利分析基本假设的有（　　）。

A.相关范围假设　　　　B.线性假设

C.产销平衡假设　　　　D.品种结构不变假设

E.目标利润假设

3.下列各项中，属于本量利分析内容的有（　　）。

A.单一产品条件下的保本分析

B.单一品种条件下的保利分析

C.单一品种条件下的保净利分析

D.多品种条件下的本量利分析

E.目标利润的预测

4.在下列各项中，会引起营业净利润增加的有（　　）。

A.单价下降　　　　B.降低单位变动成本

C.节约固定成本　　　　D.预计销量减少

E.企业所得税税率降低

5.在企业正常盈利的情况下，下列有关指标之间关系的描述中，关系一定成立的有（　　）。

A.贡献边际率大于变动成本率

B.贡献边际率小于变动成本率

C.贡献边际率+变动成本率=1

D.贡献边际率和变动成本率都大于零

E.贡献边际率和变动成本率都小于零

6.贡献边际除了以总额的形式表现外，其表现形式还包括（　　）。

A.单位贡献边际　　　　B.税前利润

C.营业收入　　　　D.贡献边际率

E.净利润

7.下列各式中，其计算结果等于贡献边际率的有（　　）。

A.单位贡献边际/单价　　B.固定成本/保本额

C.贡献边际/销售收入　　D.固定成本/保本量

E.1-变动成本率

8.当企业处于保本状态时，就意味着（　　）。

A.总收入等于总成本　　B.利润等于零

C.贡献边际大于固定成本　　D.贡献边际小于固定成本

E.贡献边际等于固定成本

9.在下列项目中，能够决定保本点大小的因素有（　　）。

A.固定成本　　B.单位变动成本

C.现有销量　　D.销售单价

E.目标利润

10.在下列各项关系式中，属于管理会计公式的有（　　）。

A. 销售利润率=贡献边际率×安全边际率

B. 销售利润率×贡献边际率=1

C. 安全边际率=贡献边际率+变动成本率

D. 贡献边际率+变动成本率=1

E. 保本点作业率+安全边际率=1

11.下列有关管理会计指标的描述中，内容正确的有（　　）。

A.安全边际率与保本作业率之和为1

B.安全边际额是现有销售额超过保本额的部分

C.安全边际率越大，企业发生亏损的可能性越大

D.安全边际量占现有销量的百分比等于安全边际率

E.保本作业率揭示了确保企业不亏损的销量下降极限

12.下列各项中，属于安全边际指标表现形式的有（　　）。

A.安全边际量　　B.安全边际率

C.安全边际额　　D.保本作业率

E.贡献边际率

13.下列指标中，假定其他因素不变，会随着单价变动而反方向变动的因素有（　　）。

A.保本点　　B.保利点

C.变动成本率　　　　　　　　D.单位贡献边际

E.安全边际率

14.下列各项中，能够影响保净利量指标的因素有（　　）。

A.单价　　　　　　　　　　　B.固定成本

C.目标利润　　　　　　　　　D.单位变动成本

E.企业所得税税率

15.下列各项中，能同时影响保本点、保利点和保净利点的因素有（　　）。

A.所得税税率　　　　　　　　B.目标利润

C.单位贡献边际　　　　　　　D.贡献边际率

E.固定成本总额

16.某产品计划产销量为600件，单价为8元，单位变动成本为5元，固定成本总额为2 000元，要实现400元的利润，可分别采用的措施有（　　）。

A.降低单位变动成本1元　　　B.减少固定成本600元

C.提高产销量200件　　　　　D.提高单价2元

E.提高单价1元

17.按照管理会计对传统式本量利分析图的解释，假定其他因素不变，下列各项中表达正确的有（　　）。

A.单位变动成本越高，保本点越高

B.单价越高，保本点越高

C.单位变动成本越高，保本点越低

D.单价越高，保本点越低

E.固定成本越高，保本点越高

18.假设贡献式本量利关系图中，销售收入线与横轴的夹角为∠α，变动成本线与横轴形成的夹角为∠β，则下列描述中正确的有（　　）。

A.只有当∠α大于∠β时，贡献边际区才存在

B.∠α与∠β之间的差越大，贡献边际率越高

C.销售收入线与变动成本线均与业务量成正比

D.销售收入线与变动成本线之间的垂直距离是贡献边际

E.利润区的大小受到∠α、∠β、固定成本和预计销量的影响

19.下列各项中，可用于多品种条件下本量利分析的有（　　）。

A.分算法　　B.顺序法

C.主要品种法　　D.联合单位法

E.综合贡献边际率法

20.下列各项中，属于保本点敏感性分析前提条件的有（　　）。

A.四个因素的假定　　B.企业正常盈利的假定

C.因素单独变动的假定　　D.销量为常数的假定

E.变动率的绝对值为1%的假定

21.在单一品种条件下，如果报告期存在经营杠杆效应，意味着企业同时发生的事件包括（　　）。

A.报告期销量发生变动　　B.基期固定成本大于零

C.基期利润大于零　　D.报告期固定成本不变

E.报告期单价和单位变动成本均不变

22.在单一品种条件下，如果其他因素均不变，在基期销量因素上升时，报告期经营杠杆系数的数值（　　）。

A.将不会改变　　B.将随之上升

C.将随之下降　　D.将随之向反方向变动

E.将随之向同方向变动

（三）判断题

1.本量利分析应用的前提条件与成本性态分析的假设完全相同。（　　）

2.既然本量利分析的各种模型均建立在多种假设的前提条件下，那么在实际应用时就不能忽视它们的局限性。（　　）

3.通常，贡献边际是指产品贡献边际，即销售收入减去生产制造过程中的变动成本和销售费用、管理费用中的变动部分之后形成的差额。（　　）

4.当企业的贡献边际等于固定成本时，企业处于保本状态。（　　）

5.在单一品种保本点的各种确定方法中，不受计算顺序的限制，可以同时计算出保本量和保本额，又十分准确的方法是贡献边际法。（　　）

6.若单位产品售价与单位变动成本发生同方向、同比例变动，则保本量不变。（　　）

7. 在已知固定成本、保本额和销售单价的条件下，可推算出单位变动成本。（ ）

8. 保本作业率能够反映企业在保本状态下产能的利用程度。（ ）

9. 因为安全边际额等于现有销售额超过保本额的差额，并表明销售额下降多少企业仍不至于亏损，所以安全边际额就等于企业的营业利润。（ ）

10. 安全边际率与保本作业率之间的关系是互补的，即“安全边际率×保本作业率=1”。（ ）

11. 在一定时期内，如果企业的保本作业率为零，可以断定该企业处于保本状态。（ ）

12. 在盈利条件下的本量利分析中，当研究任何一个因素与其他因素关系时，均假定其他因素固定不变。（ ）

13. 不论是保本分析还是保利分析，凡是计算有关销量的指标时，均以单位贡献边际为分子；凡是计算有关销售额的指标时，均以贡献边际率为分子，这是它们的共性所在。（ ）

14. 从标准式本量利关系图中可以看出，只有当单价大于单位变动成本时，才可能形成保本点。（ ）

15. 标准式本量利关系图主要适用于多品种条件下的本量利分析。（ ）

16. 在贡献式本量利关系图中，销售收入线与固定成本线之间的垂直距离是贡献边际。（ ）

17. 在标准式本量利关系图中，当现有销量发生变化时，会导致利润三角区和亏损三角区同时变动。（ ）

18. 传统式本量利关系图能反映成本与销量（销售额）的关系，但无法反映贡献边际与其他因素的关系，而利润-业务量式本量利关系图则不能显示销量（销售额）对变动成本的影响。（ ）

19. 在多品种条件下，若整个企业的利润为零，则说明各产品均已达到保本状态。（ ）

20. 在利用综合贡献边际率法进行多品种本量利分析时，各产品的销售额比重必然成为影响多品种本量利关系的因素。（ ）

21. 当报告期销量单独变动，其他因素不变，基期利润大于零时，

只要固定成本不等于零，经营杠杆系数恒大于1。 (　　)

22. 在多品种条件下，DOL的理论公式等于报告期的利润变动率除以销售收入变动率。 (　　)

23. 在多品种条件下，由于“基期贡献边际总额除以基期利润总额”不等于“报告期利润总额变动率除以销售收入总额变动率”，这表明DOL的简化公式不成立。 (　　)

（四）计算分析题

1.已知：A、B、C、D四家公司互不相关，在过去1年中它们的损益情况见表5-1。

表5-1　　**损益资料**　　金额单位：元

公司	销售收入	变动成本	贡献边际率	固定成本	净利润 （或净亏损）
A	180 000	（1）	40%	（2）	12 000
B	300 000	165 000	（3）	100 000	（4）
C	（5）	（6）	30%	80 000	-5 000
D	400 000	260 000	（7）	（8）	30 000

要求：填写表5-1中用编号表示的指标数值。

2.已知：某企业上个月的保本额为50 000元，假定本月的固定成本增加5 000元，其他指标不变，为实现保本，本月需要增加8 000元销售额。

要求：计算以下指标：

（1）上个月的固定成本。

（2）贡献边际率。

（3）变动成本率。

3.已知：某公司的固定成本总额为19 800元，生产的A、B、C三种产品的有关资料见表5-2。

表5-2　　**产品相关资料**

品种	销量（件）	销售单价（元/件）	单位变动成本（元/件）
A	60	2 000	1 600
B	30	500	300
C	65	1 000	700

要求：

（1）用综合贡献边际率法的加权平均法计算该厂的综合保本额及各产品的保本量。

（2）计算该公司的安全边际额和营业利润。

4.已知：某公司只生产一种产品，售价为每件8元，月初、月末产成品存货成本不变，总成本与销售额之间的函数关系为：

月总成本=180+0.625×月销售额

要求：

（1）计算该产品的贡献边际率、保本量、销售100件产品时的安全边际销量和目标利润为150元时的保利额。

（2）如果单位变动成本提高1元，售价应定为多少才能保持原来的贡献边际率？

（3）如果进一步提高机械化程度，单位变动成本可以下降10%，每月固定成本则上升85元，售价仍为8元，请计算此时的保本量和目标利润为120元时的保利额。

5.已知：某公司只产销一种产品，本年度的销售总收入为150 000元，净利润为12 000元。按该公司的计划，下年度销量将减少10%，销量下降后，该公司净利润将下降75%。假定下年度的销售单价仍维持40元不变，单位变动成本与固定成本也不变。

要求：计算下列指标：

（1）本年度销量和下年度减少的销量。

（2）下年度的利润降低额。

（3）单位贡献边际和固定成本。

（4）下年度的保本量。

6.已知：甲产品单位售价为30元，单位变动成本为21元，固定成本为450元。

要求：

（1）计算保本量。

（2）若要实现目标利润180元，销量应达到多少？

（3）若销售净利润为销售额的20%，计算销量。

（4）若每单位产品变动成本增加2元，固定成本减少170元，计算此时的保本量。

（5）就以上资料，若销量为200件，计算单价应调整到多少才能实现利润350元。假定单位变动成本和固定成本不变。

7.已知：某公司20×6年的简明利润资料如下（单位：元）：

销售收入	160 000
减：销售成本	120 000（其中，变动成本占60%）
销售毛利	40 000
减：营业费用	50 000（其中，固定成本占50%）
净利润	−10 000

经过分析发现，导致该公司亏损的原因是对产品的广告宣传不够，20×7年如果能增加广告费4 000元，可使销量大幅度增加，就能扭亏为盈。

要求：

（1）计算该公司20×7年保本额。

（2）如果该公司20×7年计划实现的目标利润为14 000元，计算该年的保利额。

8.已知：某公司生产和销售A、B两种产品，A产品的单价为5元，B产品的单价为2.50元；A产品的贡献边际率为40%，B产品的贡献边际率为30%，全月固定成本为72 000元。假定本月份A产品的预计销量为30 000件，B产品的预计销量为40 000件。

要求：

（1）按综合贡献边际率法计算本月的综合保本额和A、B两种产品的保本量。

（2）计算企业的安全边际额和本月的预计利润。

（3）如果本月增加广告费9 700元，可使A的销量增加到4 000件，而B的销量下降到32 000件，请具体分析采取这一措施是否合算。

（4）根据上述第三项的有关数据，重新计算保本额。

9.已知：某企业连续3年的有关资料见表5-3。

表5-3 **相关资料**

项目 \ 年份	20×4	20×5	20×6
销量（件）	12 000	12 500	12 000
单位贡献边际（元/件）	50	40	55
固定成本（元）	300 000	350 000	400 000

要求：

（1）利用简化公式计算20×5年和20×6年的经营杠杆系数。

（2）预测20×7年的经营杠杆系数。

六、案例

锦辉建材商店的决策——本量利分析原理的应用

锦辉建材商店是一家乡镇企业，位于镇政府所在地，自20×4年营业以来，一直在经营建材、日杂用品。该商店以物美价廉、服务热情而受到了当地消费者的信赖。几年来，该店销量占该镇整个市场销量的70%，经营利润在周边同业中处于首位。多年来，其与各商家建立了固定的合作关系，赢得了厂家的信任。20×7年年初，几个大的厂家欲将锦辉建材商店作为厂家指定的代卖店。欲与其合作的厂家有长岭乡石棉瓦厂（该厂的产品质量好、价位合理，近几年来一直是老百姓的首选产品）；长春市第二玻璃厂（该厂的玻璃在这里也很畅销）；双阳鼎鹿水泥厂（其生产的是优质水泥，年年畅销）。它们均可以先将货物送上门，待到销售时消费者再交款，如果剩余还可以由厂家将货物取回。这样锦辉建材商店连同周转资金都可以省下来。鉴于此，该商店经理锦辉开始进行市场调查。

锦辉建材商店位于镇政府所在地，附近交通便利，而且本镇和周围村民生活水平较高，近年随着生活观念、消费意识的转变，人们都想将原有的草房、砖房重建、改建。据统计，在过去的2年内，本镇每年都有400余户房舍兴建，而且现在有上升的趋势；因为本镇刚由乡转镇，镇企业规划办公室决定在5年内，对原有企业的办公场所、生产车间和仓库进行改扩建，同时还要新建几家企业；再加上外镇的需求，预测每年石棉瓦的需求量为45 000块，水泥需求量为1 800袋，玻璃需求量为9 000平方米，而且上述需求是成比例的，一般的比例为5∶2∶1。

由于厂家送货，因此，一是货源得以保证；二是可以节约运费，降低成本；三是可树立企业形象，在巩固原有市场占有率70%的同时，预计可扩大市场占有率5%以上。

厂家提供商品的进价是石棉瓦12元/块，水泥14元/袋，玻璃8.50元/平方米；行业平均加价率为9.30%。锦辉建材商店在市场平均价位以下，制定的销售价为：石棉瓦13元/块，水泥15.20元/袋，玻璃9.20元/平方米。若将商店作为代卖店，由于厂家批量送货，还需要租赁仓库两间，月租金为750元，而且需要招聘临时工1名，月工资为450元，每年支付税金5 000元（税务部门估税）。

锦辉经过1个月的调查，静下来核算了过去几年经营石棉瓦、水泥和玻璃每年可获利润20 000元的情况，他要重新预测代卖三种商品后会带来多少利润，之后作决策。

依据上述资料，请回答：

（1）在计算其维持原有获利水平的销量的基础上，分析锦辉建材商店应否代卖这几种建材。

（2）如果锦辉建材商店与厂家合作，每年可获利润多少？

（3）年获利润40 000元的设想可行吗？

七、参考及阅读书目

［1］吴大军．管理会计［M］．北京：中央广播电视大学出版社，1999.

［2］蔡淑娥．管理会计学习指导与习题［M］．沈阳：辽宁人民出版社，1996.

［3］李惟庄．管理会计学试题分析与解答［M］．上海：立信会计出版社，2000.

［4］孙茂竹，文光伟，杨万贵．管理会计学教学辅导书——学生用书［M］．4版．北京：中国人民大学出版社，2006.

［5］王忠，周剑杰，胡静波．管理会计学教学案例［M］．北京：

中国审计出版社，2001.
［6］陈金菊．管理会计解题指南［M］．北京：中国对外经济贸易出版社，2000.
［7］王琳．管理会计学习指导［M］．2版．大连：东北财经大学出版社，1996.
［8］温素彬．管理会计：理论·模型·案例［M］．3版．北京：机械工业出版社，2019.
［9］崔婕．管理会计［M］．2版．北京：清华大学出版社，2020.
［10］李贺，李小光，赵刘磊，等．管理会计：理论·实务·案例·实训［M］．上海：上海财经大学出版社，2020.
［11］吴大军．管理会计［M］．7版．大连：东北财经大学出版社，2023.

第六章　预测分析

一、学习目的与要求

本章的学习目的是使学生在了解预测分析相关概念的基础上，掌握预测的基本方法及其应用技巧，能够熟悉组织销售预测和利润预测。

通过本章的学习，要求学生了解预测分析的基本概念、特点、程序及基本内容；掌握定量和定性两类预测分析方法的特征和关系；熟练掌握销售预测中平滑指数法和修正的时间序列回归法的应用；了解销售预测中的其他方法以及各种方法的特点和适用范围；重点掌握目标利润的预测分析方法、利润敏感性分析技术和经营杠杆系数在利润预测中的应用；了解概率分析法及其在利润预测中的应用；一般了解成本预测和资金需要量预测的基本方法。

二、预习要览

（一）关键概念

1. 预测分析	2. 定量分析法
3. 定性分析法	4. 销售预测
5. 利润预测	6. 成本预测
7. 产品寿命周期	8. 目标利润
9. 利润灵敏度	10. 目标成本

（二）关键问题

1. 怎样理解管理会计的预测职能？预测分析有什么特点？说明它与经营决策和控制的关系。

2. 从时间特征上看，预测工作一般处于哪个时态？

3. 定量分析和定性分析两类方法的特点是什么？

4. 综合判断法和专家判断法的关系是怎样的？

5. 移动平均法和趋势平均法的共同点是什么？

6. 在应用平滑指数法时，怎样根据实际需要确定平滑指数的数值？

7. 预测目标利润时，需要考虑哪些因素？需要经过哪几个步骤？

8. 怎样利用利润灵敏度指标进行利润预测？

9. 怎样应用经营杠杆系数进行利润预测？

10. 资金预测的具体内容包括什么？资金预测的常用方法有哪些？

三、本章重点与难点

预测是指用科学的方法预计、推断事物发展的必然性或可能性的行为，即根据过去和现在预计未来，由已知推断未知的过程。

经营预测是指企业根据现有的经济条件和掌握的历史资料以及客观事物的内在联系，对生产经营活动的未来发展趋势和状况进行的预计和测算。管理会计中的预测分析，是指运用专门的方法进行经营预测的过程。

预测分析具有预见性、明确性、相对性、客观性、可检验性和灵活性等特点。

预测分析的一般方法可分为定量分析法与定性分析法两大类，它们相互补充，相辅相成。

定量分析法是指在完整掌握与预测对象有关的各种要素定量资料的基础上，运用现代数学方法进行数据处理，据以建立能够反映有关变量之间规律性联系的各类预测模型的方法体系。其又可分为趋势外推分析法和因果预测分析法两类方法。

定性分析法是指由有关方面的专业人员根据个人经验和知识，结合预测对象的特点进行综合分析，对事物的未来状况和发展趋势作出推测的一类预测方法。

管理会计中的预测分析包括：销售预测、利润预测、成本预测和资金预测等。

广义的销售预测包括市场调查和销量预测两个方面。

销售预测中市场调查的主要方法包括：全面调查法、典型调查法和抽样调查法等；销量预测的常用方法有：判断分析法、产品寿命周期分析法、趋势外推分析法和因果预测分析法等。

判断分析法是指通过一些具有丰富经验的经营管理人员或知识渊博的外界经济专家对企业一定期间特定产品的销售业务量情况作出判断和预计的一种方法。其一般适用于不具备完整可靠的历史资料、无法进行定量分析的企业。该法具体又包括推销员判断法、综合判断法、专家判断法。

产品寿命周期分析法，是利用产品销量在不同寿命周期的变化趋势进行销量预测的一种定性分析方法。

趋势外推分析法的具体应用形式包括平均法和修正的时间序列回归法。

平均法是指根据所掌握的特定预测对象若干时期的销量历史资料，按照一定方法进行处理，计算其平均值，以确定预测销量的一类方法。其具体包括算术平均法、移动平均法、趋势平均法、加权平均法和平滑指数法等。

平滑指数法属于一种特殊的加权平均法，在应用时应注意：在进行近期预测或销量波动较大的预测时，应采用较大的平滑指数；在进行长期预测或销量波动较小的预测时，可采用较小的平滑指数。

时间序列回归法是通过分析一段时期内销量与时间的函数关系来建立回归模型并据此进行预测的方法。

在应用修正的时间序列回归法时，关键是要根据历史期间的奇偶性来确定修正的t值。

因果预测分析法也是在预测分析中经常采用的方法。在现实经营活动中，因果预测分析法的具体应用有两种主要方式：一是直接利用现有的经验模型进行预测，又称指标建立法；二是利用相关分析技术自行建立预测模型，然后再进行预测，常见的方法是回归分析法。

利润预测是指在销售预测的基础上，根据企业未来发展目标和其他相关资料，预计、推测或估算未来应当达到和可望实现的利润水平及其变动趋势的过程，包括实现利润的测算、目标利润预测、经营杠杆系数在利润预测中的应用、利润敏感性分析和风险条件下的利润分析等具体内容。

目标利润的预测步骤大致包括：调查研究，确定利润率标准；计算目标利润基数；确定目标利润修正值；最终下达目标利润，分解落实纳入预算体系。

利润敏感性分析是研究制约利润的有关因素发生的某种变化对利润所产生影响的一种定量分析方法。计算利润灵敏度指标是利润敏感性分析的关键，利润灵敏度指标又叫利润受有关因素变动影响的灵敏度指标，简称灵敏度指标。特定因素的灵敏度指标是指该因素按有关假定单独变动百分之一后使利润增长的百分比指标。该指标可以用于预测任一因素以任意幅度单独变动对利润的影响程度，测算多个因素以任意幅度同时变动对利润的影响程度，测算为实现既定的目标利润变动率应采取的单项措施，以及预测为确保企业不亏损的因素变动率极限。

在利润预测中，若只有销量一项因素变动，还可以利用经营杠杆系数进行利润预测。DOL可用于预测产销业务量变动对利润的影响，预测为实现目标利润应采取的调整产销量措施。DOL与销量的利润灵敏度指标之间可以相互推算。

概率分析法，是指以现代概率论原理为基础的针对那些有多种可能后果的不确定因素而采取的一种定量分析的方法。在管理会计中，概率分析包括期望值分析法和联合概率法两种具体方法。

成本预测是根据企业未来的发展目标和现实条件，参考其他资料，利用专门方法对企业未来成本水平及其发展趋势所进行的推测与估算。具体的成本预测方法包括历史资料分析法、因素预测法、定额测算法和预计成本测算法等方法。

资金预测是会计预测的一项重要内容。开展资金需要量及来源预测、现金流量预测、资金运动状况预测和投资效果预测，是资金预测的重要内容。销售百分比预测法是指以未来销售收入变动的百分比为主要参数，考虑随销量变动的资产负债项目及其他因素对资金的影响，从而预测未来需要追加的资金量的一种定量方法。

四、主要公式

在算术平均法下：

$$预测销量（\overline{Q}_{n+1}）=\frac{已知时间序列各期销量之和}{时间序列期数}=\frac{\sum Q_t}{n}$$

在移动平均法下：

$$预测销量（\overline{Q}_{n+1}）=最后m期的算术平均销量$$

$$=\frac{最后m期销量之和}{m}$$

$$=\frac{Q_{n-m+1}+Q_{n-m+2}+\cdots+Q_{n-1}+Q_n}{m}$$

在趋势平均法下：

$$预测销量（\overline{Q}）=\frac{基期销量}{移动平均值}+\frac{基期趋势值}{移动平均值}\times\frac{基期与预测期的}{时间间隔}$$

任意一期的趋势值=该期销量移动平均值-上期销量移动平均值

$$基期趋势值移动平均值=\frac{最后一个移动期趋势值之和}{趋势值移动时期数s}$$

$$基期与预测期的时间间隔=\frac{销量移动时期数m+趋势值移动时期数s}{2}$$

$$基期的序数值=时间序列期数n-\frac{\frac{销量移动}{时期数m}+\frac{趋势值移动}{时期数s}-2}{2}$$

在加权平均法下：

$$预测销量（\overline{Q}）=\frac{\sum某期销量\times该期权数}{各期权数之和}=\frac{\sum(Q_t\cdot W_t)}{\sum W_t}$$

$$自然权数法下的预测销量（\overline{Q}）=\frac{\sum(某期销量\times该期权数)}{\frac{(1+期数)\times期数}{2}}=\frac{\sum(Q_t\cdot W_t)}{\frac{(1+n)\cdot n}{2}}$$

$$饱和权数法下的预测销量（\overline{Q}）=\sum(某期销量\times该期权数)$$

$$=\sum(Q_t\cdot W_t)$$

在平滑指数法下：

$$某期预测销量（\overline{Q}）=\frac{平滑}{指数}\times\frac{前期实际}{销量}+（1-\frac{平滑}{指数}）\times\frac{前期预测}{销量}$$

$$=\alpha\cdot Q_{t-1}+（1-\alpha）\cdot\overline{Q}_{t-1}$$

在修正的时间序列回归法下：

$$Q=a+bt$$

$$a=\frac{\sum Q}{n}$$

$$b=\frac{\sum Qt}{\sum t^2}$$

目标利润基数=有关利润率标准×相关预计指标

最终下达的目标利润=目标利润基数+目标利润修正值

$$任意第i个因素利润灵敏度指标（S_i）=\frac{该因素的中间变量基数}{利润基数}\times 1\%=\frac{M_i}{P}\times 1\%$$

$$\begin{array}{l}任意第i个因素变动\\使利润变动的百分比(K_0)\end{array}=(-1)^{1+i}\times\begin{array}{c}该因素变\\动百分点\end{array}\times\begin{array}{c}该因素利润\\灵敏度指标\end{array}$$

$$=(-1)^{1+i}\cdot D_i\cdot S_i$$

$$\begin{array}{l}多个因素同时变动后\\使利润变动的百分比(K_0)\end{array}=\left(D_1+D_3+\frac{D_1\cdot D_3}{100}\right)\cdot S_1-\left(D_2+D_3+\frac{D_2\cdot D_3}{100}\right)\cdot S_2-D_4\cdot S_4$$

$$\begin{array}{l}为实现目标利润变动率第i个\\因素应当变动的百分比(K_i)\end{array}=(-1)^{1+i}\times\frac{目标利润变动率}{该因素利润灵敏度}\times 1\%$$

$$=(-1)^{1+i}\times\frac{K_0}{S_i}\times 1\%$$

$$某因素的变动率极限（K_i）=(-1)^{1+i}\times\frac{-100\%}{该因素利润灵敏度}\times 1\%$$

$$=(-1)^{1+i}\times\frac{-100\%}{S_i}\times 1\%$$

未来利润变动率（K_0）=销量变动率×经营杠杆系数=$K_3\cdot DOL$

预测利润额（P_1）=基期利润×（1+销量变动率×经营杠杆系数）

=P（$1+K_3\cdot DOL$）

$$销量变动率（K_3）=\frac{目标利润-基期利润}{基期利润\times经营杠杆系数}=\frac{P_1-P}{P\cdot DOL}$$

或

$$=\frac{目标利润变动率}{经营杠杆系数}=\frac{K_0}{DOL}$$

目标成本=预计单价×预测销量-目标利润=预计销售收入-目标利润

在销售百分比预测法下：

$\Delta F=K\cdot(A-L)-D-R+M$

五、练习题

（一）单项选择题

1.企业根据现有的经济条件和掌握的历史资料以及客观事物的内在联系，对生产经营活动的未来发展趋势和状况进行的预计和测算的过程，就是管理会计的（　　）。

A.经营决策　　　　B.经营预测

C.生产决策　　　　　　　　　　D.生产预测

2.下列各种销量预测方法中，属于因果预测分析法的是（　　）。

A.趋势平均法　　　　　　　　　B.移动平均法

C.指标建立法　　　　　　　　　D.平滑指数法

3.下列各项销售预测方法中，不属于定量分析法的是（　　）。

A.判断分析法　　　　　　　　　B.算术平均法

C.回归分析法　　　　　　　　　D.平滑指数法

4.通过函询方式，在互不通气的前提下向若干经济专家分别征求意见的预测方法是（　　）。

A.专家函询法　　　　　　　　　B.专家小组法

C.专家个人意见集合法　　　　　D.德尔菲法

5.下列各种销售预测方法中，没有考虑远、近期销量会对未来销售状况产生不同影响的方法是（　　）。

A.移动平均法　　　　　　　　　B.算术平均法

C.加权平均法　　　　　　　　　D.平滑指数法

6.下列各项中，不能按照统一的方法直接确定各期权数值的方法是（　　）。

A.移动平均法　　　　　　　　　B.趋势平均法

C.加权平均法　　　　　　　　　D.平滑指数法

7.在采用平滑指数法进行近期销售预测时，应选择的指数是（　　）。

A.固定的平滑指数　　　　　　　B.较小的平滑指数

C.较大的平滑指数　　　　　　　D.任意数值的平滑指数

8.在利用平滑指数法对销量波动较大的产品进行预测时，应选择（　　）。

A.固定的平滑指数　　　　　　　B.较小的平滑指数

C.较大的平滑指数　　　　　　　D.任意数值的平滑指数

9.因果预测分析法下用于建立预测模型的“回归分析法”与趋势外推法所采用的“修正的时间序列回归法”的回归系数计算公式（　　）。

A.完全相同　　　　　　　　　　B.完全不同

C.大致相同　　　　　　　　　　D.基本不同

10.在下列产品寿命周期的不同阶段中，产品销量急剧下降的现象通常发生在（　　）。

A.萌芽期　　　　B.成长期

C.成熟期　　　　D.衰退期

11.目标利润一经确定，就要纳入预算系统中的（　　）。

A.编制体系　　　　B.执行体系

C.指导体系　　　　D.控制体系

12.利润敏感性分析是研究当制约利润的有关因素发生某种变化的时候对利润所产生影响的一种（　　）。

A.判断分析法　　　　B.趋势外推法

C.定量分析法　　　　D.定性分析法

13.下列各项中，其利润灵敏度等于经营杠杆系数的百分之一的指标是（　　）。

A.单价　　　　B.单位变动成本

C.固定成本　　　　D.销量

14.在进行利润敏感性分析时，中间变量变动额的绝对值和利润变动额的关系是（　　）。

A.两者相等　　　　B.两者不等

C.前者大于后者　　　　D.前者小于后者

15.已知上年利润为100 000元，下年的经营杠杆系数为1.4，销量变动率为15%，则下一年的利润预测额为（　　）元。

A.150 000　　　　B.140 000

C.125 000　　　　D.121 000

16.已知某企业报告期单价的利润灵敏度指标为10%，该期单价的利润灵敏度指标为6%，假定报告期存在经营杠杆效应，则该期的DOL应为（　　）。

A.10　　　　B.6

C.4　　　　D.3

17.某企业每月固定成本为2 000元，单价为20元，计划销售产品500件，欲实现目标利润1 000元，其单位变动成本应为（　　）。

A.12元/件　　　　B.13元/件

C.14元/件　　D.15元/件

18.在概率分析法下，期望分析法所采用的客观概率是（　　）。

A.根据历史数据推算的　　B.根据以往经验判断的

C.按随机变量计算的　　D.从常用系数表中查到的

19.在管理会计中，按目标利润预测的目标成本应当等于（　　）。

A.预计总产值与目标利润之差

B.预计销售收入与目标利润之差

C.预计销售收入与预计总成本之差

D.变动成本总额与固定成本总额之和

20.下列各项中，可用于预测追加资金需用量的方法是（　　）。

A.平均法　　B.回归分析法

C.指数平滑法　　D.销售百分比法

（二）多项选择题

1.下列各项中，属于预测分析内容的有（　　）。

A.销售预测　　B.利润预测

C.成本预测　　D.资金预测

E.定性预测

2.下列各项中，属于预测分析特征的有（　　）。

A.客观性　　B.不确定性

C.相对性　　D.可检验性

E.灵活性

3.下列各项中，属于影响销量的外部因素的有（　　）。

A.市场环境　　B.竞争对手

C.产品价格　　D.经济发展趋势

E.生产条件

4.下列各项中，可用于销售预测的定量分析方法有（　　）。

A.判断分析法　　B.趋势外推分析法

C.本量利分析法　　D.因果预测分析法

E.产品寿命周期推断法

5.下列各项中，属于趋势外推分析法的有（　　）。

A.平均法　　B.修正的时间序列回归法

C.因果预测分析法
D.综合判断法
E.全面调查法

6.指标建立法所使用的预测模型包括（　　）。

A.企业以前建立的
B.其他企业建立的
C.自身行业建立的
D.企业将要建立的
E.其他行业建立的

7.下列各项中，属于利润敏感性分析任务的有（　　）。

A.计算有关因素的利润灵敏度指标
B.揭示利润与因素之间的相对数关系
C.利用灵敏度指标进行决策分析
D.利用灵敏度指标进行预测分析
E.利用灵敏度指标进行日常的管理

8.如果报告期存在经营杠杆效应，根据基期利润、基期贡献边际和报告期预计销量变动率三个因素，可以预测报告期的下列指标（　　）。

A.利润
B.利润变动率
C.销售收入
D.变动成本
E.固定成本

9.从本质上看，平滑指数法属于（　　）。

A.平均法
B.算术平均法
C.因果预测分析法
D.趋势外推分析法
E.特殊的加权平均法

10.在销售预测中，定性预测可以采用的方法有（　　）。

A.移动加权平均法
B.回归分析法
C.专家判断法
D.推销员判断法
E.综合判断法

11.下列各项中，属于目标利润应体现的原则有（　　）。

A.可行性
B.客观性
C.严肃性
D.指导性
E.重要性

12.下列各项中，可作为目标利润率标准的有（　　）。

A.投资报酬率
B.销售利润率

C.产值利润率　　　　D.资金利润率

E.现金回收率

13.下列各项中，属于目标利润预测分析必须经过的步骤的有（　　）。

A.确定目标利润率标准　　　　B.计算目标利润基数

C.确定目标利润修正值　　　　D.确定最终目标利润分解

E.落实纳入预算体系

14.在其他因素不变的情况下，下列各项中属于企业为实现目标利润应采取的措施的有（　　）。

A.单纯降低单位变动成本　　　　B.单纯降低固定成本

C.单纯增加销量　　　　D.单纯提高单价

E.采取各种综合措施

15.下列各项中，能科学揭示利润灵敏度指标排列规律的有（　　）。

A.S_1总是最高　　　　B.S_3总是最低

C.S_2不能最高　　　　D.$S_3-S_4=1\%$

E.$S_1-S_3=S_2$

16.下列各项中，属于利润敏感性分析假定条件的有（　　）。

A.四个因素的假定　　　　B.因素单独变动的假定

C.利润增长的假定　　　　D.变动率绝对值为1%的假定

E.利润不变的假定

17.在管理会计中，概率分析法的具体应用方法包括（　　）。

A.期望值分析法　　　　B.联合概率法

C.概率折中分析法　　　　D.联合期望法

E.概率渐近分析法

18.在期望值分析法下，客观概率的估计可以在特定数据的基础上进行加工推算，这些数据包括（　　）。

A.会计历史数据　　　　B.统计历史数据

C.审计历史数据　　　　D.人力资源历史数据

E.其他业务核算历史数据

19.管理会计在确定目标成本时，可采取不同的预测方法，包括（　　）。

A.按目标利润预测目标成本

B.以本企业历史最高的成本为目标成本

C.以本企业历史最好成本水平为目标成本

D.以国内外同类产品的先进成本水平为目标成本

E.按企业上年实际成本扣减计划成本降低额作为目标成本

20.下列各项中，可用于成本预测的方法包括（　　）。

A.成本否决法　　B.因素预测法

C.定额测算法　　D.预计成本测算法

E.历史资料分析法

（三）判断题

1.预测就是对不确定的或不知道的事件作出叙述和描述。（　　）

2.预测是为决策服务的，有时候也可以代替决策。（　　）

3.预测分析中的定性分析法与定量分析法具有本质的不同，因此在实际应用时相互排斥。（　　）

4.销量预测中的加权平均法与移动加权平均法没有任何共同之处。（　　）

5.算术平均法对历史上的各期资料一视同仁，不需要考虑权数。（　　）

6.在加权平均法下，确定权数的饱和权数法要求各期权数之和为1。（　　）

7.在管理会计的预测分析中，成本预测是其他各项预测的前提。（　　）

8.销售预测中的算术平均法适用于预测销量波动比较明显的产品。（　　）

9.在产品寿命周期的不同阶段，销量变动趋势不同。（　　）

10.预测分析中的因果预测法也叫回归分析法。（　　）

11.在利润预测中，目标利润基数的计算公式体现了空间属性与时间属性的高度统一；其中，利润率标准可选择不同空间的不同利润率指标，而相关指标则只能是本企业对应指标未来的预计参数。（　　）

12.在利润敏感性分析中，灵敏度指标中间变量的变动率一定等于因素的变动率。（　　）

13.在正常盈利的前提下，按照利润灵敏度指标的大小排序，单价

的灵敏度指标总是最高。（ ）

14. 如果报告期存在经营杠杆效应，则报告期的经营杠杆系数等于销量利润灵敏度指标的百分之一。（ ）

15. 报告期利润变动率与DOL的乘积，等于报告期贡献边际变动率。（ ）

16. 基期利润×（1+报告期预计销量变动率×DOL）=报告期预测利润。（ ）

17. 联合概率法的优点是能够考虑所有因素变动的各种可能组合。（ ）

18. 根据同一组数据进行预测时，分别按期望值分析法和联合概率法测算的保本量相等。（ ）

19. 进行成本预测，必须经过确定目标利润、预测发展趋势和修订目标成本三个步骤。（ ）

20. 目标成本是在确保实现目标利润的前提下，企业在广义成本方面应达到的奋斗目标。（ ）

（四）计算分析题

1.已知：某企业生产一种产品，20×6年1—12月份的销量资料见表6-1。

表6-1 **销量资料**

月份	1	2	3	4	5	6	7	8	9	10	11	12
销量（吨）	10	12	13	11	14	16	17	15	12	16	18	19

要求：分别按以下方法预测20×7年1月份销量：

（1）平滑指数法（假设20×6年12月份销量预测数为16吨，平滑指数为0.3）。

（2）修正的时间序列回归法。

2.已知：某企业只生产一种产品，本年销量为20 000件，固定成本为25 000元，利润为10 000元，预计下一年销量为25 000件（假设成本、单价水平不变）。

要求：预测下年的利润额。

3.已知基期销售收入为1 000万元，固定成本为400万元，贡献边际率为50%。报告期预计销量变动率为8%。

要求：（1）计算基期贡献边际和利润。

（2）预测报告期DOL。

（3）预测报告期的利润变动率和利润额。

4.已知：某公司产品的单位变动成本为20元，固定成本为500 000元，销售单价为25元/件，若目标净利润定为300 000元，适用的所得税税率为25%。

要求：用本量利分析法计算产品的保利量。

5.已知：某公司现有设备可安排A或B产品的生产。相关的固定成本总额为10 000万元。A产品的单价为10万元/件，单位变动成本为8万元/件；B产品的单价为12万元/件，单位变动成本为7万元/件。两种产品的销量均为离散型随机变量，各种产品销量水平及有关概率分布情况见表6-2。

表6-2　　**各种产品销售水平及有关概率分布情况**

销量（件）	A产品		B产品	
	概率分布	累积概率	概率分布	累积概率
1 000	—	—	0.1	0.1
2 000	0.1	0.1	0.1	0.2
3 000	0.2	0.3	0.1	0.3
4 000	0.4	0.7	0.2	0.5
5 000	0.2	0.9	0.4	0.9
6 000	0.1	1.0	0.1	1.0

要求：

（1）用概率分析法计算两种产品的销量的数学期望值。

（2）计算两种产品的销量达到数学期望值时的利润情况。

6.已知：某企业生产一种产品，最近半年的平均总成本资料见表6-3。

表6-3　　　　**相关成本资料**　　　　单位：万元

月　份	固定成本	单位变动成本
1	12 000	14
2	12 500	13
3	13 000	12
4	14 000	12
5	14 500	10
6	15 000	9

要求：当7月份产量为500件时，采用加权平均法预测7月份产品的总成本和单位成本。

7.已知：某企业经营甲商品，经测算分析，确认有关因素可能达到的水平及其概率估算见表6-4。

表6-4　　　　**概率估算表**

销售价格		单位变动成本		固定成本总额	
金额（元）	概率	金额（元）	概率	金额（元）	概率
30	0.8	15	0.9	30 000	1
25	0.2	10	0.1		

要求：用联合概率法确定甲商品的保本量。

六、案例

冠华科技公司的目标利润分析

冠华科技公司是20×6年成立的高新科技公司，该公司自成立以来，只生产“冠华MP3”一种产品，且一直遵循科技和质量并抓的思路，销量呈逐年稳定上升的良好势头，加上20×6年国内MP3市场非常好，冠华科技公司实现了10 000个的销量。产品的市场单价为每个200元，生产的单位变动成本为每个150元，固定成本为400 000元。

20×6年年底，冠华科技公司开始预测20×7年的利润情况，以便为下一步的生产经营做好准备。经过讨论，公司财务总监张为之决定按同行业先进的资金利润率预测20×7年该公司的目标利润基数，并且通过行业的一些基础资料得知行业内先进的资金利润率为20%，预计公司的资金占用额为600 000元。

假如你是冠华科技公司外聘的财务顾问，请你利用灵敏度指标进行测算，并给出你的咨询方案，即企业若要实现目标利润，应该采取哪些单项措施。

七、参考及阅读书目

［1］吴大军. 管理会计［M］. 北京：中央广播电视大学出版社，1999.

［2］谷祺. 财务预测与控制［M］. 北京：中国财政经济出版社，1999.

［3］余绪缨. 管理会计学［M］. 北京：中国人民大学出版社，2005.

［4］李守民. 成本与管理会计［M］. 武汉：武汉大学出版社，1999.

［5］张涛. 管理成本会计［M］. 北京：经济科学出版社，2001.

［6］杨修发，朱启明. 成本管理会计学［M］. 成都：西南财经大学出版社，2002.

［7］潘飞. 管理会计［M］. 4版. 上海：上海财经大学出版社，2019.

［8］刘俊勇. 管理会计［M］. 北京：高等教育出版社，2020.

［9］吴大军. 管理会计［M］. 7版. 大连：东北财经大学出版社，2023.

第七章　短期经营决策（上）

一、学习目的与要求

本章的学习目的是使学生在了解决策分析的概念、特点、原则、程序和分类等基本概念的基础上，明确短期经营决策的概念、目标、特点、内容，以及决策方案设计原理，熟悉短期经营决策必须考虑的各种因素，掌握短期经营决策各种方法的基本原理，熟练掌握以成本为导向、以市场需求为导向和以特殊目的为导向的定价决策方法，熟悉各种定价策略。

通过本章的学习，学生应一般了解决策分析的概念、原则和程序；熟悉短期经营决策的目标、决策方案的类型和必须考虑的各种相关因素；了解相关损益分析法、差别损益分析法和成本无差别点法的适用范围；明确增量成本、机会成本和专属成本的概念；重点掌握成本加成定价法和利润无差别点法在定价决策中的应用；熟悉保利定价法、保本定价法和极限定价法的原理；了解各种定价策略的应用范围。

二、预习要览

（一）关键概念

1. 决策分析
2. 短期经营决策
3. 互斥方案
4. 剩余产能
5. 相关业务量
6. 相关收入
7. 相关成本
8. 增量成本
9. 机会成本
10. 专属成本
11. 沉没成本
12. 相关损益
13. 差别损益
14. 成本无差别点
15. 利润无差别点
16. 定价决策

17. 定价策略　　　　　　　　18. 撇脂策略

19. 渗透策略　　　　　　　　20. 价格弹性

（二）关键问题

1. 什么是决策分析？其有何特点？进行决策分析时应遵循哪些主要原则？

2. 决策分析有哪几种主要类型？其分类标志是什么？

3. 在生产经营决策中，哪些决策方案属于“接受或拒绝方案”，哪些属于“互斥方案”？

4. 短期生产经营决策必须考虑哪些因素？怎样理解相关业务量与相关收入和相关成本的关系？

5. 请说明企业最大产能、正常产能、剩余产能和追加产能之间的关系。

6. 生产经营决策中常用的方法有哪些？各有哪些优缺点？它们的评价指标是什么？

7. 以成本为导向的定价决策方法包括哪几种具体方法？

8. 在以市场为导向的定价决策方法中，适用于最优售价决策和调价决策的具体方法分别有哪些？

9. 以特殊目的为导向的定价决策方法具体包括哪些方法？

10. 为什么说当边际利润等于零或为不小于零的最小值时，可找到最优售价？

11. 请说明在利用利润无差别点法进行调价决策时，企业最大产能、预计销量和利润无差别点销量之间应处于何种关系，才应作出调价的决定。

12. 怎样确定成本加成率？保本价格与最低极限价格有什么不同？

13. 什么是保利价格？怎样根据保利价格作出自销或外销的决策？

14. 对不同价格弹性的产品应当如何进行调价？怎样根据新产品的不同特点，确定其定价策略？

三、本章重点与难点

决策是指在充分考虑各种可能的前提下，人们基于对客观规律的认识，对未来实践的方向、目标、原则和方法作出决定的过程。

决策分析是指针对企业未来经营活动所面临的问题，由各级管理人员作出的有关未来经营战略、方针、目标、措施与方法的决策过程。

决策分析具备本质的主观能动性、依据的客观性、方案的可选择性、时间上的未来性、结果的可验证性和过程的系统性等特点。

决策分析必须遵循合法性、政策性、责任性、民主性、合理性、科学性和效益性等原则。

决策分析的程序包括以下步骤：调研经营形势，明确经营问题；确定决策分析目标；设计各种备选方案；评价方案的可行性；选择未来行动的方案；组织决策方案的实施，跟踪反馈。

按照不同的分类标志可将决策分为战略决策与战术决策，确定型决策、风险型决策与不确定型决策，短期决策与长期决策等不同类型。

短期经营决策是指决策结果只会影响或决定企业近期（一年或一个经营周期）经营实践的方向、方法和策略，侧重于从资金、成本、利润等方面对如何充分利用企业现有资源和经营环境，以取得尽可能大的经济效益而实施的决策。

短期经营决策以一年内企业实现利润的最大化为目标。

短期经营决策包括定价决策和生产经营决策。

任何决策分析至少应当具备或涉及某一个具体的备选方案，具体包括单一方案和多方案两种类型。后者又分为互斥方案、排队方案和组合方案三种形式。

在短期经营决策中出现频率最高的是单一方案和互斥方案。

简单条件下的亏损产品决策、简单条件下的追加订货决策和简单条件下的深加工决策都属于单一方案决策。

短期经营决策必须通盘考虑产能、相关业务量、相关收入和相关成本四大因素。

产能（生产经营能力的简称）具体包括最大产能、正常产能、剩余产能和追加产能等表现形式，其中剩余产能和追加产能又可细分为不同形式。

相关业务量是指在短期经营决策中必须认真考虑的、与特定决策方案相联系的产量或销量。它对决策方案的影响是通过对相关收入和相关成本的影响而实现的。

相关收入是指与特定决策方案相联系的、能对决策产生重大影响的、在短期经营决策中必须予以充分考虑的收入，又称有关收入。

相关成本是指与特定决策方案相联系的、能对决策产生重大影响的、在短期经营决策中必须予以充分考虑的成本，包括增量成本、边际成本、机会成本、估算成本、重置成本、付现成本、专属成本、加工成本、可分成本、可延缓成本和可避免成本等类型。

无关成本是指不受决策结果影响，与决策关系不大，已经发生或注定要发生的成本，包括沉没成本、共同成本、联合成本、不可避免成本和不可延缓成本等类型。

管理会计中的定价决策分析的范围只包括企业可控制价格。

定价决策方法包括以成本为导向的定价方法、以市场需求为导向的定价方法和以特殊要求为导向的定价方法三种类型。

以成本为导向的定价方法包括以总成本为基础的定价方法和以单位成本为基础的定价方法。后者又分为成本加成定价法和收益比率定价法两种具体方法。

在以市场需求为导向的定价方法中，边际分析法可用于最优售价决策，利润无差别点法和利润增量法可用于调价决策。

能使企业利润达到极大的售价就是最优售价。可以根据“边际利润等于零”或“边际收入等于边际成本”、“边际利润等于零”或“边际利润为不小于零的最小值”的判定条件找到最优售价。

利润无差别点销量是指某种产品为确保原有的盈利能力，在调价后应至少达到的销量指标。在调价决策中，只有当市场容量和企业最大产能同时大于或等于利润无差别点销量时，才可以考虑调价。

以特殊要求为导向的定价方法包括保利定价法、保本定价法和极限定价法等。

定价策略是定价决策的策略的简称，它是指企业在进行定价决策时，按照一定的经验，最终作出特定价格定性选择分析所依据的原则或技巧，具体包括新产品定价策略、系列产品定价策略、心理定价策略、分期收款定价策略和弹性定价策略等内容。

新产品定价策略包括先高后低的撇脂策略和先低后高的渗透策略。

前者适用于那些同类竞争产品差异性较大、能满足较大市场需要、弹性小、不易仿制的新产品定价；后者则适用于那些与同类产品差别不大、需求弹性大、易于仿制、市场前景光明的新产品定价。

只有对弹性大的商品进行定价时，才可应用“薄利多销”的原则。

四、主要公式

$$\text{利润无差别点销量}=\frac{\text{固定成本}+\text{调价前可获利润}}{\text{拟调单价}-\text{单位变动成本}}=\frac{a+P}{p'-b}$$

$$=\frac{\text{调价前可获贡献边际}}{\text{拟调单价}-\text{单位变动成本}}=\frac{Tcm}{p'-b}$$

以总成本为基础的定价方法：

$$\text{价格}=\frac{\text{预计总成本}+\text{目标利润}}{\text{预计产销数量}}$$

成本加成定价法：

价格=单位产品成本+加成额=单位产品成本×（1+加成率）

$$\text{成本加成率}=\frac{\text{加成额}}{\text{相关成本}}$$

完全成本法下的成本加成定价法：

价格=单位产品生产成本×（1+成本毛利率）

$$\text{成本毛利率}=\frac{\text{利润}+\text{非生产成本}}{\text{生产成本}}\times100\%$$

变动成本法下的成本加成定价法：

价格=单位变动生产成本×（1+变动成本贡献率）

$$\text{变动成本贡献率}=\frac{\text{利润}+\text{变动性非生产成本}+\text{固定成本}}{\text{变动生产成本}}\times100\%$$

完全成本法下的收益比率定价法：

$$\text{价格}=\frac{\text{单位产品成本}}{1-\text{销售毛利率}}=\frac{\text{单位材料成本}+\text{单位加工成本}}{1-\text{销售毛利率}}$$

变动成本法下的收益比率定价法：

$$\text{价格}=\frac{\text{单位变动生产成本}}{1-\text{生产阶段的贡献边际率}}$$

$$\text{生产阶段的贡献边际率}=\frac{\text{利润}+\text{变动性非生产成本}+\text{固定成本}}{\text{销售收入}}\times100\%$$

$$利润增量（\Delta P）=\frac{调价后贡献}{边际的变动额}+\frac{按调价前销量计算}{的销售收入变动额}$$

$$=(p'-b)\cdot\Delta x+\Delta p\cdot x$$

$$保利价格=单位变动成本+\frac{固定成本+目标利润}{预计销量}$$

$$=单位变动成本+\frac{目标贡献边际}{预计销量}$$

$$保本价格=单位变动成本+\frac{专属固定成本}{预计销量}$$

$$价格弹性=\frac{需求量变化的百分比}{价格变化的百分比}$$

五、练习题

（一）单项选择题

1.现代社会大生产及商品经济所具有的精微性、宏大性、高速性与瞬变性等特点，使得无论怎样有天赋的决策者都不可能独立完成决策所必需的收集、分析、整理、归纳浩繁的动态信息的工作，因此必须在决策分析过程中贯彻（　　）。

A.责任性原则　　B.民主性原则

C.科学性原则　　D.相对合理性原则

2.在管理会计中，将决策分析划分为确定型决策、风险型决策和不确定型决策所依据的分类标志是（　　）。

A.决策的重要程度　　B.决策规划时期的长短

C.决策解决的问题内容　　D.决策条件的肯定程度

3.在管理会计中，将决策分析区分为短期决策与长期决策所依据的分类标志是（　　）。

A.决策的重要程度　　B.决策条件的肯定程度

C.决策规划时期的长短　　D.决策解决的问题内容

4.根据管理会计的理论，短期经营决策分析的目标是（　　）。

A.企业价值最大化　　B.股东财富最大化

C.企业短期利润最大化　　D.企业长期盈利能力最大化

5.在管理会计中，单一方案决策又称为（　　）。

A.接受或拒绝方案决策　　B.互斥方案决策

C.排队方案决策　　D.组合方案决策

6.在经济决策中应由中选的最优方案负担的、按所放弃的次优方案潜在收益计算的那部分资源损失，就是所谓的（　　）。

A.增量成本　　B.机会成本

C.专属成本　　D.沉没成本

7.下列各项中，属于无关成本的是（　　）。

A.沉没成本　　B.增量成本

C.机会成本　　D.专属成本

8.下列各项中，属于管理会计定价决策分析范围的是（　　）。

A.垄断价格　　B.完全自由竞争价格

C.企业可控制价格　　D.企业所有商品的价格

9.在管理会计的定价决策分析中，利润无差别点法属于（　　）。

A. 以特殊要求为导向的定价方法

B. 以市场需求为导向的定价方法

C. 以成本为导向的定价方法

D. 定价策略

10.在定价决策中，对那些同类竞争产品差异性较大、能满足较大市场需要、弹性小、不易仿制的新产品最好采用（　　）。

A.撇脂策略　　B.渗透策略

C.弹性定价策略　　D.先低后高策略

11.企业在进行最优售价决策时，下列各项方法中应当优先采用的是（　　）。

A.成本加成法　　B.保利定价法

C.成本无差别点法　　D.边际分析法

12.某产品按每件10元的价格出售时，可获得8 000元贡献边际，贡献边际率为20%，企业最大产能为10 000件；将价格调低为9元时，预计可实现销售9 000件，则调价前后的利润无差别点业务量为（　　）。

A.9 000件　　B.8 000件

C.6 000件　　D.4 000件

（二）多项选择题

1.下列各项中，能够揭示决策分析过程特征的有（　　）。

A.本质的主观能动性　　B.依据的客观性

C.方案的可选择性　　D.时间上的未来性

E.结果的可验证性

2.下列各项中，属于决策分析过程中应当遵循的原则有（　　）。

A.责任性　　B.民主性

C.合理性　　D.科学性

E.效益性

3.按照决策条件的肯定程度，可将决策划分为（　　）。

A.战略决策　　B.战术决策

C.确定型决策　　D.风险型决策

E.不确定型决策

4.下列各项中，属于多方案决策的有（　　）。

A.接受或拒绝方案决策　　B.互斥方案决策

C.排队方案决策　　D.组合方案决策

E.单一方案决策

5.下列各项中，属于产能具体表现形式的有（　　）。

A.最大产能　　B.正常产能

C.绝对剩余产能　　D.相对剩余产能

E.追加产能

6.下列各项中，属于以成本为导向的定价方法的有（　　）。

A.总成本定价法　　B.收益比率定价法

C.成本加成定价法　　D.边际分析法

E.利润无差别点法

7.下列各项中，属于以特殊要求为导向的定价方法的有（　　）。

A.保利定价法　　B.保本定价法

C.极限定价法　　D.边际分析法

E.利润无差别点法

8.下列各种价格中，符合最优售价条件的有（　　）。

A.边际收入等于边际成本时的价格

B. 边际利润等于零时的价格

C. 收入最大时的价格

D. 利润最大时的价格

E. 成本最低时的价格

9. 某企业利用利润无差别点法进行调价决策，如果决策结论是应当调低价格，则意味着有以下关系存在，即（　　）。

A. 最大产能大于或等于预计市场容量

B. 最大产能小于预计市场容量

C. 可望实现销量大于利润无差别点销量

D. 可望实现销量小于利润无差别点销量

E. 拟调价格大于原价格

10. 在企业调价时，如果某种商品在特定时期内的价格弹性大，则意味着有以下关系存在，即（　　）。

A. 价格上升的幅度会低于需求下降的幅度

B. 价格下降会促使需求大大提高

C. 价格弹性的绝对值大于1

D. 价格弹性的绝对值小于1

E. 价格弹性的绝对值等于1

（三）判断题

1. 简单地说，决策分析就是领导拍板作出决定的瞬间行为。（　　）

2. 决策分析的实质就是要从各种备选方案中作出选择，并一定要选出未来活动绝对最优的方案。（　　）

3. 科学的决策就是其决策结果没有误差或错误的决策。（　　）

4. 在生产经营决策中，确定决策方案必须通盘考虑产能、相关业务量、相关收入和相关成本等因素。（　　）

5. 相关业务量对决策方案的影响，通常是通过影响该方案的相关收入或相关成本而实现的。（　　）

6. 机会成本是指应由中选的最优方案负担的、按所放弃的所有方案最低收益之和计算的那部分资源损失。（　　）

7. 在短期经营决策中，所有的固定成本或折旧费都属于沉没成本。（　　）

8.成本加成定价法和收益比率定价法都属于以单位成本为基础的定价方法。（　　）

9.当边际收入等于边际成本、边际利润为零时，并不意味着可找到最优售价，仅仅表明继续降价已经没有意义。（　　）

10.在管理会计的调价决策中，如果调高价格后预计销量超过利润无差别点销量，那么就应当进行调价。（　　）

11.对那些与同类产品差别不大、需求弹性大、易于仿制、市场前景光明的新产品，在定价时应当采用撇脂策略。（　　）

12.“薄利多销”是市场经济的一般原则，不受商品价格弹性大小的制约。（　　）

（四）计算分析题

1.已知：某公司只生产甲产品，甲产品产量为500件时的有关成本费用资料如下，直接材料20 000元，直接人工11 000元，变动性制造费用12 000元，固定性制造费用10 000元，销售及管理费用1 800元。已知该公司计划实现30 000元的目标利润。

要求：

（1）分别计算完全成本法下的单位产品生产成本和成本毛利率指标。

（2）分别计算变动成本法下的单位变动生产成本和变动成本贡献率指标。

（3）分别按完全成本法和变动成本法下的成本加成定价法确定目标售价（最终结果保留小数点后一位小数）。

2.已知：某企业拟生产经营一种产品，预计的单位产品完全生产成本为70元/件，单位产品变动生产成本为60元/件，要求的销售毛利率为30%，生产阶段的贡献边际率为40%。

要求：分别按两种成本计算模式下的收益比率定价法为该产品进行定价。

3.已知：某产品按每件10元的价格出售时，可获得8 000元的贡献边际，贡献边际率为20%，企业最大产能为7 000件。

要求：计算单位变动成本，并分别根据以下不相关条件利用利润无差别点法作出是否调价的决策。

（1）将价格调低为9元时，预计可实现销售9 000件。

（2）将价格调高为12元时，预计可实现销售3 000件，相对剩余能力无法转移。

六、参考及阅读书目

[1] 吴大军. 管理会计 [M]. 北京：中央广播电视大学出版社，1999.

[2] 蔡淑娥. 管理会计学习指导与习题 [M]. 沈阳：辽宁人民出版社，1996.

[3] 李惟庄. 管理会计学试题分析与解答 [M]. 上海：立信会计出版社，2000.

[4] 孙茂竹，文光伟，杨万贵. 管理会计学教学辅导书——学生用书 [M]. 4版. 北京：中国人民大学出版社，2006.

[5] 王忠，周剑杰，胡静波. 管理会计学教学案例 [M]. 北京：中国审计出版社，2001.

[6] 陈金菊. 管理会计解题指南 [M]. 北京：中国对外经济贸易出版社，2000.

[7] 王琳. 管理会计学习指导 [M]. 2版. 大连：东北财经大学出版社，1996.

[8] 李贺，李小光，赵刘磊，等. 管理会计：理论·实务·案例·实训 [M]. 上海：上海财经大学出版社，2020.

[9] 冯巧根. 管理会计 [M]. 4版. 北京：中国人民大学出版社，2020.

[10] 温素彬. 管理会计：理论·模型·案例 [M]. 3版. 北京：机械工业出版社，2019.

[11] 崔婕. 管理会计 [M]. 2版. 北京：清华大学出版社，2020.

[12] 吴大军. 管理会计 [M]. 7版. 大连：东北财经大学出版社，2023.

第八章　短期经营决策（下）

一、学习目的与要求

本章的学习目的是使学生根据短期经营决策方案设计的原理，充分考虑生产决策的相关因素，熟练运用具体方法进行是否生产、生产什么、怎样生产和生产多少的决策，以及不确定条件下的生产决策。

通过本章的学习，学生应熟悉增量成本、加工成本、机会成本和专属成本的概念；掌握在是否生产、生产什么、怎样生产和生产多少等不同类型生产决策中，如何界定和计量各种决策方案的增量成本、加工成本、机会成本和专属成本；熟练掌握相关损益分析法、差别损益分析法、直接判断法和成本无差别点法在亏损产品决策、追加订货决策、深加工决策、自制与外购决策和生产工艺技术方案决策等决策分析中的应用技巧；了解最优生产批量决策的相关成本概念；熟练掌握单一品种条件下的最优生产批量决策中的边际分析法；一般了解其他条件下的最优生产批量决策方法。了解最优生产批量决策的相关成本概念；熟练掌握单一品种条件下的最优生产批量决策中的边际分析法；一般了解其他条件下的最优生产批量决策方法。

二、预习要览

（一）关键概念

1. 亏损产品　　2. 停产、增产与转产
3. 绝对与相对剩余产能　　4. 产能转移
5. 正常订货　　6. 正常价格
7. 追加订货　　8. 特殊价格
9. 冲击正常任务　　10. 单位资源贡献边际
11. 深加工量　　12. 半成品与成品

13. 加工成本

14. 联产品与最终产品

15. 副产品与主产品

16. 可分成本

17. 最优生产批量

18. 最优生产批次

19. 相关调整准备成本

20. 相关存储成本

（二）关键问题

1. 请说明在生产决策中，相关损益分析法、差别损益分析法和直接分析法分别需要具备哪些具体应用条件？

2. 结合生产决策，举例说明在什么情况下会发生增量成本、机会成本、专属成本、加工成本或可分成本？

3. 为什么说“应当无条件消灭亏损产品”的提法是错误的？亏损产品就一定不应增加产量吗？

4. 为什么在半成品或联产品是否深加工的决策中，无论是半成品还是联产品本身的成本都是无关成本？

5. 在什么条件下会发生追加订货冲击正常任务的情况？在此情况下，除了会发生机会成本外，还会发生哪些相关成本？

6. 结合是否接受低价追加订货的决策，说明在计算同一个决策方案的相关收入与相关成本时，可能依据的不同相关业务量。

7. 判断下列说法是否正确，并说明理由：“在零部件自制或外购的决策中，与自制能力相联系的固定成本属于沉没成本，决策时应不予考虑。”

8. 请说明在不同生产工艺技术决策中，由三个备选方案确定的三个成本无差别点在何种情况下只有一个有意义。

9. 在最优生产批量决策中需要考虑哪些相关成本？怎样计算最优生产批量和最优批次？

10. 在进行不确定条件下的生产决策时，通常可采用哪些方法？这些方法分别适用于哪类决策者？

三、本章重点与难点

常用的生产决策方法包括相关损益分析法、差别损益分析法、直接判断法、贡献边际总额分析法、单位资源贡献边际分析法、相关成本分析法、成本无差别点法等。

相关损益分析法是生产决策中应用最为广泛的方法，可用于两个以上的多方案决策；差别损益分析法能够直接揭示中选的方案比放弃的方案多获得的利润或少发生的损失，适用于单一方案决策或只有两个备选方案的互斥决策；直接判断法是生产决策中最为简单的方法，但要求的前提条件最为苛刻；贡献边际总额法经常被应用于生产经营决策中不涉及专属成本和机会成本的决策；单位资源贡献边际分析法比较简单，经常被应用于新产品开发的品种决策；相关成本分析法适用于相关收入为零的生产决策；成本无差别点法通常被应用于业务量不确定的零部件取得方式的决策和生产工艺技术方案的决策。

是否生产决策，是指在进行生产决策时，针对组织有关产品生产的方案和拒绝组织该产品生产的方案所作的选择，包括亏损产品决策和追加订货决策。

管理会计亏损产品决策中的亏损产品，是指在多品种生产经营条件下某一种按完全成本法计算的总成本大于其收入的产品。

如果将是否生产与生产多少亏损产品的决策相结合，可以利用相关损益分析法在增产亏损、不停不增和停产亏损产品三个方案中作出互斥决策。

在本类决策过程中，应根据前两个方案的相关业务量分别确定各方案的相关收入和增量成本；前两个方案都会发生因可以转移的相对剩余产能而带来的机会成本；只有第一个方案会发生因绝对剩余产能转移而带来的机会成本和因追加产能而带来的专属成本；第三个方案的相关收入和相关成本都为零。

如果只考虑是否停产亏损产品的决策，或只考虑是否增产亏损产品的决策，就应利用差别损益分析法作出决策；在特殊情况下，可以利用直接判断法作出相关决策。

如果将是否接受与接受多少追加订货的决策相结合，可以利用相关损益分析法在无条件全部接受、有条件全部接受、部分接受和拒绝接受追加订货四个方案中作出互斥决策。

在本类决策过程中，应根据前三个方案的相关业务量分别确定各方案的相关收入和增量成本；前三个方案都会形成因可以转移的绝对剩余产能而带来的机会成本和与特殊工艺要求有关的专属成本；第一个方案可能发生因冲击正常任务而带来的机会成本和因正常订货违约而带来的专属成本；第三个方案可能发生因追加订货违约带来的专属成本；第四个方案的相关收入和相关成本都为零。

如果只考虑全部接受（要么无条件接受，要么有条件接受）和全部拒绝追加订货两个方案，可利用差别损益分析法作出决策；在特殊情况下，可以利用直接判断法作出相关决策。

生产什么决策，是指在生产决策中针对生产哪种产品的备选方案所作的选择，包括新产品开发的品种决策和是否转产某种产品的决策、半成品是否深加工的决策、联产品是否深加工的决策和其他产品是否深加工决策等类型。

按照是否追加专属成本，可将新产品开发的品种决策分为两种类型。如果有关方案均不涉及追加专属成本，可以用单位资源贡献边际分析法或贡献边际总额分析法进行新产品开发的品种决策。当新产品开发的品种决策方案中涉及追加专属成本时，可利用差别损益分析法进行决策。

是否转产某种产品的决策，可应用贡献边际总额分析法。

如果将是否深加工与深加工多少半成品的决策相结合，可以利用相关损益分析法在全部深加工、部分深加工部分出售和全部直接出售半成品三个方案中作出互斥决策。在半成品深加工决策中，通常假定企业不具备或部分具备或全部具备深加工能力，半成品与产成品的投入产出比为1：1。

在本类决策过程中，根据相关业务量计算各方案的相关收入时，注意第二个方案的相关收入为部分产成品收入和部分半成品收入之和；计算加工成本时，注意根据单位加工成本的口径在投入量或产出量方面作出选择；前两个方案都会形成因可以转移的深加工能力而带来的机会成本；第一个方案可能发生因弥补深加工能力不足而发生的专属成本；第三个方案的相关收入为全部半成品收入，相关成本为零。

如果只考虑全部深加工和全部直接出售半成品两个方案，可利用差别损益分析法作出决策；在特殊情况下，可以利用直接判断法作出相关决策。

在联产品是否深加工的决策中，相关成本中没有加工成本，相应的内容为可分成本，其余项目均与半成品是否深加工的决策相同，因此可根据具体条件分别利用相关损益分析法和差别损益分析法作出决策。在联产品深加工决策中，通常假定企业已全部具备或部分具备深加工能力，联产品与最终产品的投入产出比大多不是1∶1。

怎样生产决策，是指在进行生产决策时，针对如何完成生产任务的备选方案所作的选择，包括零部件自制或外购的决策、不同生产工艺技术方案的决策和追加任务交给谁独立完成的决策等类型。

在有关业务量不确定的情况下，“零部件自制或外购的决策”和“不同生产工艺技术方案的决策”都可以利用成本无差别点法进行决策。

生产多少的决策只介绍最优生产批量决策，至于增产多少亏损产品、接受多少追加订货、深加工多少半成品或联产品等决策内容，已经在是否生产决策和怎样生产决策部分介绍，在此不再讨论。

最优生产批量决策是指围绕大批大量生产的企业全年应分几批组织生产，每批应生产多少件产品才最为经济合理而展开的生产决策。本类决策的目的是为企业选择一个相关总成本之和为最低的生产批量。这里的相关成本包括相关的调整准备成本和储存成本。

单一品种生产条件下，生产批量决策的方法包括边际分析法、列表法和图示法。分批生产条件下，只能应用边际分析法。

不确定条件下生产决策，是指影响生产决策的相关因素水平可能发生变动。这类决策的方法包括概率分析法、大中取大法、小中取大法、大中取小法和折中决策法。

在不确定条件下的决策过程中，如果决策者对未来持乐观态度，可采用大中取大法；小中取大法适用于保守和稳健型的决策者选用；大中取小法又称最小的最大后悔值法，也适用于稳健型的决策者选用；折中决策法又称为赫威兹决策法，适用于不同类型的决策者选用。

四、主要公式

绝对剩余产能=最大产能-正常产能

某方案的相关损益=该方案的相关收入-该方案的相关成本

两个方案的差别收入=第一个方案的相关收入-第二个方案的相关收入

两个方案的差别成本=第一个方案的相关成本-第二个方案的相关成本

两个方案的差别损益=差别收入-差别成本

$$单位资源贡献边际=\frac{单位贡献边际}{单位产品资源消耗定额}$$

$$成本无差别点业务量(X_0)=\frac{两个方案相关固定成本之差}{两个方案单位变动成本之差}=\frac{a_1-a_2}{b_2-b_1}$$

$$最优生产批量(Q^*)=\sqrt{\frac{2AS}{C\cdot\left(1-\frac{d}{p}\right)}}$$

$$最低相关总成本(TC^*)=\sqrt{2AS\cdot\left(1-\frac{d}{p}\right)}$$

$$最优生产批次(n^*)=\frac{A}{Q^*}$$

$$共同最优生产批次(N^*)=\sqrt{\frac{\sum A_iC_i\cdot\left(1-\frac{d_i}{p_i}\right)}{2\sum S_i}}$$

$$各产品或零部件的最优生产批量(Q_i^*)=\frac{A_i}{N^*}$$

折中决策法的方案预期价值=α×最高收益值+（1-α）×最低收益值

五、练习题

（一）单项选择题

1.围绕深加工全部半成品、深加工部分半成品和全部直接出售半成品三个方案进行的决策属于下列决策类型中的（　　）。

A.接受或拒绝方案决策　　B.互斥方案决策

C.排队方案决策　　D.组合方案决策

2.下列决策方法中，能够直接揭示中选的方案比放弃的方案多获得的利润或少发生损失的方法是（　　）。

A.单位资源贡献边际分析法　　B.贡献边际总额分析法

C.差别损益分析法　　D.相关损益分析法

3.在管理会计的生产经营决策中，如果相关成本中涉及专属成本，同时有三个以上备选方案，则下列方法中最应当考虑选用的是（　　）。

A.单位资源贡献边际分析法　　B.贡献边际总额分析法

C.差别损益分析法　　D.相关损益分析法

4.是否接受低价追加订货决策的类型属于（　　）。

A.是否生产决策　　B.生产什么决策

C.怎样生产决策　　D.定价决策

5.在新产品开发的品种决策中，如果方案不涉及追加专属成本，则下列方法中最应当选用的是（　　）。

A.单位资源贡献边际分析法　　B.贡献边际总额分析法

C.差别损益分析法　　D.相关损益分析法

6.在零部件自制或外购的决策中，如果零部件的需用量尚不确定，应当采用的决策方法是（　　）。

A.相关损益分析法　　B.差别损益分析法

C.相关成本分析法　　D.成本无差别点法

7.某企业常年生产需用的某部件以前一直从市场上采购，单价为8元/件，预计明年单价将降为7元/件。如果明年企业追加投入12 000元专属成本就可以自行制造该部件，预计单位变动成本为5元/件，则外购与自制方案的成本无差别点业务量为（　　）。

A.12 000件　　B.6 000件

C.4 000件　　D.1 400件

8.下列各项中，被称为“最小的最大后悔值法”的是（　　）。

A.大中取大法　　B.小中取大法

C.大中取小法　　D.折中决策法

9.在最优生产批量决策中，直接材料成本属于（　　）。

A.直接相关成本　　B.间接相关成本

C.无关成本　　D.固定成本

10.在其他条件不变的情况下，生产批量越大，年储存成本（　　）。

A.越大　　B.越小

C.越不确定　　D.越不会变化

11.按照微分极值原理建立最优生产批量模型的方法，在管理会计中被称为（　　）。

A.边际分析法　　B.列表法

C.概率统计法　　D.图示法

12. 在最优生产批量决策中，如果当年的储存成本和调整准备成本相等，则全年的相关总成本（　　）。

A. 最大　　B. 最小

C. 适中　　D. 等于零

（二）多项选择题

1. 下列各项中，属于生产经营决策的有（　　）。

A. 亏损产品的决策　　B. 深加工的决策

C. 生产工艺技术方案的决策　　D. 最优售价的决策

E. 调价的决策

2. 下列各项中，属于生产经营决策相关成本的有（　　）。

A. 增量成本　　B. 机会成本

C. 专属成本　　D. 沉没成本

E. 不可避免成本

3. 下列各项中，属于生产经营决策方法的有（　　）。

A. 相关损益分析法　　B. 差别损益分析法

C. 相关成本分析法　　D. 成本无差别点法

E. 直接判断法

4. 下列各项中，备选方案不涉及相关收入的方法包括（　　）。

A. 差别损益分析法　　B. 相关损益分析法

C. 相关成本分析法　　D. 成本无差别点法

E. 直接判断法

5. 下列各项决策中，属于“是否生产决策”内容的有（　　）。

A. 亏损产品决策　　B. 追加订货决策

C. 是否转产某种产品的决策　　D. 半成品是否深加工决策

E. 零部件自制或外购的决策

6. 判定某种产品是否属于亏损产品决策中的亏损产品，需要同时考虑以下条件，即（　　）。

A. 企业只生产经营该产品　　B. 企业组织多品种生产经营

C. 该产品的收入小于变动成本　　D. 该产品的收入小于固定成本

E. 该产品的收入小于按完全成本法计算的总成本

7. 下列各项决策中，属于“生产什么决策”内容的有（　　）。

A.亏损产品决策　　　　B.追加订货决策
C.是否转产某种产品的决策　　　　D.半成品是否深加工的决策
E.零部件自制或外购的决策

8.下列各项中，属于联产品深加工决策方案可能需要考虑的相关成本有（　　）。

A.加工成本　　　　B.可分成本
C.机会成本　　　　D.增量成本
E.专属成本

9.在是否接受低价追加订货的决策中，如果发生了追加订货冲击正常任务的现象，就意味着（　　）。

A.会因此而带来机会成本
B.追加订货量大于正常订货量
C.追加订货量大于绝对剩余产能
D.因追加订货有特殊要求必须追加专属成本
E.不可能完全利用其绝对剩余产能来组织追加订货的生产

10.下列各种决策分析中，可按成本无差别点法作出决策的有（　　）。

A.亏损产品的决策　　　　B.是否增产的决策
C.追加订货的决策　　　　D.自制或外购的决策
E.生产工艺技术方案的决策

11.在下列成本中，属于最优生产批量决策时应当考虑的相关成本范畴的有（　　）。

A.调整准备成本　　　　B.储存成本
C.订货成本　　　　D.采购成本
E.变质成本

12.在下列各项中，属于单一品种生产批量控制方法的有（　　）。

A.边际分析法　　　　B.列表法
C.概率统计法　　　　D.图示法
E.个别分析法

（三）判断题

1.对那些应当停产的亏损产品来说，不存在是否应当增产的问题。（　　）

2. 按照管理会计的理论，即使追加订货的价格低于正常订货的单位完全生产成本，也不能轻易作出拒绝接受该项订货的决定。（ ）

3. 在“追加订货的决策”中，如果追加订货量大于剩余产能，则“无条件接受全部追加订货”方案中必然会出现与冲击正常任务相联系的机会成本。（ ）

4. 在管理会计的生产决策中，只有满足一定前提条件，才可能应用直接判断法进行决策。（ ）

5. 只有在有关业务量不确定的情况下，才可以利用成本无差别点法进行零部件自制或外购的决策。（ ）

6. 因为企业采用先进的生产工艺技术，可以提高劳动生产率，降低劳动强度，减少材料消耗，可能导致较低的单位变动成本，所以在不同生产工艺技术方案的决策中，应无条件选择先进的生产工艺技术方案。（ ）

7. 在不确定条件下的决策过程中，如果决策者对未来持乐观态度，可采用小中取大法进行决策。（ ）

8. 不确定条件下的折中决策法又称为赫威兹决策法。（ ）

9. 在管理会计中，最优生产批量决策也可以作为长期决策问题来研究。（ ）

10. 开展最优生产批量决策的目的就是使企业相关总成本之和为最低。（ ）

11. 在工艺技术没有发生实质性变化时，调整准备成本的每次发生额基本上相等。（ ）

12. 仓库及其设备的维修费属于相关的调整准备成本。（ ）

13. 调整准备成本和批量无关，而和批次成正比。（ ）

（四）计算分析题

1. 已知：某企业组织多品种经营，其中有一种变动成本率为80%的产品于20×6年亏损了100万元，其完全销售成本为1 100万元。假定20×7年市场销路、成本水平均不变。

要求：计算该亏损产品20×6年的销售收入、变动成本和贡献边际，并用指定的决策方法就以下不相关的情况为企业作出有关该亏损产品的决策，并说明理由。

（1）假定20×7年企业与该亏损产品有关的产能无法转移。利用直接分析法作出20×7年是否继续生产该产品的决策。

（2）假定20×7年企业与该亏损产品有关的产能可用于临时对外出租，租金收入为250万元。计算相关方案的机会成本，并利用直接分析法作出20×7年是否继续生产该产品的决策。

（3）假定条件同（1），但企业已具备增产50%该亏损产品的能力，且无法转移。利用直接分析法作出20×7年是否应当增产该产品的决策，并利用差别损益分析法对决策结论进行验证。

（4）假定条件同（2），但企业已具备增产50%该亏损产品的能力，且无法转移。利用相关损益分析法在增产该产品、不增产也不停产该产品和停止生产该产品3个备选方案中作出决策。

2.已知：某企业只生产一种产品，全年最大产能为1 200件。年初已按100元/件的价格接受正常任务1 000件。该产品的单位完全生产成本为80元/件，固定生产成本为25 000元。现有一客户要求以70元/件的价格追加订货。

要求：计算该产品的单位固定生产成本和单位变动生产成本，并考虑以下不相关的情况，用指定的方法为企业作出是否接受低价追加订货的决策，同时说明理由。

（1）剩余能力无法转移，追加订货量为200件，不追加专属成本，判断能否利用直接分析法作出是否接受低价追加订货的决策，如果可以请作出决策。

（2）剩余能力无法转移，追加订货量为200件，但因有特殊要求，企业需追加1 000元专属成本，利用差别损益分析法作出是否接受低价追加订货的决策。

（3）条件同（1），但剩余产能可用于对外出租，可获租金收入5 000元，利用差别损益分析法作出是否接受低价追加订货的决策。

（4）剩余能力无法转移，追加订货量为300件，因有特殊要求，企业需追加500元专属成本，利用差别损益分析法作出是否接受低价追加订货的决策。

3.已知：某企业尚有一定闲置设备台时，拟用于开发一种新产品，现有A、B两个品种可供选择。A品种的单价为100元/件，单位变动成本为60元/件，单位产品台时消耗定额为2小时/件，此外，还需消耗甲材料，其单耗定额为5千克/件；B品种的单价为120元/个，单位变动成本为40元/个，单位产品台时消耗定额为8小时/个，甲材料的单耗定额为4千克/个。假定甲材料的供应不成问题。

要求：用单位资源贡献边际分析法作出开发哪个品种的决策，并说明理由。

4.已知：某企业每年生产1 000件甲半成品。其单位完全生产成本为18元（其中，单位固定性制造费用为2元），直接出售的价格为20元。企业目前已具备将80%的甲半成品深加工为乙产成品的能力，但每深加工一件甲半成品需要追加5元变动性加工成本。乙产成品的单价为30元。假定乙产成品的废品率为1%。

要求：请考虑以下不相关的情况，用差别损益分析法为企业作出是否深加工甲半成品的决策，并说明理由。

（1）深加工能力无法转移。

（2）深加工能力可用于承揽零星加工业务，预计可获得贡献边际4 000元。

（3）条件同（1），如果追加投入4 500元专属成本，可使深加工能力达到100%，并使废品率降低为零。

5.已知：某企业每年需用A零件2 000件，原由生产车间组织生产，年总成本为19 000元，其中，固定生产成本为7 000元。如果改从市场上采购，单价为8元/件，同时将剩余产能用于加工B零件，可节约外购成本2 000元。

要求：利用相关成本分析法为企业作出自制或外购A零件的决策，并说明理由。

6.已知：某企业常年生产需用的B部件以前一直从市场上采购。已知采购量在5 000件以下时，单价为8元/件；采购量达到或超过5 000件时，单价为7元/件。如果追加投入12 000元专属成本，就可以自行制造该部件，预计单位变动成本为5元/件。

要求：用成本无差别点法为企业作出自制或外购B部件的决策，并说明理由。

7.已知：某企业有一台设备分批轮换生产甲、乙、丙三种产品，有关资料见表8-1。

表8-1 **产品相关资料**

序号	产品	全年需用量(A_i)	每次调整准备成本(S_i)	单位储存成本(C_i)	每天产量(p_i)	每天发出量(d_i)
1	甲	1 000	50	2	25	10
2	乙	500	30	1	15	5
3	丙	800	40	1	20	10

要求：确定甲、乙、丙三种产品的最优生产批量。

六、案例

甲公司的生产经营决策

甲公司是一家从事机床制造的大型国有企业，资金供应十分充足，过去主要生产经营常规的通用机床。从20×3年开始，甲公司引进国外先进技术，成功开发了具有国际先进水平的X型数控组合机床，并批量投入国内市场，逐渐成为甲公司的拳头产品。

由于在20×3—20×4年X型数控组合机床的产量不稳定，甲公司一直从国际市场上采购为X型数控组合机床配套的关键部件Y型装置，每套平均单价折合人民币5 000元（假定这个价格长期不变，甲公司的外汇资金充裕）。

20×3年年底，该公司决定于20×5年投资设立一个专门生产Y型装置的乙车间。当时有A和B两个方案可供选择，A方案的内容是：乙车间的最大设计产能为每年生产800套Y型装置，全部供应甲公司用于生产X型数控组合机床，每年预算的固定生产成本为600 000元人民币、单位变动生产成本为3 000元人民币/件。B方案的内容是：乙车间的最大设计产能为每年生产2 000套Y型装置，每年预算的固定生产成本为1 000 000元人民币、单位变动生产成本为2 500元人民币/件。除按每套3 000元人民币的固定价格向总公司无限量供货外，所有剩余产品均可以直接在国内市场上销售，预计市场售价为4 000元人民币。

甲公司最终选择了B方案，乙车间于20×5年年末建成投产。

20×6年乙车间实际生产了1 000套Y型装置，其中，甲公司使用600套，其余均对外出售。

本题不考虑增值税和外汇汇率波动因素，假定国内市场上除进口商以外没有其他厂商销售Y型装置。

依据上述资料，请回答以下问题：

（1）20×5年甲公司所使用的Y型装置是通过什么渠道取得的？

（2）如果甲公司选择A方案投资设立乙车间，请按成本无差别点法分析从20×7年起甲公司每年至少要生产多少台X型数控组合机床才是有利可图的？

（3）20×6年乙车间生产Y型装置的盈亏状况如何？（要求列出计算过程）

（4）假定20×7年其他条件均不变，请按一定方法为乙车间在20×7年是否停产、继续按原有规模生产或增产（按最大产量计算）这3个方案中作出选择。

（5）如果20×7年甲公司X型数控组合机床的全年预计产量将达到1 200台。假定你是甲公司的决策者，你是否会同意乙车间提出的将其20×7年生产的全部Y型装置直接对外销售的方案，为什么？

七、参考及阅读书目

［1］吴大军．管理会计［M］．北京：中央广播电视大学出版社，1999．

［2］蔡淑娥．管理会计学习指导与习题［M］．沈阳：辽宁人民出版社，1996．

［3］李惟庄．管理会计学试题分析与解答［M］．上海：立信会计出版社，2000．

［4］孙茂竹，文光伟，杨万贵．管理会计学教学辅导书——学生用书［M］．4版．北京：中国人民大学出版社，2006．

［5］王忠，周剑杰，胡静波．管理会计学教学案例［M］．北京：中国审计出版社，2001．

［6］陈金菊．管理会计解题指南［M］．北京：中国对外经济贸易出版社，2000．

［7］王琳．管理会计学习指导［M］．2版．大连：东北财经大学出版社，1996．

［8］李贺，李小光，赵刘磊，等．管理会计：理论·实务·案例·实训［M］．上海：上海财经大学出版社，2020.

［9］冯巧根．管理会计［M］．4版．北京：中国人民大学出版社，2020.

［10］温素彬．管理会计：理论·模型·案例［M］．3版．北京：机械工业出版社，2019.

［11］崔婕．管理会计［M］．2版．北京：清华大学出版社，2020.

［12］吴大军．管理会计［M］．7版．大连：东北财经大学出版社，2023.

第九章　长期投资决策（上）

一、学习目的与要求

本章的学习目的是使学生在了解长期投资定义、特点的基础上，明确各类长期决策的特点，掌握长期投资决策必须考虑的相关概念，熟悉不同投资项目的现金流量的具体构成内容，能够熟练运用各种方法和技巧确定不同投资项目的净现金流量，为进一步计算和运用长期投资决策评价指标进行长期投资决策奠定基础。

通过本章的学习，学生应一般了解长期投资的含义、分类和基本特点；熟悉长期投资决策的定义、特点及其意义；掌握投资项目和项目主体的定义、计算期的构成内容、原始投资与项目总投资的构成内容、投资项目的类型，以及资金的投入方式等基本概念；在全面了解现金流量的定义、作用和相关假设的前提下，熟练掌握不同投资项目的现金流量的具体内容，熟悉不同投资主体的现金流量表的结构和特点；在准确把握净现金流量含义的基础上，能够应用简化方法计算不同类型投资项目的净现金流量。

二、预习要览

（一）关键概念

1. 长期投资　　2. 长期投资决策
3. 投资项目　　4. 项目计算期
5. 原始投资　　6. 建设投资
7. 固定资产投资　　8. 流动资金投资
9. 项目总投资　　10. 完整工业投资项目
11. 单纯固定资产投资项目　　12. 更新改造项目
13. 现金流量　　14. 现金流入量

15. 回收额　　　　　　　　　　16. 现金流出量

17. 经营成本　　　　　　　　　18. 调整所得税

19. 净现金流量　　　　　　　　20. 运营净现金流量

（二）关键问题

1. 什么是管理会计的长期投资决策？其研究对象是什么？决策的主体是谁？需要考虑哪些因素？

2. 什么是项目计算期？它涉及哪些时点坐标？与预测分析相比，项目计算期的时间坐标有什么特点？项目计算期具体包括哪些阶段？

3. 什么是投资项目？在《管理会计》教材中，主要介绍了哪几种类型的投资项目？它们之间的主要区别是什么？

4. 建设期是否为零与建设资金的投入方式之间是否存在一定内在联系？在现实中，当建设期不为零时，建设投资就一定要分次投入吗？如果建设期为零，流动资金一定是一次投入的吗？

5. 既然固定资产投资是任何类型项目投资中不可缺少的投资内容，那么为什么不能将项目投资等同于固定资产投资？请说明项目总投资、原始投资、建设投资和固定资产投资之间的关系。

6. 完整工业投资项目中的固定资产投资、无形资产投资和其他资产投资都属于资产性投资，为什么流动资金投资不属于资产性投资呢？

7. 完整工业投资项目中的其他资产投资包括哪些内容？计算固定资产折旧额、无形资产摊销额和其他资产摊销额所依据的时间有什么不同？

8. 什么是现金流量？为什么说将cash flow翻译为“现金流量”比翻译为“现金流”更为科学、准确？

9. 请从理论上解释：为什么在终结点第n年年末一次回收的固定资产余值和同时回收的流动资金投资，都被纳入了现金流入量的内容，而建设投资的其他回收却没有被纳入现金流入量呢？

10. 既然在项目投资假设下，确定项目的现金流量时不需要具体区分自有资金和借入资金等具体形式的现金流量，即使实际存在借入资金也将其作为自有资金对待，那么为什么在计算固定资产原值和项目总投资时，还需要考虑借款利息因素呢？

11. 在确定运营期现金流量时，需要将原本属于时期指标的销售收入、折旧费、摊销费、经营成本、税金和利润都作为年末的时点指标对待，这样做是出于什么考虑？在管理会计中，作出“时点指标假设”的主要动机是什么？

12. 在进行融资前投资决策时，为什么不需要考虑运营期的财务费用？

13. 建设期和运营期最主要的现金流出量分别是什么？什么是经营成本？在计算建设项目的经营成本时，为什么要从总成本中扣除折旧费和摊销费？为什么说全部投资的现金流出量中不包括利息支出的因素并非出于“避免重复扣除利息”的考虑？怎样估算经营成本？

14. 在管理会计的长期投资决策中，为什么确定全部投资的现金流量时不考虑借款本金的取得与归还？

15. 管理会计的现金流量表与财务会计的现金流量表之间存在哪些明显不同？与全部投资的现金流量表相比，自有资金的现金流量表有哪些特点？

16. 什么是净现金流量？请说明项目计算期不同阶段的净现金流量有哪些不同的数值特征。

17. 请比较说明不同类型的投资项目计算净现金流量的简化公式的异同。

18. 请分别说明能使以下不相关的等式成立所需要的条件：（1）项目总投资=原始投资；（2）建设投资=固定资产投资；（3）固定资产投资=固定资产原值；（4）终结点净现金流量=该年的运营净现金流量；（5）回收额=回收固定资产余值。

三、本章重点与难点

长期投资是指涉及投入大量资金，获取收益的持续期间达到一年以上，能在较长时间内影响企业经营获利能力的各种投资行为的统称。

长期投资可以按其对象、动机、影响的范围、与再生产类型的联系和直接目标的层次等标志进行多重分类。分类的结果包括项目投资、证券投资和其他投资；诱导式投资和主动式投资；战术型投资与战略型投资；合理型投资和发展型投资；单一目标投资和复合目标投资；单纯以增加收入为目标的投资和单纯以节约开支为目标的投资；主次目标分明型的投资和多目标并列型的投资等类型。

长期投资具有投入资金的数额多、对企业影响的持续时间长、资金回收的速度慢、蒙受风险的可能性大等特点。

与长期投资项目有关的决策过程统称为长期投资决策，又叫资本支出决策或资本预算决策。项目投资是一种以特定项目为对象，直接与固定资产的购建项目或更新改造项目有关的长期投资行为；它以形成或改善企业产能为最终目的，至少涉及一个固定资产项目。管理会计研究的长期投资决策主要以项目投资为对象，这种决策通常会对企业本身未来的产能和创利能力产生直接影响。

长期投资决策必须考虑投资项目、项目计算期和现金流量等因素。

投资项目是用于界定投资客体范围的概念。

投资主体是各种投资人的统称，是具体投资行为的发起者。

项目计算期是指投资项目从投资建设开始到最终清理结束整个过程的全部时间，包括建设期和运营期。

原始投资又称为初始投资，等于企业为使项目完全达到设计产能、开展正常经营而垫支的全部现实资金，包括建设投资和流动资金投资。

建设投资是指在建设期内按一定生产经营规模和建设内容进行的投资，包括固定资产投资、无形资产投资和其他资产投资三项内容。

固定资产投资是项目用于购置或安装固定资产应当发生的投资，也是任何类型项目投资中不可缺少的投资内容。固定资产原值等于固定资产投资与建设期资本化利息之和。

其他资产投资包括生产准备费投资和开办费投资两项内容。

各种投资不仅要投放出去，而且还必须能回收回来。

固定资产投资的回收，包括在运营期n年内每年陆续发生的折旧额和在终结点（第n年）一次回收的固定资产余值两种形式；无形资产投资的回收，是在运营期前5年内每年陆续发生的摊销额；其他资产投资的回收，就是在投产后第1年（第s+1年）一次收回的摊销额。

流动资金投资通常发生在试产期内。若一次性投入，则发生在投产后第1年年末；若分次投入，则从试产期第1年年末起连续若干年依次投入。

流动资金投资为头寸投资，即某年流动资金投资额等于该年流动资金需用额与上年流动资金需用额之差。终结点发生的回收流动资金等于所有流动资金投资之和。

项目总投资等于原始投资与建设期资本化利息之和。

工业企业投资项目主要包括新建项目和更新改造项目两类。前者又包括单纯固定资产投资项目和完整工业投资项目。不能将项目投资简单地等同于固定资产投资。

投资方式包括一次投入和分次投入两种。它与项目计算期的构成情况有关，并受到投资项目的具体内容制约。

只有单纯固定资产投资项目才有可能一次投入全部投资；完整工业项目的原始投资必然分次投入。

在项目投资决策中，现金流量是指投资项目在其计算期内因资本循环而可能或应该发生的各项现金流入量与现金流出量的统称。

现金流量指标具有序时、动态地反映项目投资的流向与回收之间的投入产出关系，便于完整、准确、全面地评价投资项目的经济效益，克服利润信息相关性差、透明度不高和可比性差的缺点，简化有关投资决策评价指标的计算过程和便于应用货币时间价值的形式进行动态分析评价投资效果的作用。

在确定投资项目的现金流量时，为简化现金流量的计算过程，特作以下假设：只有三种投资项目，只进行财务可行性分析，只考虑项目投资（即全投资），运营期与折旧年限一致，全部使用时点指标，有关因素均为确定性指标。

现金流入量，是指在不考虑现金流出量时，能够使投资方案的现实货币资金存量增加的正增量，简称现金流入。

现金流出量，是指在不考虑现金流入量时，能够使投资方案的现实货币资金存量减少的负增量或需要动用的现金量，简称现金流出。

不同投资项目的现金流量有不同的内容。完整工业投资项目的现金流量最为复杂，单纯固定资产投资项目的现金流量最为简单。

由于项目投资的投入、回收及收益的形成大多以现金流量的形式表现，因此在整个项目计算期的各个阶段上，都有可能发生现金流量。必须逐年估算每一时点上的现金流入量和现金流出量。

完整的工业投资项目的现金流入量包括营业收入、补贴收入、回收固定资产余值、回收流动资金和其他现金流入等内容。营业收入是经营期发生的主要现金流入量项目。

在终结点一次回收的固定资产余值和回收流动资金统称为回收额。

回收流动资金等于流动资金投资合计。

完整工业投资项目的现金流出量包括建设投资、流动资金投资、经营成本、税金及附加和调整所得税等内容。

建设投资是建设期内发生的最主要现金流出量。

经营成本是指在运营期内为满足正常生产经营而动用现实货币资金支付的成本费用，又被称为付现的营运成本（简称“付现成本”），它是运营期内最主要的现金流出量项目。

息税前利润等于营业收入扣除不包括财务费用①的总成本费用和税金及附加后的差额。

增值税属于价外税，无论是否考虑增值税因素，也无论在现金流量表中如何列示销项税额、进项税额和应交增值税税额，都不会影响运营净现金流量数值的计算。

调整所得税等于息税前利润与适用的企业所得税税率的乘积。

管理会计中的现金流量表与财务会计中的现金流量表在反映的对象、期间特征、报表结构、勾稽关系和信息属性等方面有明显的不同。

与全部投资的现金流量表相比，自有资金的现金流量表的现金流出项目有所不同，具体内容包括自有资金、借款本金偿还和借款利息支付，不包括建设投资和流动资金投资项目。

净现金流量是指在项目计算期内由每年现金流入量与同年现金流出量之间的差额所形成的序列指标，它的特征是：无论在项目建设期的哪个阶段上都存在净现金流量；不同阶段净现金流量的数值特征不同。

不同的投资项目可分别按照不同的简化公式计算其净现金流量。

运营净现金流量不包括回收额。终结点净现金流量等于终结点那一年的运营净现金流量与该期回收额之和。其回收额可以为零，也可以不为零。

---

①在进行融资前投资决策时，由于尚未作出融资决策，即还没有选择长期借款的还本付息方式，从而无法估算运营期各年的财务费用。

四、主要公式

项目计算期（n）=建设期+生产经营期=s+p

建设投资=固定资产投资+无形资产投资+其他资产投资

其他资产投资=生产准备费投资+开办费投资

固定资产原值=固定资产投资+建设期资本化借款利息

某年流动资金投资额(垫支数)=本年流动资金需用数-截至上年的流动资金投资额

本年流动资金需用数=该年流动资产需用数-该年流动负债需用数

原始投资=建设投资+流动资金投资

项目总投资=原始投资+建设期资本化利息

完整工业投资项目的现金流入量=营业收入+补贴收入+回收固定资产余值+回收流动资金+其他现金流入

完整工业投资项目的现金流出量=建设投资+流动资金投资+经营成本+税金及附加+维持运营投资+调整的所得税

单纯固定资产投资项目的现金流入量=增加的营业收入+回收固定资产余值

单纯固定资产投资项目的现金流出量=固定资产投资+新增经营成本+增加的税金及附加+增加的所得税

固定资产更新改造投资项目的现金流入量=因使用新固定资产而增加的营业收入+处置旧固定资产的变现净收入+新旧固定资产回收固定资产余值的差额

固定资产更新改造投资项目的现金流出量=购置新固定资产的投资+因使用新固定资产而增加的流动资金投资+因使用新固定资产而增加的经营成本+因使用新固定资产而增加的税金及附加+增加的所得税

任意一年的净现金流量（NCF_t）=该年的现金流入量-该年的现金流出量

$=CI_t-CO_t$（t=0，1，2，…，n）

完整工业投资项目简化公式：

建设期某年的净现金流量（NCF_t）=-该年发生的原始投资额

运营期某年所得税前净现金流量(NCF_t)=该年息税前利润+该年折旧+该年摊销+该年回收额-该年维持运营投资

单纯固定资产投资项目简化公式：

建设期某年的净现金流量=-该年发生的固定资产投资额

运营期某年所得税前净现金流量=该年因使用该固定资产新增的息税前利润+该年因使用该固定资产新增的折旧+该年回收的固定资产净残值

更新改造投资项目简化公式：

建设起点净现金流量=-（该年发生的新固定资产投资-旧固定资产变价净收入）

建设期期末净现金流量=因旧固定资产提前报废发生净损失而抵减的所得税税额

经营期第一年所得税后净现金流量=该年因息税前利润增加而增加的净利润+该年因更新改造而增加的折旧额+因旧固定资产提前报废发生净损失而抵减的所得税税额

经营期其他各年所得税后净现金流量=该年因营业利润增加而增加的净利润+该年因更新改造而增加的折旧额+该年回收新固定资产净残值超过继续使用的旧固定资产净残值之差额

因息税前利润增加而增加的净利润=增加的息税前利润×（1-企业所得税税率）

因旧固定资产提前报废发生净损失而抵减的所得税税额=旧固定资产清理净损失×企业所得税税率

五、练习题

（一）单项选择题

1.在管理会计中，将以特定项目为对象，直接与新建项目或更新改造项目有关的长期投资行为称为（　　）。

A.项目投资　　B.证券投资

C.固定资产投资　　D.融资性投资

2.将长期投资分为诱导式投资和主动式投资所依据的分类标志是（　　）。

A.投资对象　　B.投资动机

C.投资影响范围　　D.投资目标的层次

3.管理会计中的长期投资决策是指（　　）。

A.项目投资决策　　B.证券投资决策

C.其他投资决策　　D.单一目标决策

4.由现有企业进行的项目投资的直接投资主体就是（　　）。

A.企业所有者
B.国家投资者
C.债权投资者
D.企业本身

5.投资项目的建设起点与终结点之间的时间间隔被称为（　　）。

A.建设期
B.试产期
C.运营期
D.项目计算期

6.在长期投资决策中，固定资产原值通常等于（　　）。

A. 固定资产投资与流动资金投资之和
B. 固定资产投资
C. 固定资产投资与资本化利息之和
D. 应提折旧额

7.如果某长期投资项目的原始投资与项目总投资之间存在数量差异，则意味着该项目一定（　　）。

A.存在流动资金投资
B.存在资本化利息
C.采取分次投入方式
D.采取一次投入方式

8.某完整工业投资项目的固定资产投资为200 000元，无形资产投资为40 000元，生产准备费投资为20 000元，开办费投资为10 000元，流动资金投资为30 000元，则其他资产投资为（　　）。

A.20 000元
B.30 000元
C.270 000元
D.300 000元

9.某完整工业投资项目的固定资产投资为200 000元，无形资产投资为40 000元，生产准备费投资为20 000元，开办费投资为10 000元，流动资金投资为30 000元，则建设投资为（　　）。

A.20 000元
B.30 000元
C.270 000元
D.300 000元

10.某完整工业投资项目的固定资产投资为200 000元，无形资产投资为40 000元，生产准备费投资为20 000元，开办费投资为10 000元，流动资金投资为30 000元。则原始投资为（　　）。

A.20 000元
B.30 000元
C.270 000元
D.300 000元

11.某投资项目在建设期期末投入生产准备费投资20 000元，投产后第一年流动资产需用额为40 000元，流动负债需用额为20 000元；第二年流动资产需用额为50 000元，流动负债需用额为25 000元，则流动资金回收额为（　　）。

A.65 000元　　B.45 000元

C.25 000元　　D.20 000元

12.在项目投资决策的现金流量分析中使用的“经营成本”是指（　　）。

A.变动成本　　B.固定成本

C.全部成本　　D.付现成本

13.下列各项中，属于各种类型投资项目的必备内容的是（　　）。

A.固定资产投资　　B.无形资产投资

C.开办费投资　　D.流动资金投资

14.在下列各项中，不属于完整工业投资项目现金流入量内容的是（　　）。

A.营业收入　　B.回收固定资产余值

C.流动资金投资　　D.回收流动资金

15.完整工业投资项目在运营期内发生的最主要的现金流入量是（　　）。

A.营业收入　　B.回收固定资产余值

C.流动资金投资　　D.回收流动资金

16.完整工业投资项目在运营期内发生的最主要的现金流出量是（　　）。

A.建设投资　　B.流动资金投资

C.经营成本　　D.各项税款

17.在单纯固定资产投资项目中，计算运营期某年净现金流量的简化公式中不应当包括的内容是（　　）。

A.该年息税前利润　　B.该年折旧

C.该年利息　　D.该年回收额

18.已知某单纯固定资产投资项目经营期某年不包括财务费用的总成本费用为100万元，当年与该项目有关的固定资产折旧为30万元，计入财务费用的利息支出为10万元，上缴所得税20万元，则该年的经营成本等于（　　）。

A.40万元　　B.50万元

C.60万元　　D.70万元

19.已知某投资项目的某年营业收入为140万元，该年的税金及附加为10万元，经营成本为70万元，年折旧额为30万元，没有摊销额，所得税税率为25%。据此计算的该年所得税后净现金流量为（　　）。

A.100万元　　B.52.5万元

C.22.5万元　　D.7.5万元

20.某更新改造项目的新设备年折旧额为4 500元，旧设备改造前每年计提折旧3 000元，尚可使用5年；当前旧设备的变价收入为13 000元，清理费用为2 000元，预计5年后的净残值为1 000元。则该项目在经营期内每年因更新改造而增加的折旧为（　　）。

A.2 500元　　B.2 070元

C.1 870元　　D.1 500元

（二）多项选择题

1.管理会计按投资对象对长期投资进行分类，则分类的结果包括（　　）。

A.项目投资　　B.证券投资

C.个人投资　　D.政府投资

E.其他投资

2.在下列项目中，属于长期投资特点的有（　　）。

A.投入资金多　　B.影响持续时间长

C.资金回收慢　　D.承受风险大

E.与收益性支出相联系

3.长期投资决策就是与长期投资项目有关的决策过程，又称为（　　）。

A.资本支出决策　　B.资本预算决策

C.固定资产投资决策　　D.长期发展计划决策

E.企业战略决策

4.从完整的意义来看，企业项目的投资主体类型应当包括（　　）。

A.债权人主体　　B.企业法人主体

C.咨询机构主体　　D.自有资金提供者主体

E.政府管理部门主体

5.下列各项中，可以构成完整工业投资项目的原始投资内容的有（　　）。

A.固定资产投资　　B.无形资产投资

C.流动资金投资　　D.生产准备费投资

E.开办费投资

6.如果某投资项目的固定资产投资与固定资产原值相等，下列各项中有可能存在的情况有（　　）。

A.建设期为零

B.未发生资本化利息

C.未发生流动资金投资

D.全部投资均为自有资金

E.全部投资均于建设起点一次投入

7.下列项目中，属于建设投资范畴的有（　　）。

A.固定资产投资　　B.无形资产投资

C.流动资金投资　　D.生产准备费投资

E.开办费投资

8.在建设起点至终结点之间的全部时间间隔中，可能存在的期间指标有（　　）。

A.建设期　　B.试产期

C.达产期　　D.运营期

E.项目计算期

9.如果某完整工业投资项目的建设期不为零，则该项目建设期内有关时点的净现金流量（　　）。

A.一定小于零　　B.一定大于零

C.可能等于零　　D.可能大于零

E.可能小于零

10.如果某完整工业投资项目分两次投入流动资金，第一次投入100万元，第二次投入180万元，经营期内没有发生提前回收流动资金的现象，则下列说法中正确的有（　　）。

A.终结点回收的流动资金为280万元

B. 该项目的流动资金投资合计为280万元

C. 投产后第一年年末的流动资金需用额为100万元

D. 投产后第二年年末的流动资金需用额为280万元

E. 投产后第二年年末的流动资金需用额为380万元

11. 下列各项中，属于现金流量指标优点的有（　　）。

A. 可以序时动态地反映项目的投入产出关系

B. 便于完整、准确、全面地评价项目的效益

C. 能克服利润信息相关性差的缺点

D. 能简化投资决策评价指标的计算

E. 便于动态分析评价投资效果

12. 下列各项中，属于管理会计为了克服确定现金流量所遇到的困难和简化现金流量的计算过程所作的假设的有（　　）。

A. 财务可行性分析假设　　B. 时点指标假设

C. 投资项目类型假设　　D. 因素的确定性假设

E. 经营期与折旧年限一致假设

13. 按长期投资项目的类型分类，可将工业企业投资项目分为（　　）。

A. 单纯固定资产投资项目　　B. 完整工业投资项目

C. 合伙联营投资项目　　D. 控股合并投资项目

E. 更新改造投资项目

14. 在计算经营成本时，下列各项公式中其计算结果等于完整工业投资项目经营成本的有（　　）。

A. 外购原材料、燃料及动力费+工资及福利费+修理费+其他费用

B. 营业收入-税金及附加-不包括财务费用的总成本费用

C. 不包括财务费用的总成本费用-折旧-摊销

D. 息税前利润+折旧+摊销+回收额

E. 所得税前NCF-调整的所得税

15. 下列各项中，可能构成完整工业投资项目终结点所得税前净现金流量组成内容的有（　　）。

A. 第n年归还的借款本金

B. 第n年固定资产的折旧额

C. 第n年回收的流动资金

D.第n年的固定资产余值

E.第n年的息税前利润

16.下列各项中，属于完整工业投资项目现金流入量内容的有（　　）。

A.营业收入　　B.建设投资

C.回收流动资金　　D.经营成本节约额

E.回收固定资产余值

17.在计算完整工业投资项目终结点所得税前净现金流量时，下列项目中，需要考虑的内容有（　　）。

A.第n年营业收入　　B.第n年经营成本

C.第n年回收流动资金　　D.第n年税金及附加

E.第n年回收固定资产余值

18.在下列各项中，不属于单纯固定资产投资项目现金流量内容的有（　　）。

A.流动资金投资　　B.回收固定资产余值

C.回收流动资金　　D.新增经营成本

E.资本化利息

19.某更新改造投资项目的新固定资产投资在建设起点一次投入，建设期为一年，不涉及追加流动资金投资，建设期期末回收的新固定资产的净残值与假定继续使用旧固定资产的净残值相等。在此情况下，计算建设期期末所得税后净现金流量时，需要考虑的因素包括（　　）。

A. 第n年因更新改造而增加的息税前利润

B. 第n年因更新改造而增加的折旧额

C. 旧固定资产变价净收入

D. 旧固定资产清理净损失

E. 适用的企业所得税税率

20.某更新改造投资项目的新固定资产投资在建设起点一次投入，建设期为一年，不涉及追加流动资金投资，建设期期末回收的新固定资产的净残值与假定继续使用旧固定资产的净残值相等。在此情况下，计算终结点所得税后净现金流量时，需要考虑的因素包括（　　）。

A. 第n年因更新改造而增加的息税前利润

B. 第n年因更新改造而增加的折旧额

C. 旧固定资产变价净收入

D. 旧固定资产清理净损失

E. 适用的企业所得税税率

（三）判断题

1. 管理会计所研究的项目投资决策，通常会对企业本身未来的产能和创利能力产生直接影响；证券投资和其他投资对企业未来的发展一般只会产生间接影响。（ ）

2. 即使建设期等于零，全部建设投资在建设起点一次投入，完整工业投资项目的资金投入方式也必然是分次投入的。（ ）

3. 当建设期等于零时，单纯固定资产投资项目的投资只能采取一次投入方式。（ ）

4. 无论流动资金的投入方式如何，其首次投资必然发生在试产期的第一年年末。（ ）

5. 如果固定资产投资是分次投入的，则意味着该项目的建设期一定大于或等于一年。（ ）

6. 在项目投资的现金流量表上，节约的经营成本应当列作现金流入项目处理。（ ）

7. 某年的净现金流量是该年的现金流入量超过该年的现金流出量的差额。（ ）

8. 当回收额不等于零时，终结点的净现金流量一定大于该年的运营净现金流量。（ ）

9. 根据项目投资假设的规定，建设项目的投资者只能是企业法人，而不是企业的投资者（股东）。（ ）

10. 单纯固定资产投资项目的资金投入方式与建设期是否为零无关。（ ）

11. 在更新改造项目中，因旧设备提前报废发生处理固定资产净损失而引起的抵减所得税不但不会减少当期净现金流量，反而会增加净现金流量。（ ）

12. 在终结点回收的流动资金应当在数额上等于流动资金投资合计。（ ）

13.由于全部投资的现金流量表与自有资金的现金流量表的投资主体不同，因此在现金流入量和现金流出量的构成内容上存在明显差别。（　）

14.增值税因素不会影响运营净现金流量的计算。（　）

15.在管理会计中，估算的调整所得税等于息税前利润乘以适用的企业所得税税率所得到的值。（　）

16.流动资金投资与流动资产投资是同一种投资的两种表达方式。（　）

17.按照现金流量表计算的净现金流量与按简化公式计算的净现金流量相等。（　）

18.因投资而增加的息税前利润属于完整工业投资项目的现金流入量。（　）

19.在按简化公式计算完整工业投资项目的净现金流量时，应考虑因投资而增加的折旧。（　）

20.无论对哪一种投资项目而言，新增营业收入都属于现金流入量的内容。（　）

（四）计算分析题

1.已知：某企业拟购建一项固定资产，需投资100万元，建设期为1年，使用寿命为5年。其资金来源为银行借款，年利息率为10%。

要求：计算该项目的项目计算期和在以下不相关条件下的资本化利息和固定资产原值。

（1）全部在建设起点一次投入。

（2）建设起点和建设期期末各投入50%的资金。

（3）全部投资在建设期内，均衡投入。

2.已知：企业分别于第1年年初、第1年年末和第2年年末投资100万元用于建造同一项固定资产，资金来源均为银行借款，借款利率为10%。

要求：计算该固定资产投资项目的下列指标（如果计算结果是小数，请保留小数点后两位）。

（1）固定资产投资。

（2）原始投资。

（3）建设期资本化利息。

（4）固定资产原值。

（5）项目总投资。

3.已知：假定企业在进行长期投资决策时，估算流动资产需用额时只考虑存货、应收账款和库存现金，估算流动负债需用额时只考虑应付账款。经营期各年某项目的相关估计数据见表9-1。

表9-1 **某项目的相关估计数据** 单位：万元

年份	存货	应收账款	库存现金	应付账款
1	130	50	20	100
2	150	100	50	150
3	200	150	100	260
4	200	150	100	260
⋮	⋮	⋮	⋮	⋮
p	200	150	100	260

要求：计算以下指标：

（1）经营期第1年的流动资产需用额、流动负债需用额、流动资金需用额和流动资金投资额。

（2）经营期第2年的流动资产需用额、流动负债需用额、流动资金需用额和流动资金投资额。

（3）经营期第3年的流动资产需用额、流动负债需用额、流动资金需用额和流动资金投资额。

（4）经营期第4年的流动资金需用额和流动资金投资额。

（5）该项目的流动资金投资合计和终结点回收的流动资金。

4.已知：某企业准备添置一条生产线，共需要固定资产投资202万元，均为自有资金。建设期为1年，全部资金于建设起点一次投入。该项目预计可使用10年，期满有净残值2万元。生产线投入使用后不要求追加投入流动资金，每年可使企业增加息税前利润15万元。企业按直线法计提固定资产折旧。

要求：

（1）计算该项目的项目计算期、固定资产原值、年折旧额和终结点回收额。

（2）用简化的计算方法计算该项目建设期的所得税前净现金流量。

（3）用简化的计算方法计算该项目经营期的所得税前净现金流量。

5.已知：某企业拟投资建设一个完整工业项目，于建设起点借款100万元，一次性投资用于购置固定资产，借款的年利息率为10%。该工程第2年年末完工交付使用。投产后第1年年末一次投入20万元流动资金，其来源为企业自有资金。该项目使用年限为10年，期末残值为21万元。投产后第1～4年每年可获息税前利润8万元，第5～10年每年可获息税前利润19万元。经营期前4年每年年末归还银行借款利息11万元，第4年年末一次性归还借款本金。

要求：计算该项目的下列指标：

（1）项目计算期。

（2）建设期资本化利息。

（3）固定资产投资、建设投资、原始投资、项目总投资和终结点回收额。

（4）固定资产原值。

（5）年折旧额。

（6）建设期所得税前净现金流量。

（7）经营期所得税前净现金流量。

6.已知：某更新改造项目中旧设备的变价净收入为100 000元，与处理旧设备有关的固定资产清理净损失为10 000元。购置新设备需要投资500 000元；预计5年后其净残值比继续使用旧设备的净残值多40 000元。该项目的实施不需要追加投入流动资金，也不会影响企业的正常经营，而且投入使用后不会增加每年的营业收入和税金及附加，但每年会降低100 000元的经营成本。该项目所需要的全部资金均为自有资金，适用的企业所得税税率为25%。

要求：计算该投资项目的下列指标：

（1）建设期和项目计算期。

（2）更新设备比继续使用旧设备增加的投资额。

（3）每年因更新改造而增加的折旧额。

（4）每年因更新改造而导致的总成本变动额。

（5）每年因更新改造而导致的营业利润变动额。

（6）每年因营业利润变动而导致的净利润变动额。

（7）更新改造当年因旧设备提前报废发生净损失而抵减的所得税税额。

（8）建设期的净现金流量。

（9）经营期的净现金流量。

六、案例

某化工投资项目投资决策分析表的编制[①]

已知：某化工项目的设计产能为11 000吨，项目计算期为20年，其中，建设期为2年，试产期为2年（生产负荷分别为70%和90%），达产期为16年。

详细资料如下：

1.固定资产投资为160 000万元，无形资产投资为13 000万元，其他资产投资为7 000万元。流动资金为20 000万元，按生产负荷投入。

2.项目的资金投入时间表见表9-2。

表9-2　**项目资金投入时间表**　单位：万元

项目计算期	0	1	2	3	4	5
建设投资	100 000	60 000	20 000			
其中：股东权益资金	100 000	20 000				
长期借款（本金）		40 000	20 000			
流动资金				14 000	4 000	2 000
其中：股东权益资金				8 000	2 000	1 000
短期借款				6 000	2 000	1 000

说明：

第一，五年期银行长期贷款年利率为7.50%，流动资金贷款年利率为3.50%，股东权益资本成本为12%。

第二，当年发生的长期借款按本金的50%计息，以前年度发生且

①吴大军，王立国．项目评估［M］．大连：东北财经大学出版社，2002．数据有调整。

尚未归还的长期借款按年初的本利和计息。

第三，建设期不需要归还长期借款应计利息，运营期每年年末必须归还当年的长期借款应计利息。

第四，长期借款在运营期内的还本付息方式有多种，具体包括：①根据企业实际经营情况，按每年企业可自行支配的折旧摊销额与息税前利润的合计数还本，每年照付利息；②按约定的还本日期到期一次还本，每年照付利息；③按约定的还本期，每年等额还本，照付利息；④按约定的还本期，每年等额还本付息。

第五，当年发生的短期借款按本金的50%计息，以前年度发生且未归还的短期借款按年初本金余额的100%计息。在试产期内，只需支付短期借款的应计利息，暂不归还短期借款本金。在达产期内，每年年末举新债还旧债，照付利息。

第六，由于本案例属于融资前投资决策，还没有进行融资决策，故尚未确定长期借款的还本付息方式。鉴于此，本案例无法也没有必要估算运营期各年的财务费用数据。

3.该项目生产甲、乙、丙三种产品，每种产品的销售价格及销量见表9-3，乙产品第3年产量仅为2 100吨。

表9-3　**产品销量及销售价格表**

产品名称	单价（万元/吨）	达产期年销量（吨）
甲产品	6	5 000
乙产品	7	4 000
丙产品	10	2 000

4.该项目的经营成本、固定成本、外购原材料、燃料动力成本见表9-4。

表9-4　**成本（不包括财务费用）资料**　单位：万元

项目计算期	3	4	5～7	8～20
经营成本	10 946	30 000	35 000	38 000
固定成本	10 000	13 200	15 200	15 200
外购原材料、燃料动力成本	6 568	18 000	23 000	23 000

5.该项目缴纳增值税税率为13%、城市维护建设税税率为7%、教

育费附加费率为3%。

6. 该项目净残值率为10%，折旧年限为18年，按直线法计提折旧；无形资产摊销年限为5年。

7. 企业适用的所得税税率为25%，加权平均的资金成本为10.5%，行业基准折现率为11%。

要求：

（1）根据背景资料，估算项目的建设期各年的资本化利息、固定资产原值、固定资产余值、固定资产年折旧额、无形资产年摊销额和其他资产摊销额、建设投资、原始投资、项目总投资和回收流动资金。

（2）根据相关资料计算编制项目总投资与资金筹措表。

（3）编制销售收入和税金及附加估算表。

（4）编制不包括财务费用的总成本估算表。

（5）编制息税前利润和调整所得税估算表。

（6）编制全部投资的现金流量表（暂不用计算相关的评价指标）。

七、参考及阅读书目

[1] 吴大军．管理会计［M］．北京：中央广播电视大学出版社，1999.

[2] 蔡淑娥．管理会计学习指导与习题［M］．沈阳：辽宁人民出版社，1996.

[3] 李惟庄．管理会计学试题分析与解答［M］．上海：立信会计出版社，2000.

[4] 孙茂竹，文光伟，杨万贵．管理会计学教学辅导书——学生用书［M］．4版．北京：中国人民大学出版社，2006.

[5] 王忠，周剑杰，胡静波．管理会计学教学案例［M］．北京：中国审计出版社，2001.

[6] 陈金菊．管理会计解题指南［M］．北京：中国对外经济贸易出版社，2000.

[7] 王琳．管理会计学习指导［M］．2版．大连：东北财经大学出版社，1996.

[8] 财政部会计资格评价中心．财务管理［M］．北京：中国财政

经济出版社，2005.

［9］吴大军，王立国．项目评估［M］．大连：东北财经大学出版社，2002.

［10］李贺，李小光，赵刘磊，等．管理会计：理论·实务·案例·实训［M］．上海：上海财经大学出版社，2020.

［11］冯巧根．管理会计［M］．4版．北京：中国人民大学出版社，2020.

［12］温素彬．管理会计：理论·模型·案例［M］．3版．北京：机械工业出版社，2019.

［13］崔婕．管理会计［M］．2版．北京：清华大学出版社，2020.

［14］吴大军．管理会计［M］．7版．大连：东北财经大学出版社，2023.

第十章　长期投资决策（下）

一、学习目的与要求

本章的学习目的是使学生在了解项目投资决策评价指标相关概念的基础上，熟悉各种静态评价指标的确切定义、特征和优缺点，掌握各种动态评价指标的确切定义、特征、优缺点及内在联系，能够熟练运用各种方法和技巧计算静态投资回收期、动态投资回收期、净现值、净现值率、获利指数和内部收益率等指标，能够在对单一的独立方案进行财务可行性评价的基础上，熟练掌握多个互斥方案比较决策不同方法的应用技巧和适用条件，并能够在一定程度上开展不确定条件下的长期投资决策分析。

通过本章的学习，学生应了解项目投资决策评价指标的定义、分类标志和分类结果；熟悉静态指标的内容；明确总投资收益率、年平均投资收益率和原始投资回收率等指标的定义、计算公式、特征和优缺点；掌握静态投资回收期与动态投资回收期的异同；熟悉动态指标的内容；熟悉净现值、净现值率、获利指数和内部收益率的定义、特征和优缺点；能够根据不同条件，熟练选择并应用各种方法，准确计算出静态投资回收期、净现值和内部收益率指标；了解动态投资回收期、净现值率和获利指数的计算技巧；明确折现率与净现值和内部收益率的关系；熟悉建设期、投资方式和净残值等因素对动态指标计算的影响；掌握各项动态指标之间的关系；了解运用评价指标的基本原则和财务可行性评价与投资方案决策之间的依存关系；能够准确对单一的独立投资项目进行财务可行性评价；熟悉项目投资多方案比较决策的各种方法的应用条件；熟练掌握差额投资内部收益率法、年等额净回收额法和计算期统一法的应用技巧；一般了解投资敏感性分析的内容；初步掌握风险投资决策的主要方法。

二、预习要览

（一）关键概念

1. 投资决策评价指标
2. 静态指标与动态指标
3. 正指标与反指标
4. 主要指标、次要指标与辅助指标
5. 年平均投资收益率
6. 静态投资回收期
7. 动态投资回收期
8. 净现值
9. 净现值率
10. 获利指数
11. 内部收益率
12. 净现值法
13. 净现值率法
14. 差额投资内部收益率法
15. 年等额净回收额
16. 方案重复法和最短计算期法
17. 投资敏感性分析
18. 期望值决策法
19. 风险折现率调整法
20. 肯定当量调整法

（二）关键问题

1. 什么是项目投资决策的评价指标？项目投资决策的评价指标可以按照哪些标志进行分类？这些分类的结果如何？项目投资决策的评价指标最基本的分类是什么？

2. 管理会计研究的项目投资决策评价指标中，哪些可以直接利用现金流量数据进行计算？

3. 什么是项目投资决策的静态指标？具体包括哪些内容？它们的特征如何？各有什么优缺点？

4. 什么是项目投资决策的动态指标？具体包括哪些内容？它们的特征如何？各有什么优缺点？

5. 什么是静态投资回收期？该指标的计算方法有哪些？分别适用于什么条件？

6. 什么是动态投资回收期？怎样计算该指标？它与静态投资回收期有什么区别？

7. 什么是净现值？该指标的计算方法有哪些？分别适用于什么条件？

8. 在计算净现值指标时，怎样确定折现率？为什么说将计算净现值指标所依据的折现率界定为“资本（金）成本或投资者要求的最低报酬率”不如“行业基准折现率或设定折现率”更为科学、准确?

9. 怎样应用计算净现值的插入函数法?该方法有什么特色?

10. 什么是内部收益率?该指标的计算方法有哪些?分别适用于什么条件?

11. 在计算内部收益率的特殊方法和一般方法下都可以应用内插法,请比较这两组内插法具体计算公式的异同。

12. 怎样应用计算内部收益率的插入函数法?该方法有什么特色?

13. 请比较净现值、净现值率、获利指数和内部收益率指标之间的关系。

14. 分别讨论建设期是否为零、原始投资的不同投入方式,回收期满后的净现金流量的大小,以及终结点回收额的有无对静态投资回收期和动态投资回收期指标数值的影响程度。

15. 分别讨论建设期是否为零、原始投资的不同投入方式、折现率的高低,以及终结点回收额的有无对净现值、净现值率、获利指数和内部收益率指标数值的影响程度。

16. 请说明财务可行性评价与投资方案决策之间的关系。

17. 什么是投资项目的独立方案?怎样评价独立方案的财务可行性?

18. 什么是多个互斥方案的比较决策?可采用哪些决策方法?它们分别适用于什么条件?在多个互斥方案比较决策的不同方法下,应分别根据什么指标作出最终决策?

19. 请讨论为什么净现值率法不能用于对原始投资额不相同的互斥方案的比较决策?

20. 什么是投资敏感性分析?其内容和假设条件是什么?常见风险投资决策的方法有哪些?风险折现率调整法和肯定当量调整法的本质区别何在?

三、本章重点与难点

项目投资决策评价指标是指用于衡量和比较投资项目可行性优劣,以便据以进行方案决策的定量化标准与尺度。

长期投资决策评价指标可以分别按其是否考虑货币时间价值、指标的性质、指标的作用、指标的数量特征、在决策中的地位和计算的难易程度等标志进行多重分类。其中，以是否考虑货币时间价值为标志进行分类是最基本的分类。

长期投资决策评价指标分类的结果包括：静态指标和动态指标；正指标和反指标；反映盈利能力的指标和反映偿债能力的指标；绝对量指标和相对量指标；主要指标、次要指标和辅助指标；简单指标和复杂指标等类型。

应重点掌握原始投资回收率、总投资收益率、年平均投资收益率、静态投资回收期、动态投资回收期、净现值、净现值率、获利指数和内部收益率等评价指标的含义、计算公式和特征。

静态指标是指在计算过程中不考虑货币时间价值因素的指标，包括总投资收益率、年平均投资收益率、原始投资回收率和静态投资回收期等。

总投资收益率与年平均投资收益率指标均不考虑净现金流量因素，也不受建设期的长短和投资方式的影响，它们的分子相同、分母不同。

原始投资回收率和静态投资回收期都需要考虑净现金流量因素，但前者不受建设期的长短和投资方式的影响。当每年的运营净现金流量相等时，两者互为倒数。

静态投资回收期是指以投资项目运营净现金流量抵偿原始投资所需要的全部时间。它有两种表现形式，其主要差别在于是否包括建设期。

投资回收期指标可分别按公式法和列表法确定，其中应用公式法的条件比较严格，它可以直接计算出不包括建设期的回收期，进而再推算出包括建设期的回收期；而列表法则适用于任何条件，可先计算出包括建设期的回收期。投资方式与回收期满后继续发生的净现金流量都不会影响投资回收期的长短。

应注意区分各种静态指标的特征，并掌握它们的优缺点。

动态指标是指在计算过程中必须充分考虑或利用货币时间价值计算技巧的指标，主要包括动态投资回收期、净现值、净现值率、获利指数和内部收益率等指标。

动态投资回收期是指以按投资项目的行业基准收益率或设定折现率计算的折现运营净现金流量补偿原始投资现值所需要的全部时间。它只有一种表现形式，其计算需要利用现金流量表。投资方式的改变将影响动态投资回收期的数值，但回收期满后继续发生的净现金流量则不会影响动态投资回收期的长短。

净现值是指在项目计算期内，按行业基准折现率①或其他设定折现率计算的各年净现金流量现值的代数和。它是计算其他动态指标的基础。

净现值可以分别按三种方法计算，其中，特殊方法只有在投产后的净现金流量表现为普通年金或递延年金的形式时才能应用；插入函数法最为简便，计算精度高，是实务中应当首选的方法。

净现值率是指投资项目的净现值占原始投资现值总和的百分比指标。

获利指数是指投产后按行业基准折现率或设定折现率折算的各年净现金流量的现值合计与原始投资的现值合计之比。

内部收益率是指项目投资实际可望达到的收益率，即能使投资项目的净现值等于零时的折现率。

内部收益率也可以分别按三种方法计算，其特殊方法只有在投产后的净现金流量表现为普通年金时才能应用；按该方法计算内部收益率所求得的年金现值系数的数值应等于该项目的静态投资回收期指标的值。

一般方法又称为逐次测试逼近法。

内部收益率计算所采用的内插法是一种近似计算方法，无论是在特殊方法下，还是在一般方法下都可能采用，其基本原理相同，但具体公式有差别。

插入函数法最为简便，计算精度高，是实务中首选的方法。

净现值、净现值率、获利指数和内部收益率指标之间存在着同方向变动的依存关系。其中，净现值是最基本的指标。

由于所有的折现评价指标都是在项目的净现金流量的基础上计算的，因此，它们的计算都必然受到影响净现金流量的因素（如建设期的长短、分次投资还是一次投资的方式和期末残值的有无）制约，而且还会受到投产后净现金流量是否表现为年金形式的影响，但内部收益率指标不受行业基准折现率的影响。

①行业基准折现率亦称行业基准收益率，它的确定需要统筹考虑行业特点、货币时间价值和风险报酬率。

运用评价指标，必须遵循具体问题具体分析、确保财务可行性、分清主次指标和讲求效益的原则。

长期投资决策评价指标的首要功能就是用于评价某个具体的投资项目是否具有财务可行性。

财务可行性评价与投资方案决策之间存在着相辅相成的关系。其具体表现为：独立方案的可行性评价与其投资决策是完全一致的行为；评价每个方案的财务可行性是开展互斥方案投资决策的前提；在多方案组合排队投资决策过程中，需要反复利用有关评价指标。

如果在长期投资决策中只有一个备选方案，或虽然有多个项目投资方案，但每个方案之间没有任何相互制约或相互影响的关系，则这些方案就属于独立方案。

在对单一的独立投资项目进行财务可行性评价时，可能出现以下几种情况：

第一，如果所有评价指标均处于可行区间，可以断定项目完全具有财务可行性；第二，如果所有评价指标均处于不可行区间，可以断定项目完全不具有财务可行性；第三，如果主要评价指标均处于可行区间，而次要或辅助指标处于不可行区间，则可以断定项目基本具有财务可行性；第四，如果主要评价指标均处于不可行区间，而次要或辅助指标处于可行区间，则可以断定项目基本不具有财务可行性。

在对独立方案进行财务可行性评价时，不仅主要评价指标起主导作用，而且利用动态指标对同一个投资项目进行评价和决策，会得出完全相同的结论。

多个互斥方案比较决策是指在每一个入选方案已具备财务可行性的前提下，利用具体决策方法比较各个方案的优劣，利用评价指标从各个备选方案中最终选出一个最优方案的过程。要求参加多个互斥方案比较决策的每个方案都必须具备财务可行性。

项目投资多方案比较决策的方法是指利用特定评价指标作为决策标准或依据的各种方法的统称，主要包括净现值法、净现值率法、差额投资内部收益率法、年等额净回收额法和计算期统一法等具体方法。

其中，前两种方法适用于原始投资相同且项目计算期相等的多方案比较决策；差额投资内部收益率法适用于两个原始投资不相同，但项目计算期相同的多方案比较决策；年等额净回收额法适用于原始投资不相同、特别是项目计算期不同的多方案比较决策；计算期统一法适用于项目计算期相差比较悬殊的多方案比较决策（不管原始投资是否相同）。

计算期统一法是指通过对计算期不相等的多个互斥方案选定一个共同的计算分析期，以满足时间可比性的要求，进而根据调整后的评价指标来选择最优方案的方法。该方法包括方案重复法和最短计算期法两种具体处理方法。

进行多方案组合排队投资决策时，如果资金总量不受限制，可按每一个项目的净现值（NPV）的大小排队，确定优先考虑的项目顺序；如果资金总量受到限制，则需按净现值率（NPVR）或获利指数（PI）的大小，结合净现值（NPV）进行各种组合排队，从中选出能使 $\sum$NPV 最大的最优组合。

投资敏感性分析是指通过分析预测有关因素变动对净现值和内部收益率等主要经济评价指标的影响程度的一种敏感性分析方法。它应以多个关键指标假定、有限因素假定、因素单独变动假定、10%变动幅度假定和不利变动方向假定为前提。

投资敏感性分析的内容包括：计算有关因素变动对净现值和内部收益率的影响程度和有关因素的变动极限。完成第一个任务可分别采用总量法和差量法两种方法。

在风险情况下进行投资决策，应同时具备两个条件：第一，每一个方案未来存在两个或两个以上的可能结果（状态）；第二，每一个方案的各种未来可能结果都是可以测算并且可以量化的。

常见的风险投资决策方法包括期望值决策法、风险因素调整法和决策树法。期望值决策法是最简便的方法。风险因素调整法是指先按照投资风险的大小对项目的现金流量或净现值进行调整，然后再运用确定性投资决策的方法对项目进行筛选的方法。它具体又包括风险折现率调整法和肯定当量调整法。决策树法适用于在项目周期内进行多次决策（如追加投资或放弃投资）的情况。

四、主要公式

$$原始投资回收率=\frac{年运营净现金流量或年均运营净现金流量}{原始投资}\times100\%$$

$$=\frac{NCF或\overline{NCF}}{I}\times100\%$$

$$总投资收益率（ROI）=\frac{年息税前利润或年均息税前利润}{项目总投资}\times100\%$$

$$=\frac{EBIT或\overline{EBIT}}{I'}\times100\%$$

$$年平均投资收益率（ARR）=\frac{年息税前利润或年均息税前利润}{年平均原始投资额}\times100\%$$

$$=\frac{EBIT或\overline{EBIT}}{\bar{I}}\times100\%$$

在静态回收期的公式法下：

$$不包括建设期的回收期（PP'）=\frac{原始投资合计}{投产后的前若干年每年相等的运营净现金流量}$$

$$=\frac{I}{NCF_{(s+1)\sim(s+M)}}$$

包括建设期的回收期（PP）=不包括建设期的回收期（PP′）+建设期（s）

在静态回收期的列表法下，静态投资回收期PP满足以下关系：

$$\sum_{t=0}^{PP}NCF_t=0$$

$$\text{包括建设期的投资回收期}（PP）=\text{最后一项为负值的累计净现金流量对应的年数}+\frac{\text{最后一项为负值的累计净现金流量绝对值}}{\text{下年净现金流量}}$$

$$=M'+\frac{\left|\sum_{t=0}^{M'}NCF_t\right|}{NCF_{M'+1}}$$

或

$$=\text{累计净现金流量第一次出现正值的年数}-1+\frac{\text{该年初尚未回收的投资}}{\text{该年净现金流量}}$$

动态投资回收期PP″满足以下关系：

$$\sum_{t=0}^{PP''}[NCF_t\cdot(P/F，i_c，n)]=0$$

$$\text{动态投资回收期(PP}''\text{)}=\begin{matrix}\text{最后一项为负值的}\\\text{累计折现净现金}\\\text{流量对应的年数}\end{matrix}+\frac{\text{最后一项为负值的累计折现净现金流量绝对值}}{\text{下年折现净现金流量}}$$

$$=M'+\frac{\left|\sum_{t=0}^{M''}NCF_t\right|}{NCF_{M''+1}}$$

净现值的一般计算公式为：

$$\text{净现值(NPV)}=\sum_{t=0}^{n}(\text{第t年的净现金流量}\times\text{第t年的复利现值系数})$$

$$=\sum_{t=0}^{n}\frac{NCF_t}{(1+i_c)^t}$$

$$=\sum_{t=0}^{n}[NCF_t\cdot(P/F, i_c, t)]$$

净现值的特殊计算公式为：

当建设期为零，投产后的净现金流量表现为普通年金形式时：

$$NPV=NCF_0+NCF_{1\sim n}\cdot(P_A/A, i_c, n)$$

当建设期为零，投产后每年运营净现金流量相等，但终结点第n年有回收额R_n（如残值）时：

$$NPV=NCF_0+NCF_{1\sim(n-1)}\cdot(P_A/A, i_c, n-1)+NCF_n\cdot(P/F, i_c, n)$$

或 $$=NCF_0+NCF_{1\sim n}\cdot(P_A/A, i_c, n)+R_n\cdot(P/F, i_c, n)$$

当建设期不为零，但全部投资在建设起点一次投入，投产后每年净现金流量表现为递延年金时：

$$NPV=NCF_0+NCF_{(s+1)\sim n}\cdot[(P_A/A, i_c, n)-(P_A/A, i_c, s)]$$

或 $$=NCF_0+NCF_{(s+1)\sim n}\cdot(P_A/A, i_c, n-s)\cdot(P/F, i_c, s)$$

当建设期不为零，全部投资在建设期内分次投入，投产后（s+1）~n年内每年净现金流量相等时：

$$NPV=NCF_0+NCF_1\cdot(P/F, i_c, 1)+\cdots+NCF_s\cdot(P/F, i_c, s)+NCF_{(s+1)\sim n}\cdot[(P_A/A, i_c, n)-(P_A/A, i_c, s)]$$

在净现值计算的插入函数法下，其函数表达式为：

$$NPV=NPV(i_c, NCF_1:NCF_n)+NCF_0$$

$$\text{净现值率(NPVR)}=\frac{\text{项目的净现值}}{\text{原始投资的现值合计}}=\frac{NPV}{\left|\sum_{t=0}^{s}[NCF_t(1+i_c)^{-t}]\right|}$$

获利指数（PI）$=\frac{\text{投产后各年净现金流量的现值合计}}{\text{原始投资的现值合计}}$

$$=\frac{\sum_{t=s+1}^{n}[NCF_t\cdot(P/F,\ i_c,\ t)]}{\left|\sum_{t=0}^{s}[NCF_t\cdot(P/F,\ i_c,\ t)]\right|}$$

内部收益率（IRR）满足下列关系：

$$\sum_{t=0}^{n}[NCF_t\cdot(P/F,\ IRR,\ t)]=0$$

在内部收益率计算的特殊方法下：

$$(P_A/A,\ IRR,\ n)=\frac{I}{NCF}$$

在内部收益率计算的特殊方法下，内插法的公式为：

$$IRR=r_m+\frac{C_m-C}{C_m-C_{m+1}}\cdot(r_{m+1}-r_m)$$

在内部收益率计算的一般方法下，内插法的公式为：

$$IRR=r_m+\frac{NPV_m-0}{NPV_m-NPV_{m+1}}\cdot(r_{m+1}-r_m)$$

在内部收益率计算的插入函数法下，其函数表达式为：

$IRR=IRR（NCF_0:NCF_n）$

年等额净回收额（NA）=净现值×回收系数$=\frac{\text{净现值}}{\text{年金现值系数}}$

$$=NPV\cdot(A/P_A,\ i_c,\ n)=\frac{NPV}{(P_A/A,\ i_c,\ n)}$$

经营期年均净现金流量降低额极限（$\overline{\Delta NCF}$）$=\frac{NPV}{(P_A/A,\ i_c,\ n)}$

售价降低率极限$=\frac{\overline{\Delta NCF}}{\text{年销售收入基数}\times(1-\text{所得税税率})}\times100\%$

产销量降低率极限$=\frac{\overline{\Delta NCF}}{\text{年贡献边际基数}\times(1-\text{所得税税率})}\times100\%$

经营成本的超支率极限$=\frac{\overline{\Delta NCF}}{\text{年经营成本基数}\times(1-\text{所得税税率})}\times100\%$

经营期变动的下限N满足下列公式：

$$[\text{原经营期的}NCF+(\frac{\text{固定资产投资}}{N}-\text{原折旧})\times\text{所得税税率}]\times(P_A/A,\ i_c,\ n)=\text{固定资产投资额}$$

$$固定资产投资超支额极限=\frac{原NPV}{1-所得税税率\times年金现值系数基数\div年限}$$

在风险折现率调整法下：

投资收益率=无风险投资收益率+风险收益系数×标准离差率

在肯定当量调整法下：

调整后净现金流量=期望净现金流量×肯定当量系数

五、练习题

（一）单项选择题

1.下列各项中，属于长期投资决策静态评价指标的是（　　）。

A.获利指数　　B.总投资收益率

C.净现值　　D.内部收益率

2.下列各项中，既属于静态指标，又属于反指标的是（　　）。

A.总投资收益率　　B.原始投资回收率

C.内部收益率　　D.静态投资回收期

3.下列各项中，既属于动态指标，又属于绝对量正指标的是（　　）。

A.净现值　　B.总投资收益率

C.内部收益率　　D.动态投资回收期

4.下列指标中，其分母为时期平均指标的是（　　）。

A.总投资收益率　　B.静态投资回收期

C.年平均投资收益率　　D.原始投资回收率

5.下列各项中，既考虑一定期间运营净现金流量因素，又在一定程度上受建设期长短影响的指标是（　　）。

A.总投资收益率　　B.原始投资回收率

C.年平均投资收益率　　D.静态投资回收期

6.已知某投资项目的原始投资为500万元，建设期资本化利息为50万元。预计项目投产后每年运营净现金流量为88万元，年平均息税前利润为66万元，则该项目的原始投资回收率等于（　　）。

A.12%　　B.13.2%

C.16%　　D.17.6%

7.已知某投资项目的原始投资为500万元，建设期资本化利息为50

万元。预计项目投产后每年运营净现金流量为88万元，年平均息税前利润为66万元，则该项目的总投资收益率等于（　　）。

A.12%　　B.13.2%

C.16%　　D.17.6%

8.已知某投资项目的原始投资为100万元，建设期为2年，投产后第1~8年每年NCF为25万元，第9~10年每年NCF为20万元，则该项目包括建设期的静态投资回收期为（　　）。

A.4年　　B.5年

C.6年　　D.7年

9.某投资项目在建设期内投入全部原始投资，该项目的净现值率为25%，则该项目的获利指数为（　　）。

A.0.75　　B.1.25

C.4.0　　D.25

10.已知某投资项目的项目计算期为10年，资金于建设起点一次投入，当年完工并投产。经预计，该项目包括建设期的静态投资回收期为4年，则按内部收益率确定的年金现值系数是（　　）。

A.10　　B.6

C.4　　D.2.5

11.下列长期投资决策评价指标中，其计算结果不受建设期的长短、资金投入的方式、回收额的有无，以及净现金流量的大小等条件影响的是（　　）。

A.总投资收益率　　B.投资回收期

C.内部收益率　　D.净现值率

12.如果其他因素不变，一旦提高折现率，则下列指标中其数值将会变小的是（　　）。

A.总投资收益率　　B.净现值率

C.内部收益率　　D.投资回收期

13.包括建设期的静态投资回收期恰好是（　　）。

A.净现值为零时的年限

B.净现金流量为零时的年限

C.累计净现值为零时的年限

D. 累计净现金流量为零时的年限

14. 当某方案的净现值大于零时，其内部收益率（　　）。

A. 可能小于零　　B. 一定等于零

C. 一定大于设定折现率　　D. 可能等于设定折现率

15. 能使投资方案的净现值等于零的折现率为（　　）。

A. 总投资收益率　　B. 资金成本率

C. 净现值率　　D. 内部收益率

16. 在按照逐次测试逼近法计算内部收益率时，每次所使用的折现率是（　　）。

A. 投资者要求的最低报酬率　　B. 筹集使用资金的成本

C. 行业基准折现率　　D. 设定折现率

17. 下列方法中，可用于对原始投资相同且项目计算期相同的互斥投资方案进行决策的方法是（　　）。

A. 净现值法　　B. 最短计算期法

C. 年等额净回收额法　　D. 差额投资内部收益率法

18. 在只有一个投资项目可供选择的条件下，如果该项目不具有财务可行性，则必然会存在的一种情况是（　　）。

A. 净现值 $NPV>0$　　B. 获利指数 $PI>1$

C. 净现值率 $NPVR<0$　　D. 内部收益率 $IRR>i_c$

19. 在对原始投资额不同而且项目计算期也不同的多个互斥方案进行比较决策时，应当优先考虑使用的方法是（　　）。

A. 净现值法　　B. 净现值率法

C. 年等额净回收额法　　D. 差额投资内部收益率法

20. 在单一方案决策过程中，可能与净现值评价结论发生矛盾的评价指标是（　　）。

A. 净现值率　　B. 获利指数

C. 内部收益率　　D. 静态投资回收期

（二）多项选择题

1. 长期投资决策评价指标的主要作用包括（　　）。

A. 衡量比较投资项目的可行性　　B. 衡量企业的财务状况

C. 反映项目的投入产出关系　　D. 反映长期投资的效益

E.反映企业的经营成果

2.在下列指标中，可以直接依据项目净现金流量信息计算出来的有（　　）。

A.总投资收益率　　B.静态投资回收期

C.内部收益率　　D.净现值率

E.净现值

3.在下列指标中，其计算公式以经营期年息税前利润或年均息税前利润为分子的有（　　）。

A.总投资收益率　　B.年平均投资收益率

C.原始投资回收率　　D.包括建设期的投资回收期

E.不包括建设期的投资回收期

4.在应用公式法计算静态投资回收期时，必须具备的条件包括（　　）。

A.建设期为零

B.全部投资均在建设期发生

C.投产后每年的运营净现金流量相等

D.投产后M年内每年的运营净现金流量相等

E.M年内累计的运营净现金流量大于或等于原始投资

5.已知某长期投资项目的建设期为零，投产后每年运营净现金流量相等，终结点有回收额。在此情况下，可以按特殊方法求得的长期投资决策评价指标包括（　　）。

A.总投资收益率　　B.静态投资回收期

C.净现值　　D.内部收益率

E.原始投资回收率

6.下列长期投资决策评价指标中，需要以已知的行业基准折现率作为计算依据的包括（　　）。

A.净现值率　　B.获利指数

C.内部收益率　　D.总投资收益率

E.原始投资回收率

7.下列各项与获利指数有关的表述中，正确的有（　　）。

A.原始投资在建设期投入时，获利指数减去1等于净现值率

B. 获利指数等于净现值占原始投资的现值合计的百分比

C. 获利指数指标无法直接反映项目的实际收益率

D. 获利指数的大小受行业基准折现率的影响

E. 获利指数指标是一个动态的相对量正指标

8. 在计算净现值时，下列各项中，属于应用特殊方法的前提条件的有（　　）。

A. 建设期为零

B. 没有回收额

C. 每年运营净现金流量相等

D. 全部投资在建设起点一次投入

E. 投产后净现金流量表现为普通年金或递延年金形式

9. 如果建设起点发生投资，且项目满足应用特殊方法所要求的条件，在没有对计算结果进行调整的情况下，下列表述中正确的有（　　）。

A. 按一般方法和特殊方法计算出来的净现值相等

B. 按插入函数法求得的净现值等于真正的净现值

C. 按一般方法和特殊方法计算出来的内部收益率相等

D. 可以按插入函数法计算出正确的内部收益率

E. 按插入函数法求得的内部收益率一定会小于真实的内部收益率

10. 在运用项目投资决策评价指标时，必须遵循的原则包括（　　）。

A. 具体问题具体分析的原则

B. 确保财务可行性的原则

C. 分清主次指标的原则

D. 选择最优方案的原则

E. 讲求效益的原则

11. 如果某一独立方案的评价结论是：基本具有财务可行性，则可以断定该方案的（　　）。

A. 净现值大于或等于零

B. 净现值率大于或等于1

C. 获利指数大于或等于1

D. 静态投资回收期大于基准回收期

E. 内部收益率大于或等于行业基准折现率

12.利用评价指标对单一的独立投资项目进行财务可行性评价时，能够得出完全相同结论的指标有（　　）。

A.净现值

B.净现值率

C.获利指数

D.内部收益率

E.静态投资回收期

13.在单一的独立投资项目中，当一项投资方案的净现值小于零时，表明该方案（　　）。

A. 获利指数小于1

B. 不具备财务可行性

C. 净现值率小于零

D. 内部收益率小于行业基准折现率

E. 静态投资回收期小于基准回收期

14.已知在甲、乙、丙、丁四个建设项目投资方案中，甲方案的决策与其他方案之间没有任何关系，在乙和丙方案之间只能选择一个方案，丙方案以丁方案的上马为前提。据此可以断定，（　　）。

A. 甲方案属于单一独立方案

B. 乙与丙方案属于互斥方案

C. 丙与丁方案属于互斥方案

D. 丙与丁方案属于组合方案

E. 丁方案是丙方案的先决方案

15.下列各项中，属于参加多个互斥方案比较决策的方案必须同时具备的前提条件有（　　）。

A.净现值大于或等于零

B.获利指数大于或等于1

C.净现值率小于或等于零

D.静态投资回收期小于或等于基准回收期

E.内部收益率大于或等于行业基准折现率

16.下列方法中，可用于原始投资不同且项目计算期也不同的多个互斥方案比较决策的有（　　）。

A.净现值法

B.净现值率法

C.计算期统一法

D.年等额净回收额法

E.差额投资内部收益率法

17.下列各项中，可用于原始投资相同且项目计算期也相同的互斥投资方案比较决策的方法有（　　）。

A.差额投资内部收益率法　　B.年等额净回收额法

C.计算期统一法　　D.净现值率法

E.净现值法

18.已知甲、乙两个互斥方案的原始投资额相同，如果决策结论是："无论从什么角度看，甲方案均优于乙方案"，则必然存在的关系有（　　）。

A.甲方案的净现值大于乙方案

B.甲方案的净现值率大于乙方案

C.甲方案的投资回收期大于乙方案

D.差额投资内部收益率大于设定折现率

E.乙方案的年等额净回收额大于甲方案

19.下列各项中，属于投资敏感性分析的前提条件的有（　　）。

A.多个关键指标假定　　B.有限因素假定

C.因素单独变动假定　　D.10%变动幅度假定

E.不利变动方向假定

20.下列各项中，属于风险投资决策的常见方法的有（　　）。

A.期望值决策法　　B.风险折现率调整法

C.肯定当量调整法　　D.决策树法

E.风险因素调整法

（三）判断题

1.从企业投资主体立场出发设计的长期投资决策评价指标中，不应当包括从债权人的立场出发的反映偿债能力的借款偿还期指标和体现国家投资主体立场的投资利税率指标。（　　）

2.长期投资决策评价指标按其在决策中的地位分类，可分为主要指标、次要指标和辅助指标。（　　）

3.动态指标又称为非折现评价指标，包括净现值、净现值率、获利指数和内部收益率等。（　　）

4.长期投资决策评价指标以其性质为标志进行分类是最基本的分类。（　　）

5. 如果某期累计的净现金流量等于零，则该期所对应的期间值就是包括建设期的投资回收期。 (   )

6. 无论在什么情况下，都可以采用列表法直接求得不包括建设期的投资回收期。 (   )

7. 原始投资回收率和静态投资回收期指标的计算都需要考虑净现金流量因素，但前者不受建设期的长短和投资方式的影响。 (   )

8. 动态投资回收期指标可分别按公式法和列表法两种方法来计算。 (   )

9. 净现值是指项目投产后各年报酬的现值合计与投资现值合计之间的差额。 (   )

10. 净现值是指在项目计算期内，按资本成本或投资者要求的最低报酬率计算的各年净现金流量现值的代数和。 (   )

11. 利用插入函数法计算净现值的函数表达式为："NPV=NPV（NCF_1：NCF_n）+NCF_0"。 (   )

12. 只有在投产后各年的净现金流量表现为普通年金时，才能应用特殊方法计算内部收益率。 (   )

13. 内插法是一种近似计算的方法。只有在按逐次测试逼近法计算内部收益率时，才有应用内插法的必要。 (   )

14. 运用内插法近似计算内部收益率时，为缩小误差，两个临近净现值所对应的折现率之差通常不得大于5%。 (   )

15. 所有在项目净现金流量基础上计算的评价指标都必然受到影响净现金流量所有因素的制约。 (   )

16. 如果某投资方案的净现值指标大于零，则可以据此断定该方案的静态投资回收期一定小于基准回收期。 (   )

17. 年等额净回收额法适用于原始投资不相同，特别是项目计算期不同的多方案比较决策。 (   )

18. 在更新改造投资项目的决策中，如果差额投资内部收益率小于设定折现率，就应当进行更新改造。 (   )

19. 无论是方案重复法还是最短计算期法，都需要在已经计算出来的各个互斥方案净现值的基础上进行调整，然后根据每个方案调整后的净现值的大小作出最终决策。 (   )

20.进行投资敏感性分析，需要计算有关因素变动对净现值和内部收益率的影响程度和有关因素的变动极限。（　　）

（四）计算分析题

1.已知：某投资项目的原始投资为100万元，建设期资本化利息为20万元，投产后年均利润为12万元，年均运营净现金流量为20万元。

要求：分别计算下列指标：

（1）原始投资回收率。

（2）总投资收益率。

（3）年平均投资收益率（分母按简单平均投资额计算）。

2.已知：某长期投资项目累计净现金流量资料见表10-1。

表10-1 **累计净现金流量资料** 单位：万元

年份（t）	0	1	2	3	…	6	7	…	15
累计净现金流量	−100	−200	−200	−180	…	−20	+20	…	+500

要求：

（1）计算该项目的静态投资回收期。

（2）说明该项目的建设期、投资方式（如果是分次投入需说明每次投资的时点和投资额）和经营期。

3.已知：某建设项目各年的净现金流量如下：NCF_0=−60万元，NCF_1=−60万元，NCF_2=0，$NCF_{3\sim6}$=30万元，$NCF_{7\sim12}$=40万元。建设期期末没有回收额。

要求：

（1）指出该项目的建设期。

（2）计算平均运营净现金流量。

（3）该项目的原始投资回收率。

（4）该项目的静态投资回收期（计算结果保留小数点后两位）。

4.已知：某长期投资项目所在行业的行业基准折现率为12%，有关资料见表10-2。

表10-2 **项目有关资料** 金额单位：万元

年　份	0	1	2	3	4	5	合计
净现金流量	-500	200	100	100	200	100	200
12%的复利现值系数	1	0.89286	0.79719	0.71178	0.63552	0.56743	—
累计净现金流量							—
折现净现金流量							
累计折现净现金流量							—

要求：

（1）将表10-2的空白处填上数字（结果保留全部小数）。

（2）说明该项目的原始投资额、投资方式、项目计算期的构成情况和净现值的数值。

（3）用插入函数法确定该项目的净现值（结果保留小数点后三位），根据题意作出是否应当进行调整的判断，并与（2）中确定的净现值进行比较。

（4）计算该项目的静态投资回收期和动态投资回收期（结果保留小数点后两位）。

（5）计算该项目的净现值率（结果保留小数点后四位）。

（6）用插入函数法确定该项目的内部收益率（结果保留小数点后三位），并判断该指标与项目真正的内部收益率之间的关系。

（7）根据净现值、内部收益率和静态投资回收期指标对该方案作出财务可行性评价。

5.已知：某建设项目的净现金流量如下：NCF_0=-100万元，$NCF_{1\sim10}$=25万元，行业基准折现率为10%。

要求：

（1）计算该项目的静态投资回收期。

（2）计算该项目的净现值（结果保留小数点后两位）。

（3）评价该项目的财务可行性。

6.已知：某项目按16%的设定折现率计算的净现值为90万元，按18%的设定折现率计算的净现值为-10万元。行业基准折现率为12%。

要求：

（1）不用计算，直接判断该项目是否具备财务可行性，并说明理由。

（2）用内插法计算该项目的内部收益率，并评价该方案的财务可行性。

7.已知：某投资项目有甲、乙两个互斥投资方案可供选择。甲方案的项目计算期为10年，按10%的行业基准折现率计算的净现值为100万元；乙方案的项目计算期为13年，净现值为110万元。（P_A/A，10%，10）=6.14457，（P_A/A，10%，13）=7.10336。

要求：

（1）判断甲、乙方案的财务可行性。

（2）用年等额净回收额法作出最终的投资决策（结果保留小数点后两位）。

8.已知：某更新改造项目的差量净现金流量如下：ΔNCF_0=-100万元，$\Delta NCF_{1\sim10}$=25万元。行业基准折现率为14%。

要求：

（1）计算该项目的差额投资内部收益率。

（2）作出是否更新改造的决策。

9.已知：B项目的净现值为1 000万元，项目计算期为10年；C项目的净现值为1 100万元，项目计算期为15年。行业基准折现率为12%。

要求：

（1）请按计算期统一法中的方案重复法对B、C两个互斥方案作出比较选择决策。

（2）请按计算期统一法中的最短计算期法对B、C两个互斥方案作出比较选择决策。

六、案例

案例10-1 某项目投资决策评价指标的计算及应用

已知：某长期投资项目的现金流量表（部分）见表10-3。

要求：

（1）根据表10-3的资料直接回答下列问题：

①该项目投资的类型为________________。

②该项目的资金投入方式是________________。

表10-3 **现金流量表（部分）** 单位：万元

项目计算期（第t年）	建设期		经营期									合计
	0	1		3	4	5	…	8	9	10	11	
回收固定资产余值											80	80
流动资金回收额											20	20
净现金流量	−980	−20	…	360	360	360	…	360	250	250	350	2 370
累计净现金流量	−980	−1 000	…	−280								—
折现净现金流量	−980	…	…	…	245.88	223.53	…	167.94	106.03	96.39	122.67	918.38
累计折现净现金流量	−980	…	…	…	−186.12	37.41	…	593.30	699.32	795.71	918.38	—

③该项目的原始投资=________________。

④该项目的流动资金投资额=________________。

⑤假定该项目的建设投资中只包括固定资产投资，其数额=________________。

⑥该项目的净现值=________________。

⑦如果该项目的行业基准折现率为10%，则该项目的内部收益率指标高于____%。

⑧该项目的回收额=________________。

（2）计算该项目的下列指标：

①静态投资回收期：

包括建设期的静态投资回收期=________________。

不包括建设期的静态投资回收期=________________。

②动态投资回收期=________________。

③根据静态投资回收期和净现值对该项目进行财务可行性评价。

（3）结合（1）中的各项问题，说明你需要根据什么信息才能作出正确判断，这对你有什么启示。

案例10-2　某化工项目投资决策评价指标的计算及应用

已知：根据第九章案例“某化工投资项目投资决策分析表的编制”所编制的现金流量表见表10-4。

表10-4 **现金流量表（全部投资）** 价值单位：万元

序号	项目	建设期			试产期		达产期							合计
		0	1	2	3	4	5	6	7	8	…	19	20	
1	现金流入				49 700	70 200	78 000	78 000	78 000	78 000	…	78 000	114 536	1 404 436
1.1	销售收入				49 700	70 200	78 000	78 000	78 000	78 000	…	78 000	78 000	1 367 900
1.2	回收固定资产余值												16 536	16 536
1.3	回收流动资金												20 000	20 000
2	现金流出	100 000	60 000	20 000	25 506	34 679	37 716	35 716	35 716	38 716	…	38 716	38 716	852 641
2.1	建设投资	100 000	60 000	20 000										180 000
2.2	流动资金投资				14 000	4 000	2 000							20 000
2.3	经营成本				10 946	30 000	35 000	35 000	35 000	38 000	…	38 000	38 000	639 946
2.4	税金及附加				560	679	716	716	716	716	…	716	716	12 695
3	所得税前净现金流量	-100 000	-60 000	-20 000	24 194	35 521	40 284	42 284	42 284	39 284	…	39 284	75 820	551 795
4	累计所得税前净现金流量	-100 000	-160 000	-180 000	-155 806	-120 285	-80 001	-37 717	4 567	43 851	…	475 975	551 795	—
5	调整所得税				5 082	7 163	7 854	7 854	7 854	7 754	…	7 754	7 754	136 609
6	所得税后净现金流量	-100 000	-60 000	-20 000	19 112	28 358	32 430	34 430	34 430	31 530	…	31 530	68 066	415 186
7	累计所得税后净现金流量	-100 000	-160 000	-180 000	-160 888	-132 530	-100 100	-65 670	-31 240	290	…	347 120	415 186	—

财务评价指标计算：

	所得税前	得税后
包括建设期的投资回收期	年	年
不包括建设期的投资回收期	年	年
净现值（行业基准折现率为11%）	万元	万元
内部收益率	%	%

要求：

（1）计算表10-4中所列示的各项财务评价指标。

（2）根据上述评价指标评价该项目的财务可行性。

七、参考及阅读书目

[1] 吴大军. 管理会计［M］. 北京：中央广播电视大学出版社，1999.

[2] 蔡淑娥. 管理会计学习指导与习题［M］. 沈阳：辽宁人民出版社，1996.

[3] 李惟庄. 管理会计学试题分析与解答［M］. 上海：立信会计出版社，2000.

[4] 孙茂竹，文光伟，杨万贵. 管理会计学教学辅导书——学生用书［M］. 4版. 北京：中国人民大学出版社，2006.

[5] 王忠，周剑杰，胡静波. 管理会计学教学案例［M］. 北京：中国审计出版社，2001.

[6] 陈金菊. 管理会计解题指南［M］. 北京：中国对外经贸出版社，2000.

[7] 王琳. 管理会计学习指导［M］. 2版. 大连：东北财经大学出版社，1996.

[8] 财政部会计资格评价中心. 财务管理［M］. 北京：中国财政经济出版社，2005.

[9] 吴大军，王立国. 项目评估［M］. 大连：东北财经大学出版社，2002.

[10] 李贺，李小光，赵刘磊，等. 管理会计：理论·实务·案例·实训［M］. 上海：上海财经大学出版社，2020.

[11] 冯巧根. 管理会计［M］. 4版. 北京：中国人民大学出版社，2020.

[12] 温素彬. 管理会计：理论·模型·案例［M］. 3版. 北京：机械工业出版社，2019.

[13] 崔婕. 管理会计［M］. 2版. 北京：清华大学出版社，2020.

[14] 吴大军. 管理会计［M］. 7版. 大连：东北财经大学出版社，2023.

第十一章　全面预算

一、学习目的与要求

本章的学习目的是使学生首先了解全面预算的基本理论和程序。熟悉经营预算、专门决策预算和财务预算各种具体预算的编制技巧，掌握各类先进预算方法的特点。

通过本章的学习，学生应了解全面预算的概念和作用；熟悉传统全面预算体系的具体构成内容；明确预算编制期、编制程序及各种预算的编制过程；了解传统全面预算体系中经营预算、专门决策预算和财务预算的关系；熟悉销售预算和生产预算的特点；重点掌握现金预算的编制方法；熟悉弹性预算、零基预算和滚动预算等具体方法的特征及操作技巧；了解固定预算、增量预算和定期预算的含义。

二、预习要览

（一）关键概念

1. 全面预算
2. 经营预算
3. 专门决策预算
4. 财务预算
5. 现金预算
6. 弹性预算方法
7. 增量预算方法
8. 零基预算方法
9. 定期预算方法
10. 滚动预算方法

（二）关键问题

1. 全面预算有哪些作用？全面预算为什么会协调各部门之间的关系？

2. 全面预算体系由哪些内容构成？各部分具体的内容是什么？

3. 经营预算的编制期与财务预算的编制期一致吗？与专门决策预算的编制期一致吗？为什么？

4. 怎样编制经营预算和专门决策预算？

5. 如何编制现金预算？

6. 弹性预算方法为什么会克服固定预算方法的缺陷？

7. 与增量预算方法相比较，零基预算方法优于增量预算方法吗？为什么？

8. 定期预算方法的缺陷是什么？与其相对应的是什么预算方法？

9. 预算方法与各种预算之间存在怎样的关系？

三、本章重点与难点

全面预算是指在预测与决策的基础上，按照企业既定的经营目标和程序，规划与反映企业未来的销售、生产、成本和现金收支等各方面活动，以便对企业特定计划期内的全部生产经营活动有效地作出具体组织与协调，最终以货币为主要计量单位，通过一系列预计的财务报表及附表展示其资源配置情况的有关企业总体计划的数量说明。

全面预算的作用包括明确工作目标、协调部门关系、控制日常活动和考核业绩标准。

全面预算体系是由一系列预算按其经济内容及相互关系有序排列组成的有机体，主要包括经营预算、专门决策预算和财务预算三大部分。

经营预算是指与企业日常业务直接相关、具有实质性的基本活动的一系列预算的统称，又叫日常业务预算。其主要包括销售预算，生产预算，直接材料耗用量及采购预算，应交增值税、税金及附加预算，直接人工预算，制造费用预算，产品成本预算，期末存货预算，销售费用预算和管理费用预算。这些预算大部分以实物量指标和价值量指标分别反映企业收入与费用的构成情况。

专门决策预算是指企业不经常发生的、需要根据特定决策临时编制的一次性预算，又称特种决策预算，包括经营决策预算和投资决策预算两种类型。

财务预算是指与企业现金收支、经营成果和财务状况有关的各项预算，主要包括现金预算、财务费用预算、预计利润表和预计资产负债表。这些预算以价值量指标总括反映经营预算和资本支出预算的结果。

编制经营预算与财务预算通常以1年为期间，这样可使预算期间与会计年度相一致，便于预算执行结果的分析、评价和考核。至于资本支出的预算期则应根据长期投资决策的要求具体制定。

全面预算的程序如下：拟定企业预算总方针（包括经营方针、各项政策以及企业总目标和分目标），编制各业务部门的预算草案，平衡与协商调整各部门的预算草案，进行预算的汇总与分析，审议预算并上报董事会以确定综合预算和部门预算，将批准后的预算下达执行。

销售预算是指为规划一定预算期内因组织销售活动而引起的预计销售收入而编制的一种经营预算。它既是编制经营预算的起点，也是编制全面预算的关键和起点。其具体编制程序为：确定每种产品的预计销售收入、汇总所有产品的预计销售收入总额、预计增值税销项税额、预计预算期含税销售收入。此外，还应在编制销售预算的同时，编制与销售收入有关的经营现金收入预算表。

生产预算是指为规划一定预算期内预计产量水平而编制的一种经营预算。该预算是所有经营预算中唯一只使用实物量计量单位的预算。生产预算需要根据预计的销量按品种分别编制。

直接材料预算是指为规划一定预算期内因组织生产活动和材料采购活动预计发生的直接材料需用量、采购数量和采购成本而编制的一种经营预算。本预算以生产预算、材料消耗定额和预计材料采购单价等信息为基础，并考虑期初、期末材料存货水平。直接材料预算包括需用量预算和采购预算两个部分。直接材料需用量预算的具体编制程序是：计算预算期某种直接材料的需用量、预计预算期某种直接材料的全部需用量。直接材料采购预算的具体编制程序是：预计预算期某种直接材料的全部采购量、预计预算期某种直接材料的采购成本、确定预算期企业直接材料采购总成本、计算在预算期发生的与直接材料采购总成本相关的增值税进项税额、计算预算期预计采购金额。

应交税费预算是指为规划一定预算期内预计发生的相关税费而编制的一种经营预算。应交税费包括两类，其一为通过“税金及附加”科目核算的因企业经营活动而发生的消费税、资源税、城市维护建设税、教育费附加，以及房产税、城镇土地使用税、车船税、印花税等相关税费；其二是独立核算的应交增值税。

直接人工预算是指为规划一定预算期内人工工时的消耗水平和人工

成本水平而编制的一种经营预算。编制直接人工预算主要依据已知的标准工资率、标准单位直接人工工时和生产预算中的预计产量等资料。其具体编制程序是：预计每种产品的直接人工工时总数、预计每种产品耗用的直接工资、预计每种产品控制列支的其他直接费用、计算预算期每种产品的预计直接人工成本、预计预算期企业的直接人工成本合计。

制造费用预算是指为规划一定预算期内除直接材料和直接人工预算以外预计发生的其他生产费用水平而编制的一种经营预算。当以变动成本法为基础编制制造费用预算时，可按变动性制造费用和固定性制造费用两部分内容分别编制。

产品成本预算是指为规划一定预算期内每种产品的单位产品成本、生产成本、销售成本等内容而编制的一种经营预算。本预算需要在生产预算、直接材料预算、直接人工预算和制造费用预算的基础上编制。在变动成本法下，如果产成品存货采用先进先出法计价，则产品成本预算的编制程序为：估算每种产品预算期预计发生的生产成本、估算每种产品预算期的预计产品生产成本、估算每种产品预算期预计的产品销售成本。

期末存货预算是指为规划一定预算期期末的在产品、产成品和原材料预计成本水平而编制的一种经营预算。其具体编制程序是：按存货的具体项目分别编制预算、汇总各项存货的期末余额。

销售费用预算是指为规划一定预算期内企业在销售阶段组织产品销售预计发生各项费用水平而编制的一种经营预算。销售费用预算的编制方法与制造费用预算的编制方法非常接近，也可将其划分为变动性销售费用和固定性销售费用两部分进行编制。

管理费用预算是指为规划一定预算期内因管理企业预计发生的各项费用水平而编制的一种经营预算。本预算的编制可采取以下两种方法：第一种方法是按项目反映全年预计水平；第二种方法类似于制造费用预算或销售费用预算的编制，即将管理费用划分为变动性管理费用和固定性管理费用两部分进行编制。

专门决策预算包括经营决策预算和投资决策预算两项内容。经营决策预算是指与短期经营决策密切相关的专门决策预算。该类预算通常是在根据短期经营决策确定的最优方案的基础上编制的，因而需要将其结果直接纳入经营预算体系，同时也将影响现金预算等财务预算。投资决策预算是指与项目投资决策密切相关的专门决策预算，又称资本支出预算。由于这类预算涉及长期建设项目的资金投放与筹措等，并经常跨年度，因此除个别项目外一般不纳入经营预算，但应计入与此有关的现金预算与预计资产负债表中。

现金预算是指为规划一定预算期内由于经营活动和资本投资活动引起的预计现金收入、预计现金支出、现金余缺和现金筹措使用情况和期初期末现金余额水平而编制的一种财务预算。本预算的编制必须以经营预算和专门决策预算为基础。其具体编制程序是：确定期初现金余额、估算本期现金收入、确定预算期可运用现金、估算本期现金支出、计算现金余缺、现金的筹集与运用、确定期末现金余额。

预算编制方法简称预算方法，按其业务量基础的数量特征不同，可分为固定预算方法和弹性预算方法两大类。

固定预算方法简称固定预算，是指在编制预算时，只根据预算期内正常的、可实现的某一固定业务量（如产量、销量）水平作为唯一基础来编制预算的一种方法。其显著缺陷有两点：一是过于机械呆板；二是可比性差。

弹性预算方法简称弹性预算，是指为克服固定预算方法的缺点而设计的，以业务量、成本和利润之间的依存关系为依据，按照预算期可预见的各种业务量水平为基础，编制能够适应多种情况预算的一种方法。其显著优点是：（1）预算范围宽；（2）可比性强。弹性预算方法从理论上讲适用于编制全面预算中所有与业务量有关的各种预算。但从实用的角度来看，主要用于编制弹性成本费用预算和弹性利润预算等。弹性成本预算的具体编制方法有公式法和列表法两种。弹性利润预算的编制方法也有两种，即因素法和百分比法。

编制成本费用预算的方法按其出发点的特征不同，可分为增量预算方法和零基预算方法两大类。

增量预算方法简称增量预算，是指以基期成本费用水平为基础，结合预算期业务量水平及有关影响成本因素的未来变动情况，通过调整有关原有费用项目而编制预算的一种方法。传统的预算编制方法基本上采用增量预算方法，即以基期的实际预算为基础，对预算值进行增减调整。这种预算方法比较简便。其显著缺陷是：（1）受原有费用项目限制，可能导致保护落后；（2）滋长预算中的“平均主义”和“简单化”；（3）不利于企业未来的发展。

零基预算方法的全称为“以零为基础编制计划和预算的方法”，简称零基预算，是指在编制成本费用预算时，不考虑以往会计期间所发生的费用项目或费用数额，而是将所有的预算支出均以零为出发点，一切从实际需要与可能出发，逐项审议预算期内各项费用的内容及开支标准是否合理，在综合平衡的基础上编制费用预算的一种方法。该预算方法是为克服增量预算方法的不足而设计的。其具体编制程序是：（1）动员与讨论；（2）划分不可避免项目和可避免项目；（3）划分不可延缓项目和可延缓项目。其优点是：（1）不受现有费用项目的限制；（2）能够调动企业各部门降低费用的积极性；（3）有助于企业未来发展。

预算方法按其预算期的时间特征不同，可分为定期预算方法和滚动预算方法两大类。

定期预算方法简称定期预算，是指在编制预算时以不变的会计期间（如日历年度）作为预算期的一种编制预算的方法。其显著缺点是：（1）盲目性；（2）滞后性；（3）间断性。

滚动预算方法简称滚动预算，是指在编制预算时，将预算期与会计年度脱离，随着预算的执行不断延伸补充预算，逐期向后滚动，使预算期永远保持为一个固定期间的一种预算编制方法。其具体做法是：每过一个预算期，立即根据其预算执行情况对以后各期预算进行调整和修订，并增加一个预算期的预算。依此逐期向后滚动，使预算始终保持一定的时间幅度，从而以连续不断的预算形式规划企业未来的经营活动。滚动预算按其预算编制和滚动的时间单位不同可分为逐月滚动、逐季滚动和混合滚动三种方式。

固定预算方法、增量预算方法和定期预算方法都属于传统的预算方法；滚动预算方法、弹性预算方法和零基预算方法则属于为克服传统预算方法的缺点而设计的先进预算方法。

注意不要将预算方法与全面预算体系中的各种预算混为一谈。

四、主要公式

销售预算：

某种产品预计销售收入=该种产品预计单价×该产品预计销量

销售收入总额=$\sum$某种产品预计销售收入

某期增值税销项税额=该期预计销售收入总额×该期适用的增值税税率

某期含税销售收入=该期预计销售收入+该期预计增值税销项税额

某预算期经营现金收入=该期现销含税收入+该期回收以前期的应收账款

某期现销含税收入=该期含税销售收入×该期预计现销率

某期回收以前期的应收账款=本期期初应收账款×该期的预计应收账款回收率

预算期期末应收账款余额=预算期期初应收账款余额+该期含税销售收入-该期经营现金收入

生产预算：

某种产品预计产量=预计销量+预计期末存货量-预计期初存货量

直接材料预算：

某产品消耗某种直接材料预计需用量=该种产品耗用该材料的消耗定额×该种产品预算期的预计产量

预算期某种直接材料全部需用量=$\sum$某种产品消耗该种直接材料预计需用量

某种直接材料的预计采购量=该种材料的预计需用量+该种材料的预计期末库存量-该种材料的预计期初库存量

某种材料预计采购成本=该种材料单价×该种材料预计采购量

预算期企业直接材料采购总成本=$\sum$某种材料预计采购成本

某期增值税进项税额=预算期企业直接材料采购总成本×该期适用的增值税税率

某期预计含税采购金额=预算期企业直接材料采购总成本+该期预计增值税进项税额

某预算期采购现金支出=该期现购材料现金支出+该期支付以前期的应付账款

某期现购材料现金支出=该期预计采购金额×该期预计付现率

某期支付以前期的应付账款=该期期初应付账款×该期的预计应付账款支付率

预算期期末应付账款余额=预算期期初应付账款余额+该期预计采购金额-该预算期采购现金支出

应交税费预算：

某期预计应交税费=该期预计发生的税金及附加+该期预计应交增值税

某期预计发生的税金及附加=该期预计应交消费税+该期预计应交资源税+该期预计应交城市维护建设税+该期预计应交教育费附加

某期预计应交增值税=某期预计销售收入×应交增值税估算率

某期预计应交增值税=该期预计应交增值税销项税额-该期预计应交增值税进项税额

直接人工预算：

某种产品直接人工工时总数=单位产品工时定额×预计该产品产量

预计某种产品耗用直接工资=单位工时工资率×该种产品直接人工工时总数

预计某种产品列支的其他直接费用=预计该种产品耗用直接工资×其他直接费用控制标准

预计某种产品直接人工成本=预计该种产品耗用直接工资+预计该种产品列支的其他直接费用

预计企业直接人工成本合计=$\sum$预计某种产品直接人工成本

制造费用预算：

$$\text{变动性制造费用预算分配率}=\frac{\text{变动性制造费用预算总额}}{\text{相关分配标准预算总数}}$$

某季度预计制造费用现金支出=该季度预计变动性制造费用现金支出+该季度预计固定性制造费用现金支出

$$\text{某季度预计变动性制造费用现金支出}=\sum\left(\text{变动性制造费用预算分配率}\times\text{该季度某种产品预计直接人工工时}\right)$$

$$\text{某季度预计固定性制造费用现金支出}=\frac{\text{该年度预计固定性制造费用}-\text{预计年折旧费}}{4}$$

产品成本预算：

某种产品某期预计发生的产品生产成本=该产品该期预计耗用全部直接材料成本+该产品该期预计耗用直接人工成本+该产品该期预计耗用变动性制造费用

某种产品某期预计产品生产成本=该种产品该期预计发生产品生产成本+该产品在产品成本期初余额-该产品在产品成本期末余额

本期预计产品销售成本=本期预计产品生产成本+产成品成本期初余额-产成品成本期末余额

期末存货预算：

某期期末存货余额=该期在产品存货期末余额+该期产成品存货期末余额+该期原材料存货期末余额

销售费用预算：

$$\text{某期某种产品预计的变动性销售费用现金支出}=\text{该种产品单位变动性销售费用分配额}\times\text{该期该产品预计销量}$$

管理费用预算：

$$\text{某季度预计管理费用现金支出}=\frac{\text{该年度预计管理费用}-\text{预计年折旧费}-\text{预计年摊销费}}{4}$$

现金预算：

某期现金余缺=该期现金收入-该期现金支出

期末现金余额=现金余缺-现金的筹集与运用

弹性预算：

$$\text{成本的弹性预算}=\text{固定成本预算数}+\sum(\text{单位变动成本预算数}\times\text{预计业务量})$$

五、练习题

（一）单项选择题

1.最能揭示全面预算本质的说法是：全面预算是关于未来期间内（　　）。

A.企业的成本计划

B.事业单位的收支计划

C.企业总体计划的数量说明

D.企业总体计划的文字说明

2.在管理会计中，用于概括与企业日常业务直接相关、具有实质性的基本活动的一系列预算的概念是（　　）。

A.专门决策预算　　B.经营预算

C.财务预算　　D.销售预算

3.现金预算属于（　　）。

A.经营预算　　B.生产预算

C.专门决策预算　　D.财务预算

4.编制经营预算与财务预算的期间通常是（　　）。

A.1个月　　B.1个季度

C.半年　　D.1年

5.已知某企业的单价灵敏度为4，根据董事会的战略目标，预计下一年的目标利润将比本年增长16%，其资产总额将达到300 000万元，投资决策预计损失450万元，则该企业的单价变动率为（　　）。

A.3.15%　　B.4.15%

C.5.15%　　D.6.15%

6.下列各项中，属于编制全面预算的关键和起点的是（　　）。

A.销售预算　　B.生产预算

C.直接材料预算　　D.直接人工预算

7.下列各项中，只涉及实物计量单位而不涉及价值计量单位的预算是（　　）。

A.销售预算　　B.生产预算

C.财务预算　　D.专门决策预算

8.下列各项中，不必单独编制与之有关的现金收支预算的是（　　）。

A.销售预算　　B.直接材料预算

C.直接人工预算　　D.制造费用预算

9.某汽车厂预计下年的营业收入为500万元，适用的消费税税率为5%，应交增值税税额为34万元，城市维护建设税税率为7%，教育费附加的征收率为3%，则该企业下年预计的税金及附加为（　　）。

A.59万元　　B.30.9万元

C.25万元　　D.5.9万元

10.在编制制造费用预算时，计算现金支出应予剔除的项目是（　　）。

A.间接材料　　B.间接人工

C.管理人员工资　　D.折旧费

11.在下列预算中，其编制程序与存货的计价方法密切相关的是（　　）。

A.产品成本预算　　B.制造费用预算

C.销售预算　　D.生产预算

12.下列项目中，可以总括反映企业在预算期间盈利能力的预算是（　　）。

A.专门决策预算　　B.现金预算

C.预计利润表　　D.预计资产负债表

13.下列各项中，不属于传统预算方法的是（　　）。

A.固定预算方法　　B.弹性预算方法

C.增量预算方法　　D.定期预算方法

14.下列项目中，能够克服固定预算方法缺点的是（　　）。

A.固定预算方法　　B.弹性预算方法

C.滚动预算方法　　D.零基预算方法

15.下列各项中，属于编制弹性成本预算的关键的是（　　）。

A.分解制造费用　　B.确定材料标准耗用量

C.选择业务量计量单位　　D.进行成本性态分析

16.下列各项中，属于编制弹性预算首先应当考虑及确定的因素的是（　　）。

A.业务量　　B.变动成本

C.固定成本　　D.计量单位

17.下列各项中，应当作为零基预算方法出发点的是（　　）。

A.基期的费用水平　　B.历史上费用的最好水平

C.国内外同行业费用水平　　D.所有费用为零

18.下列各项中，属于零基预算方法编制程序第一步的是（　　）。

A. 提出预算期内各种活动内容及费用开支方案

B. 对方案进行成本-效益分析

C. 择优安排项目，分配预算资金

D. 搜集历史资料

19.下列各项中，能够揭示滚动预算方法基本特点的表述是（　　）。

A.预算期是相对固定的　　B.预算期是连续不断的

C.预算期与会计年度一致　　D.预算期不可随意变动

20.下列有关预算方法与各种预算之间关系的说法中，不够准确的是（　　）。

A. 两者归属的内容不同

B. 两者命名的规则不同

C. 先进的预算方法可用于各种具体预算的编制

D. 编制具体预算时，不能同时采用两种预算编制方法

（二）多项选择题

1.下列各项中，属于全面预算体系构成内容的有（　　）。

A.经营预算　　B.财务预算

C.专门决策预算　　D.零基预算方法

E.滚动预算方法

2.下列各项中，属于专门决策预算内容的有（　　）。

A.经营决策预算　　B.预计利润表

C.财务费用预算　　D.投资决策预算

E.预计资产负债表

3.下列各项预算中，预算编制期间与会计年度一致的有（　　）。

A.销售预算　　B.管理费用预算

C.现金预算　　D.投资决策预算

E.财务费用预算

4.编制生产预算时需要考虑的因素有（　　）。

A.基期产量　　B.基期销量

C.预算期预计销量　　D.预算期期初存货量

E.预算期预计期末存货量

5.下列各项中，属于产品成本预算编制基础的有（　　）。

A.财务预算　　B.生产预算

C.直接材料采购预算　　D.直接人工预算

E.制造费用预算

6.下列各项中，编制直接人工预算需要考虑的有（　　）。

A.基期产量　　B.生产预算中的预计产量

C.基期销量　　D.标准单位直接人工工时

E.标准工资率

7.下列各项中，属于期末存货预算编制依据的有（　　）。

A.基期销量

B.基期产量

C.在产品期末存货成本预算额

D.原材料期末存货成本预算额

E.产成品期末存货成本预算额

8. 下列各项中，能够为编制预计利润表提供直接信息来源的有（　　）。

A. 销售预算　　B. 产品成本预算

C. 专门决策预算　　D. 财务费用预算

E. 销售费用及管理费用预算

9. 按编制预算出发点的特征不同，可将编制成本费用预算的方法分为（　　）。

A. 固定预算方法　　B. 弹性预算方法

C. 增量预算方法　　D. 零基预算方法

E. 定期预算方法

10. 下列各项中，可以作为编制弹性预算依据的业务量有（　　）。

A. 产量　　B. 销量

C. 机器工时　　D. 材料消耗量

E. 直接人工工时

11. 下列各项中，能揭示弹性预算方法优点的有（　　）。

A. 可比性强　　B. 预算范围宽

C. 各预算期预算相互衔接　　D. 不受现有费用项目的限制

E. 能够调动企业各部门降低费用的积极性

12. 与传统的增量预算方法相比较，零基预算方法的特殊之处在于（　　）。

A. 一切从零开始　　B. 一切从可能出发

C. 以现有的费用水平为基础　　D. 一切从实际需要出发

E. 不受现有费用项目的限制

13. 下列预算方法中，只能用于编制费用预算的有（　　）。

A. 固定预算方法　　B. 弹性预算方法

C. 增量预算方法　　D. 零基预算方法

E. 滚动预算方法

14. 下列各项中，属于定期预算方法缺点的有（　　）。

A. 盲目性　　B. 滞后性

C. 复杂性　　D. 间断性

E. 随意性

15.按预算编制和滚动的时间单位不同，滚动预算方法的滚动方式包括（　　）。

A.逐月滚动　　B.逐季滚动
C.混合滚动　　D.随机滚动
E.逐日滚动

16.下列项目中，属于滚动预算方法优点的有（　　）。

A.完整性突出　　B.及时性强
C.连续性突出　　D.透明度高
E.滞后性显著

17.下列各项中，能体现全面预算作用的有（　　）。

A.明确工作目标　　B.协调部门关系
C.便于日常监督　　D.考核业绩标准
E.预测经营前景

18.专门决策预算是指企业不经常发生的、需要根据特定决策临时编制的一次性预算，其主要类型包括（　　）。

A.生产预算　　B.现金预算
C.制造费用预算　　D.投资决策预算
E.经营决策预算

19.下列各项中，属于为克服传统预算方法的缺点而设计的先进预算方法的有（　　）。

A.固定预算方法　　B.弹性预算方法
C.滚动预算方法　　D.零基预算方法
E.定期预算方法

20.为了确保预算工作的顺利进行，通常需要成立预算委员会，预算委员会的作用包括（　　）。

A. 制定和颁布有关预算制度的各项政策
B. 审查和协调各部门的预算申报工作
C. 经常检查预算的执行情况
D. 解决有关矛盾和争执
E. 批准最终预算

（三）判断题

1.在编制经营预算、财务预算和资本支出预算时，预算期间通常以1年为期。（　　）

2.财务预算是指反映企业预算期现金支出的预算。（　　）

3.预算的编制应采取自上而下、自下而上的方法，不断反复和修正，最后由有关机构综合平衡，并以书面形式向下传达，作为正式的预算落实到各有关部门付诸实施。（　　）

4.销售预算是以生产预算为依据编制的。（　　）

5.为了便于编制现金预算，还应在编制销售预算的同时，编制与销售收入有关的经营现金收入预算表。（　　）

6.生产预算是编制全面预算的关键和起点。（　　）

7.各种经营预算的编制，均同时使用实物量和价值量作为计量单位。（　　）

8.在编制生产预算时，应考虑预计期初存货和预计期末存货。（　　）

9.应交税金及附加预算是指为规划一定预算期内预计发生的应交增值税、消费税、资源税、城市维护建设税、教育费附加、印花税和所得税而编制的一种经营预算。（　　）

10.产品成本预算需要在生产预算、直接材料预算、直接人工预算和制造费用预算的基础上编制。（　　）

11.经营决策预算是指与项目投资决策密切相关的专门决策预算。（　　）

12.预计资产负债表和预计利润表构成了整个财务预算。（　　）

13.一般来说，固定预算方法只适用于业务量水平较为稳定的企业或非营利组织编制预算时采用。（　　）

14.弹性预算方法只适用于编制利润预算。（　　）

15.在弹性预算方法的列表法中，业务量的间距越小，实际业务量水平出现在预算表中的可能性就越小，而且工作量越大。（　　）

16.在实务中，企业并不需要每年都按零基预算方法来编制预算，而是每隔几年才按此方法编制一次预算。（　　）

17.在应用滚动预算方法时，按逐季滚动方式编制的预算比按逐月滚动方式的工作量小，但预算精确度较差。（　　）

18. 定期预算方法的最大特点是预算期与会计年度相一致。（　　）

19. 预算方法按其业务量基础的数量特征不同，可分为固定预算方法和弹性预算方法两大类。（　　）

20. 预算委员会应由企业的全体财务人员组成。（　　）

（四）计算分析题

1. 已知：A公司生产经营甲产品，在预算年度内预计各季度销量分别为1 900件、2 400件、2 600件和2 900件；其销售单价均为50元。假定该公司在当季收到60%的货款，其余部分在下季度收讫，年初的应收账款余额为42 000元。A公司适用的增值税税率为13%。

要求：编制销售预算表和经营现金收入预算表，并计算期末应收账款余额。

2. 已知：甲企业已经编制完成的20×7年度制造费用预算明细项目如下：间接人工中的基本工资及福利费为3 000元、补助津贴为0.10元/工时；物料费为0.15元/工时、折旧费为5 000元、固定维护费为2 000元、变动维护费为0.08元/工时；固定水电费为1 000元、单位变动水电费为0.20元/工时。

要求：根据上述资料采用列表法为该企业编制一套能适应多种业务量水平的制造费用弹性预算（产能的相关范围为3 000~6 000工时，弹性间隔为1 000工时）。

3. 已知：某企业20×7年现金预算部分数据见表11-1。假定该企业各季度末的现金余额不得低于6 000元。

表11-1　**现金预算**　单位：元

项　目	第一季度	第二季度	第三季度	第四季度	全　年
期初现金余额	9 000	G	N	U	E_1
加：现金收入	A	94 000	120 000	T	406 500
可动用现金合计	89 000	H	P	119 500	F_1
减：现金支出					
直接材料	C	55 000	60 000	45 000	G_1

续表

项　目	第一季度	第二季度	第三季度	第四季度	全　年
制造费用	34 000	30 000	S	Y	130 000
销售费用	2 000	3 000	Q	4 500	13 500
购置设备	10 000	12 000	10 000	Z	45 000
支付股利	3 000	3 000	3 000	3 000	H_1
现金支出合计	B	I	R	A_1	I_1
现金余缺	−6 000	J	13 000	B_1	J_1
现金筹集与运用					
银行借款（期初）	F	M	—	—	K_1
归还本息（期末）	—	—	X	D_1	L_1
现金筹集与运用合计	E	L	W	C_1	M_1
期末现金合计	D	K	V	8 000	N_1

要求：（1）按字母顺序列算式计算现金预算表中用字母表示的项目数据。

（2）将计算结果填入现金预算表的相应位置。

4.已知：HX公司拟编制20×7年的全面预算。该公司20×7年只生产并销售一种产品。相关资料如下：

（1）据估计，20×7年四个季度的销量分别为：1 100件、1 600件、2 000件、1 500件，产品售价为90元。产品每季的销售收入中有60%能于当季收到现金，其余40%要到下季收回。上年年末的应收账款余额为45 000元。

（2）该公司各季度末的产成品存货按下一季度销量的10%计算。根据会计历史资料推断，预计20×6年年末产成品存货为100件，20×7年年末产成品存货为120件。

（3）该公司生产产品耗用A、B两种材料，单位产品材料消耗定额分别为3千克、2千克，材料单价分别为5元、3元。每季度末的材料库存按下季度生产需用量的30%计算；各季度初存料量与上季度末存料量相等，A材料第四季度末的存料量为1 980千克，B材料第四季度末的存料量为1 200千克。20×7年年初材料的存货量分别为：A材料1 030千克、B材料830千克。预计每季度材料采购的金额中，50%在当季付款，其余在下季支付。20×7年年初，两种材料应付采购账款为9 400元。

（4）该公司流通环节只缴纳增值税，增值税税率为13%，采用常规法估算应交增值税，并于实现销售的当季用现金完税；附加税费率为10%，假定全年预缴所得税60 000元，按季平均预缴。

（5）该公司生产产品的单位工时定额为4小时，小时工资率为5元。职工福利费率控制标准为14%。

（6）该公司在编制预算时采用变动成本法，变动性制造费用按各种产品直接人工工时比例分配，除折旧费以外的各项制造费用均以现金支付。该公司预计变动性制造费用项目有：间接材料9 000元；间接人工8 600元；维修费6 832元；水电费6 300元；其他4 100元。预计固定性制造费用项目有：管理人员工资及福利费8 000元；折旧费17 000元；办公费5 500元；保险费5 300元；其他3 000元。

（7）预计单位变动性销售费用项目如下：销售佣金0.90元、交货运输费0.80元、其他0.20元。变动性制造费用总额按销量计算。预计固定性销售费用项目如下：管理人员工资及福利费6 000元、广告费15 000元、保险费5 000元、折旧费600元、其他2 000元。

（8）预计管理费用项目如下：公司经费5 000元、工会经费1 100元、董事会费1 000元、折旧费1 100元、无形资产摊销费900元、职工培训费600元、其他800元。

（9）该公司20×7年年初现金余额为5 500元，该年购买设备138 000元，各季支付数分别为56 000元、10 000元、34 000元、38 000元。预计每季度支付投资者股利2 500元。第二季度发行普通股20 000元。第四季度发行公司债券30 000元，利率为14%。该公司现金余额最低应保持6 000元，最高为6 600元。当现金不足时向银行借款，多余时归还借款。借款在季初，每季末支付本期利息；归还借款本金在季末。该公司计划借款情况如下：第一季度短期借款51 000元，借款利息率为10%，从第二季度开始分三季等额偿还；第三季度短期借款22 000元，从第四季度开始分两季等额偿还，借款利息率为12%；计划第一季度购买3 000元有价证券，以后各季度分别购买1 000元、3 000元和4 000元。

要求：（1）编制经营预算（不用编制产品成本预算和期末存货预算）和现金预算（计算结果保留到整数位）。

（2）计算年末应收账款余额和应付账款余额。

六、案例

宏大计算器有限公司销售费用预算的变革

宏大计算器有限公司为计算器行业中的大型公司。该公司生产一系列电子计算器，通过各地分公司销售给批发商与零售商。同时，公司对国有企业及大型工业用户采取直营方式。

张文应聘进入宏大计算器有限公司担任生产部门副总经理，两年后升任该公司的总裁。张文上任后不久，对该公司销售费用的有关控制有所不满，因此与公司财务总监会谈多次，商讨有关公司预算控制问题，要求财务总监重新设计一套制度来控制这些成本支出。

过去，该公司的销售费用依据固定或分摊基础编制预算。每年10月份，会计部门会给各分公司经理及销售部门主管报送有关上一年度费用支出及截至目前的当年费用支出统计资料，各分公司经理根据这份资料及来年的销售预估及本身的判断，提出次年部门销售费用预测，这些资料再送交行销经理李双，由其审查是否合理并作必要的修改，通过与分公司经理研讨并调整差异后，将各销售部门费用预算汇总成一份销售费用总预算，再提交预算委员会作最后核准。为了达到控制的目的，该预算被平均分至每一个月份，以便将各月的实际发生数与预算数进行对比。

A分公司20×7年10月销售费用预算报告（旧制度）见表11-2。

表11-2　A分公司20×7年10月销售费用预算报告（旧制度）　单位：元

项　目	本　月		
	实　际	预　算	差　异
办公人员薪资	2 864	2 900	-36
销售人员薪资	26 100	31 000	-4 900
差旅费	6 254	6 840	-586
文具及其他耗材	1 780	2 084	-304
邮资	524	460	+64
电力	174	268	-94
会费	224	300	-76
捐赠	—	250	-250
广告费	5 400	5 800	-400
税捐	2 276	2 606	-330
租金	1 950	1 950	0
折旧	1 524	1 524	0
其他	4 852	5 102	-250
合　计	53 922	61 084	-7 162

公司认为这种预算编制方法存在缺陷，总裁希望将销售费用分为固定与变动两部分来制定预算。财务总监赞成并接受了这一任务，开始着手研究销售费用的合理设定方式。

财务总监认为固定性销售费用可以根据最低可能销量下的费用支出求算，因此他要求行销经理找出公司最低销量及该数量下的费用支出。行销经理根据助理人员提供的资料，总结得出公司最低销量不会低于工厂现有生产能力的65%。

财务总监在此基础上计算该销量下应有的费用支出，如薪金、广告费、分公司管理费和耗材等费用。对于变动性销售费用的估计以每元销售收入为基础，他知道此衡量基础存在一定缺陷，如订单大小、销售区域难易有别和购买者心理等都会对成本产生影响，但由于资料容易获得，他仍然决定采取此衡量基础，他相信随销量调整的预算一定比一成不变的预算更佳。财务总监根据往年资料，利用线性回归导出许多成本项目与销量间的函数关系，再以这些方程式估算变动性销售费用。从历史资料求得的方程式，加上各成本的未来判断，定出各费用项目的单位变动成本，并在此基础上，依据成本性态分析模型计算生产能力为65%时的固定成本。他认为，依据新制度测试时可以修正单位变动成本和固定成本。次年的销售费用预算可以根据新标准固定成本加上变动成本得出。这份预算提交审核委员会审查其可行性，经修改后核准实施。

按照财务总监的设想，A分公司20×7年10月销售费用预算报告（新制度）见表11-3。

表11-3　**A分公司20×7年10月销售费用预算报告（新制度）**　单位：元

项　目	弹性预算		本　月		
	固　定	变　动	实　际	预　算	差　异
销售净额			522 000	522 000	0
主管薪资	5 000	—	5 000	5 000	0
办公人员薪资	278	0.0082	5 728	4 558	+1 170
销售人员薪资	—	0.1	52 200	52 200	0
差旅费	1 136	0.0174	12 508	10 219	+2 289
文具及其他耗材	564	0.0052	3 120	3 278	−158
邮资	94	0.0012	917	720	+197
电力	268	—	180	268	−88
会费	20	0.001	485	542	−57
捐赠	40	0.0006	—	3 172	−3 172
广告费	70	0.02	13 700	12 510	+1 190
税捐	354	0.0072	4 200	4 112	+88
租金	1 950	—	1 950	1 950	0
折旧	1 524	—	1 524	1 524	0
其他	636	0.0152	8 690	8 570	+120
合　计	11 934	0.176	110 202	108 623	+1 579

一位销售主管认为，编制这种预算无疑是在浪费时间。

依据上述资料，请回答以下问题：

（1）该公司过去的预算存在哪些缺点？

(2) 财务总监设想编制的销售费用预算是否存在不妥的地方？如果有，如何修正？

七、参考及阅读书目

[1] 安效．供水厂全面预算管理编制工作启动 [N]．太钢日报，2003-09-30.

[2] 吴大军．管理会计 [M]．北京：中央广播电视大学出版社，1999.

[3] 余绪缨．管理会计 [M]．北京：首都经济贸易大学出版社，2004.

[4] 杨文安．管理会计原理与个案 [M]．上海：上海财经大学出版社，2002.

[5] 王立彦，刘志远．成本管理会计 [M]．北京：经济科学出版社，2000.

[6] 余绪缨，王怡心．成本管理会计 [M]．上海：立信会计出版社，2004.

[7] 李贺，李小光，赵刘磊，等．管理会计：理论·实务·案例·实训 [M]．上海：上海财经大学出版社，2020.

[8] 冯巧根．管理会计 [M]．4版．北京：中国人民大学出版社，2020.

[9] 温素彬．管理会计：理论·模型·案例 [M]．3版．北京：机械工业出版社，2019.

[10] 崔婕，等．管理会计 [M]．2版．北京：清华大学出版社，2020.

[11] 吴大军．管理会计 [M]．7版．大连：东北财经大学出版社，2023.

第十二章　成本控制（上）

一、学习目的与要求

本章的学习目的是使学生在了解成本控制基本原理的基础上，熟悉产品生产前的成本控制方式，熟悉战略成本控制和设计阶段成本控制的基本思想，理解战略分析和战略决策的内容，熟悉设计阶段目标成本确定与分解的方式，以及价值工程分析方法在产品设计阶段的应用原理。

通过本章的学习，学生应一般了解成本控制的概念、种类、程序以及产品生产前成本控制的重要性；掌握成本控制的原则；掌握产品生产前的成本控制方式及各种方式的基本思想；掌握战略分析及战略决策的内容，掌握产品设计阶段目标成本的确定及分解方式、设计成本的预测方式和价值工程分析方法在产品设计阶段的应用。

二、预习要览

（一）关键概念

1. 成本控制　　2. 事前成本控制
3. 事中成本控制　　4. 事后成本控制
5. 绝对成本控制　　6. 相对成本控制
7. 直接成本控制　　8. 间接成本控制
9. 技术成本控制　　10. 管理成本控制
11. 战略成本控制　　12. 战略分析
13. 价值链　　14. 竞争能力分析
15. 客户价值链　　16. 供应商价值链
17. 竞争对手价值链　　18. 产业价值链
19. 战略成本动因　　20. 战术成本动因
21. 结构性成本动因　　22. 执行性成本动因

23. 低成本战略　　24. 目标成本

25. 功能评价系数　　26. 直接测算法

27. 概算法　　28. 分析法

29. 价值系数

（二）关键问题

1. 什么是成本控制？

2. 请说明成本控制的对象、特点及要求各是什么。

3. 成本控制分类的标志有哪些？最基本的成本控制分类标志是哪一个？成本控制包括哪些种类？

4. 实施成本控制应遵循哪些原则？具体包括哪些实施步骤？

5. 什么是战略成本控制？如何进行战略成本控制？

6. 什么是设计阶段的成本控制？如何进行产品设计阶段的成本控制？

7. 战略分析的方法包括哪些？

8. 如何确定设计阶段的目标成本？

9. 设计阶段目标成本的分解方法有哪些？

10. 设计阶段目标成本的计算方法有哪些？

11. 什么是价值工程分析？其特点及步骤如何？

三、本章重点与难点

狭义的成本控制是指对生产阶段产品成本的控制，即运用一定的方法对产品生产过程中构成产品成本的所有耗费，进行科学严格的计算、限制和监督，将各项实际耗费限制在预先确定的预算、计划或标准的范围内，并通过分析造成实际脱离计划或标准的原因，积极采取对策，以实现全面降低产品成本目标的相关会计活动或行为的总称。它属于传统成本控制。

广义的成本控制是指对企业生产经营全过程的控制，即运用一切可能采用的方法或手段，对产品投产前、生产过程中以及生产结束后实施全面成本控制的相关管理活动或行为的总称。广义的成本控制是当今所推崇的成本控制概念，在空间上渗透到了企业的各个方面，在时间上贯穿了企业生产经营的全过程，在人员上涉及企业的各类人员，它是一个能够使企业不断持续降低成本的全面成本控制体系。

成本控制的对象是企业价值链。企业价值链既涉及企业外部的上下游单位，又涉及企业的内部，包括对供应商、客户、企业三者的控制。对上述所有空间范围都可以实现事前成本控制、事中成本控制和事后成本控制的思想和方式的有机结合，从而实施全方位的成本控制。

成本控制的特点为：全员性、全面性、连续性、系统性、灵活性。

成本控制的内容具有多样性。从成本项目看，包括直接材料控制、直接人工控制、制造费用控制、期间费用控制等；从产品本身看，包括产品成本控制、质量成本控制等；从资产项目看，包括现金控制、应收账款控制、存货控制、固定资产控制等。从管理会计的角度看，只包括成本项目控制、产品成本控制、质量成本控制、存货控制等，不包括现金控制、应收账款控制以及固定资产控制等日常控制内容。

成本控制可按不同的标志进行分类，包括：（1）按其实施的时间特征，可分为事前成本控制、事中成本控制和事后成本控制三类；（2）按其控制的手段，可分为绝对成本控制和相对成本控制两类；（3）按其控制的对象，可分为产品成本控制和质量成本控制两类；（4）按其控制的人员，可分为技术成本控制和管理成本控制两类。

在全方位成本控制体系中，最基本的成本控制分类标志是基于实施时间的划分。与此相适应，成本控制的方式可分为事前成本控制方式与事中和事后成本控制方式两类。前者包括战略成本控制、设计阶段目标成本控制和全面预算控制等；后者包括标准成本控制、质量成本控制、存货成本控制和作业成本控制等。

实施成本控制应遵循的原则有：及时反馈原则、权责利相结合原则、因地制宜原则和成本效益原则。

成本控制的程序为：（1）提出成本控制的目标；（2）分解落实控制的目标；（3）制定实现成本控制目标的措施；（4）进行事中控制；（5）计算差异并分析原因；（6）评价激励与总结。

战略成本控制是指企业进行战略规划时，在对特定成本因素开展战略分析的基础上，进而实施战略决策的控制手段，具体包括战略分析和战略决策两项内容。

战略分析是指企业围绕价值链、竞争能力、战略成本动因等一系列环节展开的分析，包括价值链分析、竞争能力分析、战略成本动因分析等具体内容。

价值链分析是指以企业的内部价值链和外部价值链为基础而展开的相关价值分析，包括内部价值链分析和外部价值链分析两项具体内容。

价值链分析的意义在于：通过分析构成价值链主要节点的各种活动对企业价值的影响，有助于将分析的视野由企业内部拓展到企业的上下游、产业、竞争对手，以及作业，进而实现企业内部价值链与外部价值链的全方位优化。

企业内部价值链分析，是指企业内部各项经营活动对价值创造的影响分析，包括企业整体价值链分析、内部业务单元价值链分析和业务单元内部价值链分析三项具体内容。

企业整体价值链分析，是指能够贯穿企业始终的、完整的各项活动对企业价值创造的影响分析，具体包括供应商价值链分析和客户价值链分析，通过分析企业与供应商、客户之间的协作关系，以期达到相互结为战略联盟，稳定供应商与客户，持续降低成本的目的。

内部业务单元价值链分析，是针对企业内部的产品研发、供应、生产和销售等各个环节对企业价值创造的影响而开展的分析。

业务单元内部价值链分析，是指围绕特定业务单元的内部活动对企业价值创造的影响而开展的分析。内部业务单元价值链分析和业务单元内部价值链分析统称为作业链价值分析。

企业外部价值链分析，是指企业对与其紧密联系的外部行为主体对本企业价值的影响而开展的分析，包括产业价值链分析和竞争对手价值链分析。

产业价值链分析是指对整个产业链条进行的纵向价值分析，故又称纵向价值链分析，其主要分析指标是产业链中相关环节上的平均投资收益率。所谓产业价值链，是指从产业的最初原料开发开始，经过若干个不同产品的生产环节，直至最终产品被用户消费结束全部过程构成的完整产业链条，任何企业的价值链都是产业价值链中的一部分（或全部）。

竞争对手价值链分析也称为横向价值链分析，是指对同类性质企业之间相互作用而开展的分析，主要分析这些企业的产品价格与数量、技术与开发、采购与销售、服务、成本等参数或重要影响因素。竞争对手价值链由与本企业性质相同的其他企业所组成，这些企业之间的关系实质为竞争关系。

企业的竞争能力分析，是指企业在对内部和外部环境及自身全面审视的基础上，确定企业在供应、销售等方面是否具有竞争力的分析。具体分析内容包括：对比内部资源、分析进入者的障碍、分析退出者的障碍、分析替代产品的威胁、分析供应商的讨价还价能力、分析顾客的讨价还价能力。

战略成本动因分析，是指围绕不同战略对企业成本结构所产生影响而开展的分析。它的产生给传统成本控制观念带来了重大变革。

与战略决策活动相关的成本驱动因素，就是所谓的战略成本动因；与生产经营活动相关的成本驱动因素，则称为战术成本动因。

从影响战略成本动因的因素看，可将战略成本动因区分为结构性成本动因和执行性成本动因（又称“操作性成本动因”）。前者受到“与企业基础经济结构有关的驱动因素”的影响，包括规模、范围、经验、技术和厂址等；后者则受那些“在既定基础经济结构前提下与具体操作过程有关的驱动因素”的影响，包括员工的参与感、全面质量管理、生产能力模式、工厂布局、产品设计、关系等。

执行性成本动因能够决定产品的生产或组织形式，但与直接的生产过程无关。

结构性成本动因与执行性成本动因的共性在于：都与企业的战略决策有关，是产品生产前出现的成本驱动因素，对生产中的成本高低有直接的影响。两者的区别在于：出现的先后顺序不同、影响的层面不同、影响程度不同。

为了寻求有效降低成本的途径，必须合理识别战略成本动因与战术成本动因。二者的联系为：都有隐蔽性、都与降低成本相关、都有助于企业的长期发展。二者的区别为：发生的时点不同；表现的计量性不同；起因不同。

管理会计的战略决策，是指从战略的角度综合考虑价值链分析、竞争能力分析和战略成本动因分析的结论而进行的决策，包括是否实施低成本的决策、日常经营决策和生产决策等内容。

低成本战略是一种典型的竞争战略，它的优势明显，但风险较大，必须考虑是否具备进行战略决策的四大条件后方可实施；基于战略的日常经营决策包括：扩张还是挖潜的决策、提价还是降价的决策。基于战略的生产决策需要将价值链、竞争能力分析和战略动因引入一般的生产决策。

设计阶段目标成本控制，是指在产品设计过程中，以目标成本为控制目标，将产品的设计成本控制在目标成本范围内的一种成本控制方法。该法从降低产品设计成本入手，避免成本的先天缺陷。

设计阶段目标成本控制的步骤为：（1）设计产品；（2）设定目标成本；（3）分解目标成本；（4）计算设计成本；（5）确定成本改进对象并采取措施；（6）目标达成。

在目标成本控制体系下，设计人员必须更新观念，不仅要设计出性能良好的产品，而且要考虑产品生产和使用的经济性，对产品生命周期成本实施控制。

设计阶段目标成本的测算方法有：倒推预测法、选择预测法和比率预测法等。

产品设计方案完成后，还需要根据产品的设计图纸测算产品的设计成本，它反映新产品正常投产后的成本。可采用的测算方法有：直接测算法、概算法和分析法。

价值工程分析（即产品功能成本分析）可以应用于设计阶段目标成本控制。价值工程分析是以分析产品的零部件应具有的功能为出发点，力求以最低最合理的成本代价来保证产品必要功能得以实现的一种技术经济分析方法。其理论依据是，产品功能决定产品成本的水平，功能高，成本就高；反之，就低。利用价值工程分析可以有效地将产品的设计成本控制在目标成本的范围内。

四、主要公式

客户盈余的计算公式如下：

客户盈余=销售净收入-销售成本-直接期间成本-作业分入的期间成本

其中：销售净收入=销售收入-销售折扣-销售折让

倒推预测法预测目标成本的计算公式如下：

单位目标成本=预计售价×（1-税金及附加税费率）-目标利润

比率预测法预测目标成本的计算公式如下：

$$单位产品目标成本=\frac{产品预计价格\times(1-税金及附加税费率)}{1+成本利润率}$$

根据功能评价系数进行目标成本分解时，功能评价系数的计算公式如下：

$$功能评价系数=\frac{某一零部件得分}{全部零部件得分合计}$$

概算法预测新产品设计成本的计算公式如下：

$$产品设计成本=\frac{原材料成本}{1-同类产品人工成本和制造费用占总成本的百分比}$$

如果直接人工成本占比较大，概算法预测新产品设计成本的计算公式如下：

$$产品设计成本=\frac{原材料成本+人工成本}{1-同类产品制造费用占原材料及人工成本的百分比}$$

价值工程分析在设计阶段目标成本控制中应用时，价值系数的计算公式如下：

$$价值系数=\frac{功能系数}{成本系数}$$

五、练习题

（一）单项选择题

1.下列各项中，属于成本控制对象的是（　　）。

A.生产过程　　B.经营过程

C.企业价值链　　D.企业作业链

2.以成本控制与被控制对象的关系为标志，可将成本控制划分为（　　）。

A.绝对成本控制和相对成本控制

B.直接成本控制与间接成本控制

C.技术成本控制和管理成本控制

D.事前、事中、事后成本控制

3.企业采用的成本控制方法必须针对自身的具体情况，切不可生搬硬套。该项成本控制原则是指（　　）。

A.因地制宜原则　　B.责权利相结合原则

C.及时反馈原则　　D.成本效益原则

4.企业的战略规划与产品成本的高低密切相关，对产品投产前实施成本控制较生产过程中的成本控制更加重要，因为经验表明：在产品生产开始之前，约束性成本就已经形成，大致占产品成本的（　　）。

A.70%或75%　　B.60%或70%

C.15%或20%　　D.80%或85%

5.如果企业试图通过避免直接竞争来取得成功，则其采用的战略是（　　）。

A.集聚战略　　B.差异化战略

C.低成本战略　　D.竞争优势战略

6.下列表述中，与管理学中著名的“鲸鱼曲线”说法一致的是（　　）。

A. 企业70%的利润往往是由30%的客户创造的

B. 企业80%的利润往往是由30%的客户创造的

C. 企业80%的利润往往是由20%的客户创造的

D. 企业90%的利润往往是由10%的客户创造的

7.在管理会计中，竞争对手价值链分析也称为（　　）。

A.横向价值链分析　　B.纵向价值链分析

C.综合价值链分析　　D.企业价值链分析

8.在基于战略的日常经营决策中，贡献边际率低的企业应该选择的策略是（　　）。

A.降低产品价格　　B.提高产品价格

C.提高产品成本　　D.降低产品销量

9.下列各项中，属于纵向价值链分析主要指标的是（　　）。

A.销售净利率　　B.销售毛利率

C.投资收益率　　D.净资产利润率

10.实施战略决策的结果会影响产品的（　　）。

A.成本结构　　B.销量

C.总成本水平　　C.售价

11.与企业基础经济结构有关的成本驱动因素称为（　　）。

A.执行性成本动因 B.结构性成本动因

C.资源成本动因 D.作业成本动因

12.下列各项中，全面质量管理能够影响（ ）。

A.资源成本动因 B.作业成本动因

C.执行性成本动因 D.结构性成本动因

13.在比率预测法下，下列算式中结果等于产品设计阶段的单位目标成本是（ ）。

A. 产品价格×（1-税金及附加税费率）÷（1-成本利润率）

B. 产品价格×（1-税金及附加税费率）÷（1+成本利润率）

C. 产品价格+（1-税金及附加税费率）÷（1+成本利润率）

D. 产品价格×（1-成本利润率）÷（1+税金及附加税费率）

14.产品设计阶段方案完成后，运用概算法计算产品设计成本的算式为（ ）。

A. 原材料成本÷（1+同类产品人工成本和制造费用占总成本比重）

B. 原材料成本×（1-同类产品人工成本和制造费用占总成本比重）

C. 原材料成本×（1+同类产品人工成本和制造费用占总成本比重）

D. 原材料成本÷（1-同类产品人工成本和制造费用占总成本比重）

15.如果对产品设计阶段实施成本控制，则决定控制范围的是（ ）。

A.定额成本 B.标准成本

C.计划成本 D.目标成本

16.下列预测方法中，需要根据设计方案的技术定额，直接测算新产品或改造老产品设计成本的是（ ）。

A.比率预测法 B.直接测算法

C.概算法 D.分析法

17.下列系数中，反映每一元产品成本能够获得产品功能的是（ ）。

A.成本系数 B.质量系数

C.功能系数 D.价值系数

18.下列方法中，需要根据成本利润率来测算单位产品目标成本的是（ ）。

A.变动成本法 B.倒推预测法

C.比率预测法 D.选择预测法

19.价值工程分析的核心就是对产品进行（　　）。

A.功能分析　　B.工程分析

C.价值分析　　D.成本分析

20.在价值工程分析中需要计算的指标是（　　）。

A.贡献边际率　　B.价值系数

C.投资收益率　　D.成本利润率

（二）多项选择题

1.下列各项中，属于事前成本控制方式的有（　　）。

A.战略成本控制　　B.全面预算控制

C.存货控制　　D.标准成本控制

E.设计阶段目标成本控制

2.下列各项中，属于成本控制特点的有（　　）。

A.系统性　　B.全面性

C.连续性　　D.全员性

E.灵活性

3.下列各项中，属于成本控制原则的有（　　）。

A.及时反馈原则　　B.责权利相结合原则

C.因地制宜原则　　D.成本效益原则

E.谨慎性原则

4.下列各项中，应纳入成本控制的人员有（　　）。

A.财务人员　　B.生产工人

C.技术人员　　D.管理人员

E.高层领导

5.下列各项中，属于成本控制按控制的手段分类的有（　　）。

A.事前成本控制　　B.事中成本控制

C.事后成本控制　　D.绝对成本控制

E.相对成本控制

6.从成本项目看，成本控制的内容包括（　　）。

A.直接材料控制　　B.直接人工控制

C.制造费用控制　　D.管理费用控制

E.产品成本控制

7.下列各项中，属于战略成本控制内容的有（　　）。

A.战略分析　　B.战略决策

C.战略规划　　D.战略定位

E.战略评价

8.下列各项中，不属于战略分析内容的有（　　）。

A.价值链分析　　B.竞争能力分析

C.产品成本分析　　D.战略成本动因分析

E.是否实施低成本战略决策

9.在进行价值链分析时，下列项目中应纳入分析对象的有（　　）。

A.企业的上游　　B.企业的下游

C.企业的作业　　D.企业所处的产业

E.企业的竞争对手

10.下列项目中，属于成本控制中战略决策内容的有（　　）。

A.是否实施低成本的战略决策

B.是否实施差异化的战略决策

C.是否实施集聚一点的战略决策

D.基于战略的日常经营决策

E.基于战略的生产方式决策

11.在分析企业竞争能力时，需要分析的内容包括（　　）。

A.内部资源　　B.退出的障碍

C.进入者的障碍　　D.替代产品的威胁

E.供应商的讨价还价能力

12.企业内部价值链分析包括（　　）。

A.企业整体价值链分析　　B.内部业务单元价值链分析

C.竞争对手价值链分析　　D.业务单元内部价值链分析

E.产业价值链分析

13.下列各项中，属于产业价值链分析内容的有（　　）。

A.竞争能力分析　　B.战略定位分析

C.投资收益率分析　　D.成本动因分析

E.产品生产合理配合分析

14.下列各项中，属于结构性成本动因的影响因素的有（　　）。

A.规模　　B.范围
C.产品设计　　D.工厂的布局
E.厂址

15.下列各项中，能反映结构性成本动因与执行性成本动因区别的有（　　）。
A.出现的先后顺序不同　　B.影响的层面不同
C.影响程度要求不同　　D.计量属性不同
E.作用结果不同

16.下列各项中，能反映战略成本动因与战术成本动因区别的有（　　）。
A.发生的时点不同　　B.表现的计量性不同
C.控制的范围不同　　D.作用结果不同
E.起因不同

17.下列各项中，属于产品设计阶段目标成本预测方法的有（　　）。
A.倒推预测法　　B.直接测算法
C.比率预测法　　D.选择预测法
E.概算法

18.在产品设计方案完成后，测算产品设计成本的方法有（　　）。
A.价值系数法　　B.标准成本法
C.直接测算法　　D.概算法
E.分析法

19.在对产品设计阶段目标成本进行分解时，可采用的分解方法有（　　）。
A.按成本项目占比分解　　B.按成本费用种类分解
C.按产品组成分解　　D.按产品性质分解
E.按制造过程分解

20.在计算价值系数时，需要考虑的系数有（　　）。
A.产品系数　　B.功能系数
C.价格系数　　D.成本系数
E.销量系数

（三）判断题

1. 广义成本控制不仅关注生产过程的成本控制，而且关注产品投产前和生产结束后的成本控制，它是当今所推崇的成本控制概念。（　　）

2. 厉行节约属于绝对成本控制，是传统控制理念，目前不应采用。（　　）

3. 与事前成本控制相比较而言，事中和事后成本控制更重要。（　　）

4. 每一个会计期末都应该计算并区分可控差异和不可控差异，并分析所有成本差异出现的原因。（　　）

5. 企业降低成本必须从成本形成的生产过程入手，将成本控制的重心由产品生产过程中的事中控制转移到产品投产前的事前成本控制上。（　　）

6. 内部业务单元价值链分析以及业务单元内部价值链分析涉及的是作业链分析，与供应商和销售商的分析无关。（　　）

7. 供应商价值链分析与对客户价值链分析的分析原理基本相同，它们都属于企业外部价值链分析。（　　）

8. 企业的价值链分析又称竞争能力分析，旨在通过分析判断企业所处行业的竞争强度。（　　）

9. “鲸鱼曲线”的分析结果表明，客户越多越好。（　　）

10. 战略成本动因分析旨在分析不同战略可能对成本要素产生的影响，进而对成本项目可能产生的影响。（　　）

11. 工厂布局属于执行性成本动因的影响因素。（　　）

12. 通过对战略成本动因和战术成本动因的识别，可以寻找企业降低成本的有效途径。（　　）

13. 执行性成本动因影响的是企业效率，其程度越高越好。（　　）

14. 战术成本动因难以计量，而战略成本动因可以计量。（　　）

15. 实务中结合战略分析进行日常生产决策没有统一的模式可循，但分析中考虑的因素基本相同。（　　）

16. 从成本分解的科学性来讲，按零部件成本所占比重分解的目标成本体现了产品功能与成本的关系，因而更具有科学性。（　　）

17. 产品设计阶段可以通过制定目标成本控制其先天成本的高与低。（　　）

18. 产品设计阶段目标成本的估算方法与产品设计成本的估算方法相同。（ ）

19. 要进行设计阶段产品目标成本控制，应首先确定产品的目标成本，然后再估算设计成本。（ ）

20. 如果价值系数大于1，说明零部件的功能较大或成本较低，这种状态比较理想，该种零部件的成本具有上升的空间。（ ）

（四）计算分析题

1. 已知：某公司生产甲、乙两种产品，两种产品的销售收入均为100万元，产品的销售成本均为70万元，但是成本结构不同，有关资料见表12-1。

表12-1 **两种产品的成本结构** 金额单位：万元

项目	甲产品	乙产品
销售收入	100	100
单位变动成本	60	40
固定成本	10	30
税前利润	30	30
贡献边际率	40%	60%

假定两种产品的销量都增长15%，或两种产品的固定成本都降低5万元。

要求：分别按两种措施计算两种产品的利润及利润变动率，并对计算结果进行分析。

2. 已知：某企业准备开发新产品A，经市场调研确定该产品的目标售价为3 000元，成本利润率为30%，按照规定企业需要缴纳的税金及附加税费率为10%。如果该产品投产后，预计每件发生原材料成本1 500元，经过调研可知，生产类似该产品的直接人工、制造费用两个成本项目所占比重分别为10%、15%。

要求：分析该新产品是否可以直接投入生产。

3. 已知：某公司生产的新产品乙由六种零部件构成，目前的设计成本为1 600元，目标售价定为1 875元，税金及附加为售价的10%，目标销售利润率定为10%。A、B、C、D、E、F六种零件采用分析法确定的设计成本分别为270元、260元、200元、400元、150元、320元，采用价值工程分析法对这些零件进行的功能评分结果见表12-2。

表12-2　　乙产品各零件的功能评分表

零件名称	A	B	C	D	E	F	得分累计
A	×	1	1	0	1	0	3
B	0	×	1	0	1	1	3
C	0	0	×	0	1	1	2
D	1	1	1	×	0	0	3
E	0	0	0	1	×	0	1
F	0	1	1	0	0	×	2
合计							14

要求：确定成本的降低对象及成本降低额。

4.已知：某公司生产甲产品有三个方案可供选择，三个方案估算的单位成本分别为110元、120元、100元。这三个方案的评分结果见表12-3。

表12-3　　三个方案的评分结果

方案	可靠性	生产复杂性	操作方便性	保养难易性	安全性
方案一	7	8	8	7	9
方案二	9	7	9	8	9
方案三	7	8	6	8	6

要求：运用价值工程分析法选择最佳方案。

六、案例

案例12-1　海天公司开发的A型涂料

海天公司计划开发一种A型涂料，公司设计人员经过几个月的攻关，终于设计出一个生产A型涂料的甲配方。公司通过市场调查，发现A型涂料具有竞争性的市场价格为0.50元/千克，公司设计阶段的目标利润为0.25元/千克。将这个信息反馈给设计部门，设计人员对A型涂料现有的甲配方进行认真研究，结合开展价值工程，发现现有的甲配方使A型涂料耐高温性能过剩，而悬浮稳定性却略显不足。设计人员在保证A型涂料必要功能的前提下，改进配方，设计出新的乙配方。甲、乙两种配方资料见表12-4。

表12-4　　**甲、乙两种配方资料**

甲配方			乙配方		
原料	所占比重	单价（元/千克）	原料	所占比重	单价（元/千克）
清铅粉	35%	0.45	清铅粉	15%	0.45
黑铅粉	45%	0.18	黑铅粉	80%	0.18
黏土	14%	0.05	膨润土	5%	0
糖浆	6%	1.00			

依据上述资料，请回答以下问题：

（1）A型涂料能否正式投产？

（2）A型涂料应采用哪种配方？

案例12-2　海天“冰茶”的陨落

人们记忆中的海天“冰茶”是1993年以一个供销社为基础发展起来的饮料巨头，初期发展迅猛。1995年，海天的销售额达到5 000万元。1996年，这个数字骤然升至5亿元，翻了10倍。在市场销售最高峰的1998年，海天的销售额达到了30亿元。短短几年间，海天集团一跃成为中国茶饮料市场的龙头老大。

海天的成功引来了众多跟风者。康师傅、统一、可口可乐、娃哈哈等品牌的一群“冰红茶”“冰绿茶”相继出现在消费者面前。海天“冰茶”的独家生意很快就被分食、弱化了。2001年，海天的市场份额从最初的70%跌至30%，销售额也随之大幅下降。

伴随着产品先行者的优势被削弱，管理上的问题也越来越多地暴露出来。据介绍，在渠道建设方面，无论进入哪一个城市，无论什么职位，海天集团都从本部派遣人员。但是，管理这些网点的制度规范却很滞后，总部与网点之间更多的是激励机制，少有约束机制。

海天集团实行按照回款多少来考核工作业绩的制度。有报道说，有些从集团派出的业务人员为了达到考核要求，私自与经销商商定：只要你答应我的回款要求，我就答应你的返利条件；可以从集团给你要政策，甚至允许你卖过期产品。更有些业务人员，其主要精力除了放在催款和许诺上，就是和经销商一起坑骗企业。

面对如此严峻的形势，海天集团开始了变革。变革的力度可以用“大破大立”来形容：

第一步是企业高层大换血。目标是将原来粗放、经验主义的管理转为量化、标准化管理。集团引进了30多位博士、博士后和高级工程师，开始接手战略管理、市场管理、品牌策划和产品研发方面的工作。

第二步是把1 000多名一线的销售人员重新安排到生产部门，试图从平面管理向垂直管理转变。集团总部建立了物流、财务、技术三个垂直管理系统，直接对大区公司进行调控，各大区公司再对所属省级公司进行垂直管理。这是集团成立以来最大的一次人员调动。

第三步是把集团的组织结构重新划分为五大事业部，包括饮料事业部、冰茶红酒事业部、茶叶事业部、资本经营事业部和纺织及其他事业部，实现多元化经营。

令人意想不到的是，大刀阔斧的变革并没有让产品的市场表现有所好转，相反，组织内部却先乱了起来。

在“空降兵”进入集团并担任要职后，新老团队之间的隔阂日益加深。由于公司最初没有明确的股权认证，大家都不愿意自己的那一份被低估，元老们心里想的是“当初我的贡献比你大”，而新人则认为“今天我的作用比你大”。同时，1 000多名一线业务人员被调回生产部门，不仅关系到个人利益的重新分配，而且关系到销售渠道的稳定性和持续性。于是，矛盾不可避免地尖锐起来，企业出现了混乱。自2001年，海天的业绩开始明显下滑，2002年下半年，海天停止销货。一度风光无限的“海天”渐渐成为人们脑海中的一个回忆。

依据上述资料，请回答以下三个问题：

（1）分析海天集团进行战略调整的动因。

（2）你认为海天集团战略调整失败的原因有哪些？

（3）假如你是海天集团的决策人，你会如何进行战略调整？

案例12-3 上海汽车齿轮总厂的经营战略

上海汽车齿轮总厂是目前国内最大的变速器生产企业，各项技术经济指标在全国同行中居领先地位，连续3年获得德国大众质量体系评审A级，并于1994年通过了ISO9002质量认证，而国内其他齿轮厂无论是生产规模还是技术水平都达不到上海大众汽车有限公司对齿轮产品的要求。

该公司主要生产桑塔纳轿车变速器，其主要原材料为优质合金钢材，其中大部分由上海第五钢铁集团有限公司等国内钢铁企业提供，剩余部分从国外进口，因此该类钢材的价格以及是否能够及时供应将会影响公司的生产经营。

公司生产的变速器，主要供应给上海大众汽车有限公司，与桑塔纳轿车配套。上海大众汽车有限公司对该产品的需求量也将直接影响该公司的生产经营。

由于该公司生产的变速器主要与桑塔纳轿车配套，因此桑塔纳轿车市场价格的高低也会对公司所产变速器的价格产生间接影响。目前国内轿车市场已逐步变为买方市场，价格竞争日趋激烈，所以公司产品的售价将受到较大限制。

目前全国生产轿车零配件的企业较多，相互之间存在竞争。虽然上海汽车齿轮总厂在行业竞争中占有较大优势，但随着其他厂家不断提高生产水平，可能会对公司形成竞争压力。

依据上述资料，请回答以下问题：

（1）通过该公司的竞争优势分析，确定该公司的经营战略。

（2）通过该公司的价值链分析，确定该公司的竞争战略。

案例12-4 战略管理会计在马伦机械公司投资决策中的应用

马伦机械公司是一家从事金属加工工作的小型公司，主要生产石油勘探用的钻头。巴克尔钻探公司是它的一个重要客户，该客户每年约向马伦机械公司购买8 400个钻头。

某年年初，马伦机械公司考虑对现有的生产机器设备进行更新。该公司现有4台专门为巴克尔钻探公司生产钻头的大型人工车床，每个钻头都要顺次经过这4台车床的加工才能完成，每台车床需要一个熟练工人进行操作。如果用一台自动机器来取代现在的4台车床，那么这台新机器只需要一个熟练的计算机控制员进行操作。现有的4台大型人工车床已经使用了3年，原始成本共计590 000美元。如果每周工作5天，每天两班倒，这4台车床每年可以生产8 400个钻头，有效使用年限为15年，每台车床残值为5 000美元，4台车床已提折旧114 000美元。当初在购置这4台车床时从银行取得了10年期、年利率为10%的贷款，现仍有180 000美元未还。在扣除拆运成本之后，这4台车床现在的最高售价估计为240 000美元。车床清理损失的46%可以作为纳税扣除项目。操作车床的直接人工工资率为每小时10美元，设备的更新不会改变直接人工工资率。新型自动机器将会减少占地面积，从而每年减少以占地面积为分配依据的间接费用15 000美元，但是节约出来的空间很难另派他用。新机器每年还将减少20 000美元的维护费支出，其买价的10%可以作为纳税扣除项目。新机器的购入需要取得银行抵押贷款（年利率为14%），买价为680 000美元。

马伦机械公司用传统的投资决策分析指标（净现值和内部收益率）进行分析评价，在明确以下几个问题的前提下计算的净现值是212 997.93美元、内部收益率是30.41%，明确的问题有：

（1）相关的时间期限为12年；

（2）以占地面积为分配依据的间接费用与决策无关；

（3）筹资的贷款条件与决策无关，包括现存的年利率10%的贷款和购买新设备的年利率14%的贷款；

（4）折旧额为纳税可扣除项目；

（5）清理旧机器的净现金流入用于购买新机器；

（6）旧机器的清理损失为纳税可抵扣项目；

（7）设定折现率为14%。

从分析计算结果来看，显然该项目可行。但该公司又站在战略的高度，对该项目进行定性分析，认为：

（1）如果用新设备替换旧设备，该公司将丧失生产灵活性；

（2）这种替换将影响员工的士气；

（3）旧机器的清理损失127 440美元（236 000×（1-46%））将使当期利润降低20%，从而对管理层造成较大的压力，进而影响公司的形象；

（4）在这样短的时间内更换旧设备，是否意味着3年前的决策错误？

综合分析后，该公司放弃了替代旧机器的决定。

要求：依据上述资料，请回答以下问题：

（1）填列表12-5，并说明该公司是如何计算净现值和内部收益率的。

表12-5　**购买新设备现金净流量分析表**　单位：美元

项　目	辅助计算	金　额
买价		
减：清理旧机器现金流入		
清理损失46%抵税		
账面余额		
售价		
清理损失		
投资额10%抵税		
净买价		
每年节约现金流量		
税前年节约现金净流量		
工资节约（假设全年52周，每班8小时）		
维护费节约		
减：所得税增量		
税前年节约现金流量		
折旧额增量		
应税利润增量		
考虑纳税影响后的年节约现金净流量		

（2）从竞争优势角度分析，该公司应采用低成本战略还是差异化战略？

（3）从价值链角度分析，并结合该公司的定性分析，说明该公司应否替换旧设备。

七、参考及阅读书目

［1］王忠，周剑杰，胡静波．管理会计学教学案例［M］．北京：中国审计出版社，2001.

［2］刘永泽．成本管理［M］．北京：中国财政经济出版社，2003.

［3］欧阳清，杨雄胜．成本会计学［M］．北京：首都经济贸易大学出版社，2003.

［4］余绪缨．管理会计［M］．北京：首都经济贸易大学出版社，2004.

［5］吴大军．管理会计［M］．北京：中央广播电视大学出版社，1999.

［6］李贺，李小光，赵刘磊，等．管理会计：理论·实务·案例·实训［M］．上海：上海财经大学出版社，2020.

［7］冯巧根．管理会计［M］．4版．北京：中国人民大学出版社，2020.

［8］温素彬．管理会计：理论·模型·案例［M］．3版．北京：机械工业出版社，2019.

［9］崔婕，等．管理会计［M］．2版．北京：清华大学出版社，2020.

［10］吴大军．管理会计［M］．7版．大连：东北财经大学出版社，2023.

第十三章　成本控制（下）

一、学习目的与要求

本章的学习目的是使学生了解事中与事后的成本控制方式，熟练应用成本差异的计算分析技巧，了解标准成本控制、质量成本控制、存货成本控制和作业成本控制的概念及目的等，熟悉质量成本控制和存货成本控制的新方法，熟悉作业成本控制的基本原理和价值分析方式。

通过本章的学习，学生应掌握标准成本控制内容和标准成本的制定；重点掌握成本差异的计算及分析应用；掌握质量成本的类型和质量成本控制的内容，明确各种最佳质量成本观念的基本思想；掌握存货成本的构成以及定量和定性控制方法；掌握作业成本控制的内容以及作业链的优化方式。

二、预习要览

（一）关键概念

1. 标准成本控制
2. 标准成本
3. 成本差异
4. 价格差异
5. 用量差异
6. 纯差异
7. 混合差异
8. 可控差异
9. 不可控差异
10. 有利差异
11. 不利差异
12. 质量成本
13. 预防成本
14. 鉴定成本
15. 内部损失成本
16. 外部损失成本
17. 传统质量观
18. 现代质量观
19. 存货成本控制
20. 购置成本
21. 订货成本
22. 储存成本

23. 缺货成本

24. 定性控制方法

25. 定量控制方法

26. 作业成本控制

27. 作业价值分析

28. 资源动因价值分析

29. 作业链的联结价值分析

30. 作业链优化

（二）关键问题

1. 什么是标准成本控制？具体包括哪些内容？
2. 制定标准成本有什么意义？
3. 如何制定标准成本？
4. 实际工作中，对混合差异是怎样处理的？
5. 变动成本中的价格差异有哪些？数量差异有哪些？
6. 固定成本的两差异法与三差异法的内在联系何在？
7. 什么是质量成本？其构成内容有哪些？
8. 如何理解传统质量观和现代质量观的根本分歧？
9. 在传统质量观指导下，应当怎样进行质量成本控制？
10. 在现代质量观指导下，应当怎样进行质量成本控制？
11. 什么是存货成本控制？包括哪些相关概念？
12. 存货定性控制方法有哪些？
13. 如何利用经济采购批量控制法进行存货的定量控制？
14. 什么是作业成本控制？包括哪些内容？
15. 作业成本控制与传统成本控制有什么区别？
16. 作业价值分析包括哪些动因？怎样分析各种动因？
17. 应当从哪些角度采取优化企业作业链的措施？

三、本章重点与难点

事中与事后的成本控制方式包括标准成本控制、质量成本控制、存货成本控制和作业成本控制等具体内容。

标准成本控制，是指围绕相关产品及具体成本项目的标准成本而组织的，能够将成本的前馈控制和反馈控制有机结合的一种成本控制。

标准成本控制的内容包括标准成本的制定、成本差异的计算和成本差异的分析。其中，标准成本的制定与成本的前馈控制相联系；成本差异的计算和成本差异分析与成本的反馈控制相联系。

实施标准成本控制，对于提升成本控制效率、进行经营决策和简化成本核算有一定的积极意义。

标准成本是指按照成本项目反映的、在已经达到的生产技术水平和有效经营管理条件下，应当发生的单位产品成本目标。标准成本与预算成本有明显的区别：前者是一种单位额的概念，与单位产品相联系；后者则是一种总额的概念，与一定的业务量相联系。

标准成本的制定，第一步是分别按生产成本的各个成本项目（直接材料、直接人工和制造费用）制定标准成本；第二步是汇总确定相应产品的标准成本。在制定每个成本项目的标准成本时，需要分别确定其价格标准和用量标准，两者的乘积即为每一成本项目的标准成本。

在实务中，需要编制标准成本卡（或称标准成本单），作为日后核算成本差异的依据。标准成本卡中应能反映特定产品各成本项目的单位标准成本和单位产品的标准成本。

在标准成本制度下，成本差异是指企业在一定时期生产一定数量的产品所发生的实际成本总额与相关的标准成本总额之间的差额。实际成本超过标准成本形成的成本差异称为不利差异（超支差）；实际成本低于标准成本形成的成本差异称为有利差异（节约差）。无论是不利差异还是有利差异，都属于成本差异分析的对象。

进行差异分析，应贯彻例外管理原则，即凡符合例外标志的差异均应纳入分析的范畴，反之则可以忽略。所谓例外是指那些重要的、不正常的、不符合常规的关键性成本差异。应根据成本差异是否具备重要性、一贯性、可控性或特殊性等标志判断其是否属于例外。

成本差异包括产品成本差异、成本项目差异、价格差异和数量差异等类型。其中，产品成本差异称为总差异；价格差异和数量差异称为分差异；而成本项目差异既是总差异，也是分差异。相对于产品而言，成本项目差异就是分差异；相对于数量差异和价格差异而言，成本项目差异就是总差异。

根据产品成本的构成，成本总差异可分为：特定产品的成本差异、直接材料成本差异、直接人工成本差异、变动性制造费用成本差异和固定性制造费用成本差异。其中，特定产品的成本差异等于该产品的四个成本项目差异之和。

成本差异又可进一步分为纯差异和混合差异，西方标准成本制度不单独计算混合差异，而是将其直接并入价格差异之中。

直接材料成本差异是指在实际产量下，直接材料实际总成本与其标准总成本之间的差额。它可以进一步分解为材料价格差异和材料用量差异。

直接人工成本差异是指在实际产量下，直接人工实际总成本与其标准总成本之间的差额。它可以进一步分解为人工价格差异和人工效率差异。

变动性制造费用成本差异是指在实际产量下，变动性制造费用实际发生总额与其标准发生总额之间的差额。它可以进一步分解为耗费差异和效率差异。耗费差异即价格差异，也称开支差异；效率差异即用量差异。

固定性制造费用成本差异，是指在实际产量下，固定性制造费用实际发生总额与其标准发生总额之间的差额。固定性制造费用由于在相关范围内，不受生产能力利用程度高低的影响而固定不变，因此不能编制弹性预算，只能编制固定预算。另外实务中实际发生的固定性制造费用与编制预算时的固定性制造费用常常不相等，因此计算分差异时，只有考虑固定性制造费用预算总额才有意义，由此形成的分差异与变动成本的分差异，在性质上不同。

在两差异法下，固定性制造费用成本差异可以进一步分解为预算差异和能量差异。预算差异也称为耗费差异，或称开支差异。

在三差异法下，固定性制造费用成本差异可以进一步分解为耗费差异、生产能力利用差异和效率差异。两差异法与三差异法的内在联系是：三差异法中的耗费差异与两差异法中预算差异相同；生产能力利用差异与效率差异之和等于两差异法中的能量差异。

质量是指反映或衡量一组固有特性的要求得到某种程度满足的指标。本书的质量是指企业有形的物质产品质量。

质量成本控制是指企业在既定技术经济条件下，依据质量成本控制目标，对产品质量成本的形成和发生施以必要的、积极的影响，及时揭示差异并采取措施，从而实现最佳质量效益的行为活动。

质量成本是指为了保证或提高产品质量所主动支付的相关成本和因

没有达到质量标准而被动发生的各种损失成本。质量成本由预防成本、鉴定成本、内部损失成本和外部损失成本构成，前两项内容是为了保证或提高产品质量而发生的成本，后两项内容则是由于产品不合格而发生的损失成本。

产品质量标准包括设计质量标准和符合质量标准。产品质量标准通常有统一的规定，我国采用的产品质量标准包括：国际标准、国家标准、行业标准和企业标准等。

全面质量管理具有全员性、全过程性、全面性等特点，与之相适应，质量成本控制也具有这三个特征。质量成本控制包括质量成本控制目标的制定、质量成本预算的编制、最佳质量成本水平的确定和日常质量成本的控制等内容。

质量成本控制目标的确定，通常采用较为先进的6σ管理法。

人们对最佳质量成本的理解有不同认识。早期的观点称为传统质量成本观，其基本思想是：允许生产并销售一定数量的缺陷产品，最佳的质量水平应该是可接受的质量水平，如果超出该值，必然会增加成本，企业往往会得不偿失。当下的观点称为现代质量成本观，其基本思想是：任何产品的缺陷都会给企业带来损失，应该消除损失成本。

按传统质量成本观，最佳质量成本可采取边际分析法和合理比例法两种方法来确定；而现代质量成本观提出了零缺陷和健全质量两种模式。

质量成本的日常控制包括：建立质量成本责任控制体系、进行过程控制、编制质量成本差异分析报告、进行质量成本构成和效益分析等内容。

存货成本控制是指按照一定的标准和方法，通过一定程序对企业各种存货的成本进行的控制。存货成本控制的目标是，在确保企业生产经营活动正常有序进行的前提下，尽可能地降低存货的资金占用额，即降低存货成本。

存货成本控制需要考虑购置成本、订货成本、储存成本、短缺成本等相关成本。购置成本是指存货本身的价值，即存货的买入成本（或取得成本）；订货成本是指取得订单的成本；储存成本是指为保持存货而发生的成本；缺货成本是指因存货供应中断而造成的损失。

存货成本控制的方法包括定性控制方法与定量控制方法两类。它们在实践中并非相互排斥，而是相互补充，从不同层面为降低存货成本而服务。存货成本的定性控制方法包括：因素控制法、ABC分类法、适时制（简称JIT）控制法；出现较早且应用较广的存货成本定量控制方法是经济采购批量控制法。

作业成本控制是指围绕着作业展开分析，通过采取措施优化作业链，从而实现成本降低的一种成本控制方法。它适用于所有类型的企业和各类事业单位，其目的是不断优化和改进作业链，其目标是提升企事业单位的价值。

作业成本控制打破了传统成本控制的方式，使成本的控制不再仅仅局限于成本项目，而是深入到作业层面实施全面控制，有助于企业核心竞争力的培植及长期发展。

作业成本控制是作业成本管理的组成部分，包括：作业价值分析、评价作业执行的水平和优化作业链等内容。

与传统成本控制相比，作业成本控制在理论依据、控制对象、控制性质、分析内容和基础、成本降低方式等方面有明显不同。

作业价值分析是指对作业及其性质和成本动因等进行的分析，包括资源动因价值分析和作业动因价值分析等内容。

资源动因反映作业量与资源耗费之间的因果关系，开展资源动因价值分析，必须以单一作业为核心，重点关注以下问题：第一，区分增值作业与非增值作业；第二，分析资源动因的合理性；第三，分析作业耗费资源成本的水平。

作业动因价值分析是指以客户的需求为出发点，对作业的汇集中心及产品成本驱动因素的合理性进行的分析，以正确反映产品与作业之间的因果关系。

优化作业链需要从产品设计、生产布局、生产组织、质量、供应、时间、资源配置和人员等多个角度考虑，采取针对性措施。

四、主要公式

某一成本项目标准成本=该成本项目的价格标准×该成本项目的用量标准

单位产品标准成本=$\sum$(某成本项目的价格标准 × 该成本项目的用量标准)

=直接材料标准成本+直接人工标准成本+制造费用标准成本

某单位产品耗用某种材料的标准成本=该种材料价格标准×该种材料耗用量标准

某单位产品耗用的直接材料标准成本 $=\sum$ 该种产品所耗用的各种材料标准成本

$=\sum$(某种材料价格标准 × 该种材料耗用量标准)

直接人工价格标准=工资率标准×（1+福利费开支控制率）

工资率标准=生产工人某一等级的标准工资×单位产品的工时定额

$$\text{工资率标准}=\frac{\text{预计支付生产工人的工资总额}}{\text{标准工时总数}}$$

单位产品直接人工标准成本=直接人工价格标准×人工工时耗用量标准

在完全成本法下：

$$\text{制造费用分配率}=\frac{\text{变动性制造费用}+\text{固定性制造费用}}{\text{预算的标准工时}}$$

=变动性制造费用分配率+固定性制造费用分配率

在变动成本法下：

$$\text{制造费用分配率}=\text{变动性制造费用分配率}=\frac{\text{变动性制造费用预算}}{\text{预算的标准工时}}$$

单位产品制造费用标准成本=制造费用分配率×制造费用用量标准

价格差异=（实际价格−标准价格）×实际产量下的实际用量

=价格差×实际产量下的实际用量

用量差异=标准价格×（实际产量下的实际用量−实际产量下的标准用量）

=标准价格×实际产量下的用量差

直接材料成本差异=实际产量下直接材料的实际成本−实际产量下直接材料的标准成本=直接材料价格差异+直接材料用量差异

直接材料价格差异=（直接材料实际价格−直接材料标准价格）×实际产量下直接材料的实际用量

直接材料用量差异=直接材料标准价格×（实际产量下直接材料的实际用量−实际产量下直接材料的标准用量）

直接人工成本差异=实际产量下直接人工的实际成本−实际产量下直接人工的标准成本=直接人工价格差异+直接人工效率差异

直接人工价格差异=（实际人工价格−标准人工价格）×实际产量实际工时

直接人工效率差异=标准人工价格×（实际产量实际工时−实际产量标准工时）

变动性制造费用成本差异=实际产量下实际变动性制造费用−实际产量下标准变动性制造费用=变动性制造费用耗费差异+变动性制造费用效率差异

变动性制造费用耗费差异=（变动性制造费用实际分配率-变动性制造费用标准分配率）×实际产量实际工时

=实际产量下实际变动性制造费用-变动性制造费用弹性预算数额

变动性制造费用效率差异=变动性制造费用标准分配率×（实际产量实际工时-实际产量标准工时）

=变动性制造费用弹性预算数额-实际产量下标准变动性制造费用

固定性制造费用成本差异=实际产量下实际固定性制造费用-实际产量下标准固定性制造费用

=实际产量下实际固定性制造费用-固定性制造费用标准分配率×实际产量标准工时

两差异法下：

固定性制造费用预算差异=实际产量下实际固定性制造费用-预算产量下标准固定性制造费用

=固定性制造费用实际发生额-固定性制造费用预算发生额

固定性制造费用能量差异=预算产量下标准固定性制造费用-实际产量下标准固定性制造费用

=固定性制造费用标准分配率×（预算产量标准工时-实际产量标准工时）

三差异法下：

固定性制造费用耗费差异=实际产量下实际固定性制造费用-预算产量下标准固定性制造费用

固定性制造费用生产能力利用差异=固定性制造费用标准分配率×（预算产量标准工时-实际产量实际工时）

固定性制造费用效率差异=固定性制造费用标准分配率×（实际产量实际工时-实际产量标准工时）

单位合格产品负担的质量成本（Y）$=Y_1+Y_2=F\cdot\frac{1-Q}{Q}+K\cdot\frac{Q}{1-Q}$

最优质量（Q_0）$=\frac{1}{1+\sqrt{\frac{K}{F}}}$

半成品定额=平均日需要量×库存定额天数

在产品定额=工艺占用量+运输占用量+周转储备量+保险储备量

与存货有关的全部成本包括购置成本、订货成本和储存成本：

与存货有关的全部总成本=年购置成本（TC_0）+年订货成本（TC_1）+年储存成本（TC_2）

年购置成本（TC_0）=外购存货单价×年需用量（A）

年订货成本（TC_1）=年变动性订货成本（TC_K）+年固定性订货成本（F_1）

年储存成本（TC_2）=年变动性储存成本（TC_C）+年固定性储存成本（F_2）

年变动性订货成本（TC_K）=每次订货的变动性订货成本（P）×年订货次数（n）

年订货次数（n）=年需用量（A）÷每次订货量（Q）

年变动性储存成本（TC_C）=单位变动性储存成本（C）×平均存货量（Q/2）

排除与存货控制无关的年购置成本TC_0、年固定性订货成本F_1和年固定性储存成本F_2，相关的总成本（TC）为：

$$\text{相关总成本（TC）}=\text{每次订货的变动性订货成本}\times\frac{\text{年需用量}}{\text{每次订货量}}+\text{单位变动性储存成本}\times\text{平均存货量}$$

$$=P\times\frac{A}{Q}+C\times\frac{Q}{2}$$

在简单条件下：

$$\text{经济批量（}Q^*\text{）}=\sqrt{\frac{2PA}{C}}$$

$$\text{经济批次（}n^*\text{）}=\frac{A}{Q^*}$$

$$\text{最低的相关总成本（}TC^*\text{）}=\sqrt{2PAC}$$

在存在商业折扣时：

$$\text{经济批量（}Q^*\text{）}=\sqrt{\frac{2PA}{f'(Q)+C}}$$

在允许缺货的条件下：

$$\text{缺货条件下的经济批量（}Q^*\text{）}=\sqrt{\frac{2PA}{C}}\cdot\sqrt{\frac{C+S}{S}}$$

$$\text{允许最大缺货量（}Q_1^*\text{）}=\sqrt{\frac{2PA}{S}}\cdot\sqrt{\frac{C}{C+S}}$$

$$\text{最低相关总成本（}TC^*\text{）}=\sqrt{2PAC}\cdot\sqrt{\frac{S}{C+S}}$$

在每批订货陆续到货的条件下：

陆续到货时的经济批量（Q^*）$=\sqrt{\frac{2PA}{C}}\cdot\sqrt{\frac{e}{e-f}}$

最低相关总成本（TC^*）$=\sqrt{2PAC}\cdot\sqrt{\frac{e-f}{e}}$

再订货点=每日平均耗用量×交货期天数+保险储备量=$f\cdot t_1+I$

=交货期平均耗用量+保险储备量

再订货点（R）=$f\cdot(t_1+t_2)$

五、练习题

（一）单项选择题

1.在下列各项中，实施标准成本控制的第一项工作是（　　）。

A.标准成本的制定　　B.成本差异的计算

C.成本差异的分析　　D.成本差异的账务处理

2.能够实现成本的前馈控制和反馈控制有机结合的成本控制是（　　）。

A.理想标准成本控制　　B.标准成本控制

C.现实标准成本控制　　D.历史标准成本控制

3.无论是哪个成本项目，在制定标准成本时，都需要分别确定两个标准，两者相乘即为每一成本项目的标准成本，这两个标准是（　　）。

A.历史标准和现实标准　　B.价格标准和质量标准

C.历史标准和用量标准　　D.价格标准和用量标准

4.在标准成本控制下的差异分析中，下列原则中应予以贯彻的是（　　）。

A.重要管理原则　　B.意外管理原则

C.例外管理原则　　D.控制管理差异

5.在标准成本控制系统中，成本差异是指在一定时期内生产一定数量的产品所发生的（　　）。

A.实际成本与标准成本之差　　B.实际成本与计划成本之差

C.预算成本与标准成本之差　　D.预算成本与实际成本之差

6.某企业甲产品消耗直接材料，其中A材料价格标准为3元/千克，数量标准为5千克/件，B材料价格标准为4元/千克，数量标准为10千克/件，则甲产品消耗直接材料的标准成本为（　　）。

A.15元　　B.40元

C.55元　　D.65元

7.在质量成本控制中，将企业为保证产品质量达到一定水平而发生的各种成本费用，称为（　　）。

A.预防成本　　B.检验成本

C.内部质量损失成本　　D.外部质量损失成本

8.下列观念中，被动接受产品瑕疵率的是（　　）。

A.现代质量观　　B.传统质量观

C.折中主义观　　D.历史质量观

9.在传统质量观指导下的质量成本控制中，产品质量水平的高低通常用（　　）表示。

A.次品率　　B.产品售价

C.产品产量　　D.产品合格率

10.6σ法以6σ作为质量控制目标，意味着在质量控制的全程和结果中，99.99966%必须无缺陷，即做100万件产品，其中允许出现缺陷的产品件数只能是（　　）。

A.3.1件　　B.3.2件

C.3.3件　　D.3.4件

11.在适时制管理系统中，下列各项中，最为有效地降低采购费用的途径是（　　）。

A.减少储存量　　B.减少订货数量

C.减少订货次数　　D.与供应商结为战略联盟

12.如果企业采用了适时制控制法，下列各项成本中能够明显得以降低的是（　　）。

A.储存成本　　B.缺货成本

C.采购成本　　D.生产成本

13.对存货实施定量控制时，提示企业应当组织采购的标志是材料实际库存达到了（　　）。

A.再订货点　　B.保险储备量

C.经济生产批量　　D.经济采购批量

14.下列各项中，不属于应用经济采购批量基本模型假设前提的是（　　）。

A.没有商业折扣条款　　B.不存在缺货现象

C.没有现金折扣条款　　D.需求量稳定并能预测

15.下列各项中，属于传统成本控制对象的是（　　）。

A.价值链　　B.作业链

C.资源动因　　D.成本项目

16.下列各项中，能够反映作业量与资源耗费之间因果关系的是（　　）。

A.资源动因　　B.作业动因

C.产品动因　　D.成本动因

17.根据作业成本控制的原理，降低产品成本最有效的途径是（　　）。

A.进行差异分析　　B.消除非增值作业

C.进行成本项目分析　　D.区分增值作业与非增值作业

18.下列各项中，属于“作业成本控制目的”的是（　　）。

A.不断优化和改进价值链　　B.提升企业价值

C.不断优化和改进作业链　　D.实现零存货

19.在作业成本控制下，编制作业预算程序的起点是（　　）。

A.划分作业中心　　B.分析客户需求

C.预测目标成本　　D.制定资源耗费预算

20.下列各项活动中，属于增值作业的是（　　）。

A.生产中的运送活动　　B.生产中的加工活动

C.生产中的储存活动　　D.生产中的整理活动

（二）多项选择题

1.下列各项中，能够反映标准成本控制与实际成本核算相比所体现的优势有（　　）。

A.可以避免前后车间实际成本核算中的等待问题

B.可以通过揭示差异控制生产过程中的浪费

C.可以反映前后车间的内部责任结转问题

D.可以反映成本核算的精确性

E.可以控制产品质量

2.直接人工的用量标准是生产工人生产每一件产品时所需要的工作时间目标，包括的内容有（　　）。

A.对产品的直接加工工时　　B.必要的间歇和停工工时

C.不可避免的废品耗用工时　　D.生产中的材料必要消耗

E.可避免废品损失耗用的工时

3.在完全成本法下，产品标准成本卡中单位产品标准成本所包括的内容有（　　）。

A.直接材料标准成本　　B.直接人工标准成本

C.变动性制造费用标准成本　　D.固定性制造费用标准成本

E.数量标准和价格标准

4.下列各项中，属于可导致材料发生价格差异原因的有（　　）。

A.材料质量差，废料过多

B.材料采购计划编制不准确

C.材料调拨价格或市场价格的变动

D.因临时紧急进货，使买价和运费上升

E.因机器设备效率变动致使材料耗用量变化

5.在标准成本系统中，变动性制造费用的分差异包括（　　）。

A.耗费差异　　B.预算差异

C.能量差异　　D.效率差异

E.生产能力利用差异

6.下列项目中，属于三差异法下固定性制造费用分差异的有（　　）。

A.生产能力利用差异　　B.耗费差异

C.效率差异　　D.预算差异

E.能力差异

7.在标准成本控制下，下列等式中，能正确体现相关差异之间关系的有（　　）。

A.预算差异=耗费差异

B.耗费差异=开支差异

C.能量差异=预算差异

D.能量差异=生产能力利用差异+预算差异

E.能量差异=生产能力利用差异+效率差异

8.下列各项中，符合质量成本控制特征的有（　　）。

A.全过程性　　B.全员性

C.重要性　　D.全面性

E.一致性

9.下列各项中，应纳入质量预防成本范围的有（　　）。

A.产品检验费　　B.质检人员工资

C.质检人员培训费用　　D.原材料验收检测费

E.质量计划工作费用

10.下列各项中，属于质量成本日常控制内容的有（　　）。

A.建立质量成本责任控制体系　　B.进行质量成本构成分析

C.编制质量成本差异分析报告　　D.进行质量成本效益分析

E.进行过程控制

11.在现代质量成本观下，消除缺陷产品的具体模式包括（　　）。

A.零缺陷模式　　B.合理比例模式

C.边际分析模式　　D.健全质量模式

E.完善质量模式

12.下列各项中，属于存货定性控制方法的有（　　）。

A.因素控制法　　B.ABC分类法

C.适时制控制法　　D.经济采购批量控制法

E.项目控制法

13.应用适时制控制法，给传统存货控制体系带来了巨大变革，其主要表现包括（　　）。

A.改变了订货方式　　B.改变了投料方式

C.改变了管理方式　　D.改变了储存方式

E.改变了仓库设置方式

14.在允许缺货的条件下，计算经济采购批量需要考虑的相关成本有（　　）。

A.变动性订货成本　　B.固定性订货成本

C.变动性储存成本　　D.固定性储存成本

E.缺货成本

15.无论在何种经济采购批量模型中，必须考虑的成本有（　　）。

A.变动性订货成本　　B.变动性储存成本

C.变动性购置成本　　D.变动性缺货成本

E.变动性退货成本

16.下列各项中，属于作业成本控制内容的有（　　）。

A.进行事前分析　　B.进行事中分析

C.进行作业价值分析　　D.分析作业预算执行的结果

E.全方位采取措施改善企业的生产经营

17.下列各项中，能够反映作业成本控制与传统成本控制两者区别的有（　　）。

A.理论依据不同　　B.控制对象不同

C.控制性质不同　　D.成本降低方式不同

E.成本分析方式不同

18.下列各项中，应纳入资源动因分析内容的有（　　）。

A.分析作业中心建立的合理性　　B.区分增值作业与非增值作业

C.分析作业消耗资源的水平　　D.分析资源动因的合理性

E.分析作业动因的合理性

19.下列各项中，应纳入作业动因分析内容的有（　　）。

A.分析作业中心建立的合理性　　B.区分增值作业与非增值作业

C.分析作业消耗资源的水平　　D.分析资源动因的合理性

E.分析作业动因的合理性

20.下列各项中，属于优化作业链应当考虑的因素有（　　）。

A.生产布局与组织　　B.产品设计

C.资源配置　　D.供应商

E.质量

（三）判断题

1.标准成本控制可以为企业进行有关的经营决策分析提供可靠的依据。（　　）

2.在标准成本制度下，为简化计算，不单独计算混合差异，而是将其直接归并于某项差异。（　　）

3.在标准成本控制系统中，计算价格差异的用量基础是实际产量下

的标准耗用量。 （　）

4. 在标准成本控制系统中，单位产品各成本项目的标准成本，都等于该项目的价格标准与数量标准的乘积。 （　）

5. 标准成本不同于预算成本，标准成本是一种总额的概念，而预算成本则是一种单位的概念。 （　）

6. 质量成本就是指企业为保持或提高产品质量所发生的各种费用。 （　）

7. 投入质量鉴定成本，可以在一定程度上降低损失成本。 （　）

8. 根据传统质量控制理论，当单位预防和检验成本等于单位质量损失成本时，可找到产品最优合格率和最优质量成本。 （　）

9. 产品的设计质量标准，是以能生产出符合质量的产品为标准的。 （　）

10. 全面质量管理具有全员性、全过程性、全面性等特点，而质量成本控制只具有前两个特点。 （　）

11. 零缺陷模式认为，即使实际产品与设计要求之间的偏差在设计允许范围内，仍会因产品的生产而产生损失。 （　）

12. 按成本总额与存货全年需用量的关系，可将订货成本区分为变动成本和固定成本两类。 （　）

13. 存货的因素控制法既属于定性控制方法，也属于传统成本控制方法之一。 （　）

14. 在存在商业折扣时，全年经济订货次数的计算公式与简单条件下的相关公式相同。 （　）

15. 无论是经济采购批量的基本模型，还是拓展模型，其相关成本均包括订货成本和储存成本。 （　）

16. 作业成本控制的关键是围绕价值链进行价值分析。 （　）

17. 无论一个单位（包括企业和事业单位）是否采用作业成本法，都可以围绕作业进行控制。 （　）

18. 在作业成本控制下，企业必须注意：应时刻保持增值作业而不得随意消除，否则会降低企业的价值。 （　）

19. 区分增值作业与非增值作业，是进行作业动因价值分析的内容之一。 （　）

20. 如果依据机器调整次数和机器调整成本计算的相关系数接近于1，说明机器调整次数作为分配机器调整准备成本的作业动因是合理的。 (　　)

（四）计算分析题

1. 已知某企业生产A产品，有关资料如下：

（1）生产A产品，耗用甲、乙两种材料。其中甲材料标准价格为每千克20元，乙材料标准价格为每千克32元。单位产品耗用甲材料标准为每件5千克，乙材料为每件9千克。

（2）A产品单位标准工时为13小时，直接人工标准工资率为7.50元。

（3）固定性制造费用预算数为61 000元；变动性制造费用预算数为38 000元。标准总工时数为10 000小时。

要求：计算A产品的标准成本。

2. 已知：某企业生产甲产品，其标准成本资料见表13-1。

表13-1　　**甲产品标准成本单**

项　目	价格标准	数量标准	金额（元/件）
直接材料	9元/千克	50千克/件	450
直接人工	4元/小时	45小时/件	180
变动性制造费用	3元/小时	45小时/件	135
固定性制造费用	2元/小时	45小时/件	90
合　计			855

甲产品正常生产能力为1 000小时。本月实际产量为20件，实际耗用材料900千克，实际人工工时950小时，实际成本分别为：直接材料9 000元，直接人工3 325元，变动性制造费用2 375元，固定性制造费用2 850元，总计为17 550元。

要求：分别计算各成本项目的成本差异和分差异，其中固定性制造费用采用三差异法。

3. 已知：某企业生产一种产品，其变动性制造费用的标准成本为24元/件（8元/小时×3小时/件）。本期实际产量1 300件，发生实际工时

4 100小时，变动性制造费用总差异为-40元，属于节约差。

要求：

（1）计算实际发生的变动性制造费用。

（2）计算变动性制造费用的效率差异和耗费差异。

4.已知：X公司生产甲产品需使用一种直接材料A，本期生产甲产品1 000件，耗用A材料9 000千克，A材料的实际价格为200元/千克。假设A材料计划价格为210元/千克，单位甲产品标准用量为10千克。

要求：

（1）计算A材料的价格差异和数量差异。

（2）计算A材料的成本差异。

（3）如果固定性制造费用的预算差异为+2 000元，生产能力利用差异为-580元，效率差异为+1 000元，则固定性制造费用的总差异和能量差异是多少？

5.已知：某企业生产甲产品所耗用材料的相关资料见表13-2。

表13-2 **甲产品消耗直接材料资料**

标　准	A材料	B材料	C材料
预计发票单价（元/千克）	15	50	23
装卸检验等成本（元/千克）	1	2	0.5
小　计	16	52	23.5
材料设计用量（千克/件）	30	15	40
允许损耗量（千克/件）	0.5	1	0
小　计	30.5	16	40

20×7年4月，该企业实际购入A材料2 600千克，其中生产甲产品领用2 500千克，采购材料时实际支付39 000元，本期生产甲产品80件。

要求：

（1）确定甲产品直接材料的标准成本。

（2）计算A材料的数量差异和价格差异。

6.已知某企业生产甲产品，其标准成本的相关资料如下：单件产品耗用A材料10千克，每千克的标准单价为3元；耗用B材料8千克，每千克标准单价为5元；单位产品的标准工时为3小时，标准工资率为12元/小时；标准变动性制造费用率为8元/小时；标准固定性制造费用率为12元/小时。假定本期实际产量1 300件，发生实际工时4 100小时，直接人工总差异为-800元，属于超支差。

要求：

（1）计算甲产品的单位标准成本。

（2）计算实际发生的直接人工。

（3）计算直接人工的效率差异和工资率差异。

7.已知：某企业生产一种产品，相关成本资料见表13-3和表13-4。

表13-3 **直接材料相关资料** 金额单位：元

材料品名	标准成本			实际成本			差异
	耗用量（件）	单价	金额	耗用量（件）	单价	金额	
甲	1 000	10	10 000	1 200	11	13 200	+3 200
乙	2 000	6	12 000	2 100	5	10 500	-1 500
合计			22 000			23 700	+1 700

表13-4 **制造费用相关资料** 金额单位：元

项目	预算数（6 000工时）		实际产量标准数（5 000工时）	实际数（5 500工时）
	金额	分配率	金额	金额
变动性制造费用	2 400	0.4	0.4×5 000=2 000	2 090
固定性制造费用	4 800	0.8	0.8×5 000=4 000	4 675
合计	7 200	1.2	1.2×5 000=6 000	6 765

要求：

（1）计算直接材料标准成本差异。

（2）计算直接材料数量差异和价格差异。

（3）计算变动性制造费用标准成本差异。

（4）计算变动性制造费用的效率差异和耗费差异。

（5）计算固定性制造费用标准成本差异。

（6）计算固定性制造费用的预算差异和能量差异。

8.已知：某企业上半年铸件合格品率为92%，年产量为100吨，预防检验成本为2 760元，每吨铸件的废品损失成本为300元。

要求：计算最优质量和最优质量成本。

9.已知：某制造公司全年需用甲材料44 100千克，按经验数据估算的每次订货的变动性订货成本为16元，单位材料年平均变动性储存成本为8元。

要求：

（1）计算经济采购批量、最低相关总成本和全年经济订货次数。

（2）如果供货方规定：当一次采购量小于或等于350千克时，单价为10.50元；采购批量大于350千克小于11 025千克时，单价为10元；采购批量等于或大于11 025千克时，单价为9.40元。计算此时的经济采购批量以及全年最低的相关总成本。

（3）如果企业允许出现缺货，因采取补救措施而发生的单位缺货年均成本的经验数据为25元。计算此时的经济采购批量以及全年最低的相关总成本。

（4）如果企业订货陆续到货，每日到货量为200千克。计算此时的每日耗用量、经济采购批量以及全年最低的相关总成本。

10.已知：某公司全年需用某种材料25 000千克，每次订货成本为25元，单位材料年均储存成本为10元，不允许出现缺货，没有商业折扣，交货期为7天，保险日数为1天，平均每天耗用量为50千克。

要求：

（1）计算定量采购方式下的每次采购量及再订货点。

（2）判断当实际库存储备分别达到400千克和450千克时，企业是否应当马上组织采购该种材料，若应当的话，应采购多少？

六、案例

案例13-1　华丰家具厂成本差异分析案例

华丰家具厂几年来一直采用标准成本制度控制成本，收到显著的效果，由于其生产成本较低，因而在市场竞争中处于有利地位，其经济效益较好，加之其产品质量较高，售后服务好，所以形成了知名品牌。该企业生产的某种家具产品的有关资料见表13-5。

表13-5　　**标准成本卡**　　金额单位：元

项　目	价格标准	数量标准	金　额
直接材料	10	38	380
直接人工	20	5	100
变动性制造费用	20	6	120
固定性制造费用	20	10	200
标准单位成本	—	—	800

该企业预算产量为1 000件，变动性制造费用预算为120 000元，固定性制造费用预算为200 000元。本期实际产量为1 100件，直接材料消耗量为13 200千克，单价33.50元；实际生产总工时为21 000小时，实际支付工资为103 000元；实际固定性制造费用为190 000元，变动性制造费用为110 000元。

依据上述资料，请回答：

（1）如何计算该企业各成本项目的总差异和分差异？

（2）试分析各项差异产生的原因。

案例13-2　大挂集装箱制造公司的钢材采购决策

大挂集装箱制造公司成立于2005年，主要制造各种集装箱，其产品质量优良，价格合理，销路非常好，在振兴东北老工业基地的大好形势下，该公司的市场前景非常好。但是由于原材料钢材价格的不断上涨，该公司也不得不更加注重钢材的采购策略。假如你是该公司的财务总监，正在做一个关于钢材采购的决策。

财务人员已经将有关材料搜集整理完毕：

本公司全年需用钢材8 000吨，按经验数据每次订货的变动性订货成本为100元，单位材料年平均变动性储存成本为80元。供货方规定：当一次采购量小于或等于100吨时，单价为2 200元；采购批量大于100吨小于500吨时，单价为2 000元；采购批量等于或大于500吨时，单价为1 950元。公司不允许出现缺货现象，且每批订货均能一次到货。

请你通过相关材料进行计算和分析，最后确定一个关于钢材采购的策略。

七、参考及阅读书目

[1] 王忠，周剑杰，胡静波. 管理会计学教学案例［M］. 北京：中国审计出版社，2001.

[2] 刘永泽. 成本管理［M］. 北京：中国财政经济出版社，2003.

[3] 欧阳清，杨雄胜. 成本会计学［M］. 北京：首都经济贸易大学出版社，2003.

[4] 余绪缨. 管理会计［M］. 北京：首都经济贸易大学出版社，2004.

[5] 吴大军.管理会计［M］. 北京：中央广播电视大学出版社，1999.

[6] 冯巧根. 管理会计［M］. 4版. 北京：中国人民大学出版社，2020.

[7] 温素彬. 管理会计：理论·模型·案例［M］. 3版. 北京：机械工业出版社，2019.

[8] 吴大军. 管理会计［M］. 7版. 大连：东北财经大学出版社，2023.

第十四章　责任会计

一、学习目的与要求

本章的学习目的是使学生在了解责任会计的含义、内容和原则的基础上，理解各种责任中心的概念、特点、类型和考核指标，熟悉责任成本和可控成本的意义，掌握剩余收益的计算方法，了解责任预算、责任报告与业绩考核之间的关系，把握内部转移价格的作用及确定方法，明确内部结算方式、责任成本结转与内部仲裁之间的关系。

通过本章的学习，学生应了解责任会计的概念；熟悉责任会计的内容和建立责任会计制度应遵循的原则；重点掌握责任中心的种类、特征和考核指标；一般了解责任预算、业绩考核与责任报告的关系；熟悉内部转移价格的类型、制定方法和适用范围；掌握内部结算方式、责任成本结转与内部仲裁的定义与特点。

二、预习要览

（一）关键概念

1. 责任会计
2. 分权管理
3. 行为科学
4. 责任中心
5. 成本中心
6. 可控成本
7. 责任成本
8. 利润中心
9. 投资中心
10. 投资利润率
11. 剩余收益
12. 责任预算
13. 责任报告
14. 业绩考核
15. 内部转移价格
16. 内部交易结算
17. 内部责任结转
18. 市场价格
19. 协商价格
20. 双重价格

（二）关键问题

1. 什么是责任会计？分权管理与责任会计有何关系？

2. 在现代企业管理中为什么要建立责任会计制度？

3. 责任会计制度包括哪些内容？建立责任会计制度应遵循哪些原则？

4. 什么是责任中心？责任中心包括哪些基本形式？各责任中心的特征是什么？

5. 产品成本、责任成本和可控成本之间有何区别与联系？

6. 成本中心的评价考核标准有哪些？如何对成本中心的业绩进行考核？

7. 成本中心怎样才能转化为利润中心？

8. 利润中心的评价考核标准有哪些？如何对利润中心的业绩进行考核？

9. 投资中心的业绩评价标准有哪些？如何对投资中心的业绩进行考核？

10. ROI作为投资中心绩效指标的主要缺点是什么？剩余收益指标如何消除了这一缺点？

三、本章重点与难点

责任会计是指为适应企业内部经济责任制的要求，对企业内部各责任中心的经济业务进行规划与控制，以实现业绩考核与评价的一种内部会计控制制度。

分权管理思想是责任会计产生的客观要求；行为科学、管理科学是责任会计形成和发展的理论基础。

责任会计的主要内容包括：设置责任中心；编制责任预算；提交责任报告和评价经营业绩等。

建立责任会计应遵循责任主体、目标一致、可控性、激励和反馈等原则。

责任中心是指承担一定经济责任，并拥有相应管理权限和享受相应利益的企业内部责任单位的统称。责任中心通常同时具备以下特征：它是一个责权利相结合的实体；具有承担经济责任的条件；所承担的责任和行使的权力都应是可控的；具有相对独立的经营业务和财务收支活动；便于进行责任核算、业绩考核与评价。

根据企业内部责任单位的权责范围及业务活动的特点不同，可以将企业内部的责任中心分为成本中心、利润中心和投资中心三大层次类型。

成本中心是指只对其成本或费用承担责任的责任中心，可分为技术性成本中心和酌量性成本中心两类。

成本中心的特点是：只考评成本费用不考评收益；只对可控成本承担责任；只对责任成本进行考核和控制。

可控成本与不可控成本可以在一定的时空条件下发生相互转化；而责任成本与产品成本是既有联系又有区别的两个概念。

成本中心的考核指标包括责任成本的变动额和变动率两类指标。

利润中心是指对利润负责的责任中心，可分为自然利润中心与人为利润中心两类。

利润中心既要对成本负责，还要对收入负责。

利润中心的考核指标主要是：利润中心边际贡献总额、利润中心负责人可控利润总额、公司利润总额。

投资中心是指对投资负责的责任中心。其特点是不仅要对成本、收入和利润负责，还要对投资效果负责。投资中心是处于企业最高层次的责任中心，它具有最大的决策权，也承担最大的责任，投资中心一般是独立法人。

投资中心除了考核和评价利润指标外，更需要计算、分析投资利润率和剩余收益。

成本中心、利润中心和投资中心彼此并非孤立存在的，每个责任中心都要承担相应的经管责任。企业各种类型和层次的责任中心形成一个“连锁责任”网络，从而促使每个责任中心为保证经营目标一致而协调运转。

责任预算是以责任中心为主体，以其可控的成本、收入、利润和投资等为对象所编制的预算。

责任预算的编制程序与企业组织机构设置和经营管理方式有着密切关系。在集权管理制度下，企业通常采用自上而下的预算编制方式；在分权管理制度下，企业则往往采用自下而上的预算编制方式。

责任会计以责任预算为基础，通过对责任预算的执行情况的系统反映，确认实际完成情况同预算目标的差异，并对各个责任中心的工作业绩进行考核与评价。责任中心的业绩考核和评价是通过编制责任报告来完成的。

责任报告亦称业绩报告、绩效报告，是指根据责任会计记录编制的反映责任预算实际执行情况、揭示责任预算与实际执行差异的内部会计报告。

责任报告主要有报表、数据分析和文字说明等几种形式。将责任预算、实际执行结果及其差异用报表予以列示是责任报告的基本形式。

在企业的不同管理层次上，责任报告的侧重点应有所不同。最低层次的责任中心责任报告应当最详细，随着层次的提高，责任报告的内容应以更为概括的形式来表现。

为了编制各责任中心的责任报告，必须以责任中心为对象组织会计核算工作，具体做法有“双轨制”和“单轨制”两种。

业绩考核是以责任报告为依据，分析、评价各责任中心责任预算的实际执行情况，找出差距，查明原因，借以考核各责任中心工作成果，实施奖罚，促使各责任中心积极纠正行为偏差，完成责任预算的过程。

以责任中心业绩考核的口径为分类标志，可将业绩考核划分为狭义的业绩考核和广义的业绩考核两类。以责任中心业绩考核的时间为分类标志，可将业绩考核划分为年终的业绩考核与日常的业绩考核两类。

成本中心业绩考核是将实际成本与预算成本或责任成本进行比较；利润中心的业绩考核，只计算和考评本利润中心权责范围内的收入和成本；投资中心的业绩考核的内容或指标涉及各个方面，是一种较为全面的考核。

内部转移价格简称内部价格，又称为内部转让价格或内部移动价格，是指企业内部各责任中心之间转移中间产品或相互提供劳务而发生内部结算和进行内部责任结转所使用的计价标准。

在责任会计系统中，内部转移价格主要应用于内部交易结算和内部责任结转。

制定内部转移价格，必须遵循全局性、公平性、自主性和重要性原则。

内部转移价格主要包括市场价格、协商价格、双重价格和成本价格四种类型。

在责任会计制度下，企业内部各责任中心之间发生经济业务往来，除了要以内部转移价格作为计价标准进行计量外，还必须按照一定的方式进行内部结算。

企业内部结算方式包括内部支票结算、转账通知单和内部货币结算等方式。

企业内部各责任中心在生产经营过程中，常常会发生责任成本发生的责任中心与应承担责任成本的中心不是同一责任中心的情况，为划清责任，合理奖罚，就需要将这种责任成本相互结转。

责任成本结转的方式包括直接的货币结算方式和内部银行转账方式两种。

责任成本结转与内部交易结算之间，既存在区别又有一定联系。

四、主要公式

责任成本的变动额=实际责任成本-预算责任成本

$$\text{责任成本的变动率}=\frac{\text{责任成本变动额}}{\text{预算责任成本}}\times 100\%$$

利润中心边际贡献总额=该利润中心销售收入总额-该利润中心可控成本总额

=该利润中心销售收入总额-该利润中心变动成本总额

利润中心负责人可控利润总额=该利润中心边际贡献总额-该利润中心负责人可控固定成本总额

利润中心可控利润总额=该利润中心负责人可控利润总额-该利润中心负责人不可控固定成本总额

公司利润总额=各利润中心可控利润总额之和-公司不可分摊的各种管理费用和财务费用

$$\text{投资利润率}=\frac{\text{利润}}{\text{投资额}}\times 100\%$$

$$投资利润率=\frac{销售收入}{投资额}\times\frac{利润}{销售收入}=总资产周转率\times销售利润率$$

$$投资利润率=\frac{销售收入}{投资额}\times\frac{成本费用}{销售收入}\times\frac{利润}{成本费用}=\frac{总资产}{周转率}\times\frac{销售}{成本率}\times\frac{成本费用}{利润率}$$

$$总资产息税前利润率=\frac{息税前利润}{总资产占用额}\times100\%$$

剩余收益=息税前利润−总投资额×规定或预期的最低投资收益率

=息税前利润−总资产占用额×规定或预期的总资产息税前利润率

五、练习题

(一)单项选择题

1.下列各项中，属于建立责任会计目标的是（　　）。

A.实现责权利的协调统一　　B.划分责任中心

C.编制责任预算　　D.提交责任报告

2.下列各项中，属于责任会计主体的是（　　）。

A.产品成本　　B.责任中心

C.产品质量　　D.客户

3.下列各项中，应作为成本中心控制和考核内容的是（　　）。

A.目标成本　　B.产品成本

C.责任成本　　D.直接成本

4.在下列项目中，不属于利润中心负责范围的是（　　）。

A.成本　　B.收入

C.利润　　D.投资效果

5.如果企业内部的供需双方分别按照不同的内部转移价格对同一笔内部交易进行结算，则可以断定它们采用的是（　　）。

A.成本转移价格　　B.市场价格

C.协商价格　　D.双重价格

6.以成本转移价格作为内部转移价格时，如果交易产品涉及利润中心或投资中心，则此时的价格应当是（　　）。

A.实际成本　　B.标准成本

C.标准成本加成　　D.变动成本

7.如果某利润中心的产品只能在企业内部各责任中心之间销售，且按照“内部转移价格”取得收入，则可以断定该中心是（　　）。

A.完整利润中心　　B.局部利润中心

C.自然利润中心　　D.人为利润中心

8.在责任会计中，企业办理内部交易结算和内部责任结转所使用的价格被称为（　　）。

A.变动成本　　B.单项责任成本

C.内部转移价格　　D.重置价格

9.管理会计将在责任预算的基础上，把实际数与计划数进行比较，用来反映与考核各责任中心工作业绩的书面文件称为（　　）。

A.差异分析表　　B.责任报告

C.预算执行情况表　　D.实际执行与预算比较表

10.对于任何一个成本中心来说，其责任成本应该与其相等的项目是（　　）。

A.产品成本　　B.固定成本之和

C.可控成本之和　　D.不可控成本之和

11.在计算投资利润率时，其经营资产计价所采用的价值是（　　）。

A.原始价值　　B.账面价值

C.评估价值　　D.市场价值

12.投资中心的利润（或税前净利润）与其投资额的比率称为（　　）。

A.投资利润率　　B.税前净利润

C.内部报酬率　　D.剩余收益

13.当产品或劳务的市场价格不止一种，供求双方有权在市场上销售或采购，且供应部门的生产能力不受限制时，应当作为内部转移价格的是（　　）。

A.成本转移价格　　B.市场价格

C.双重市场价格　　D.协商价格

14.下列各项中，不属于利润中心应当拥有的权力是（　　）。

A.价格决策权　　B.投资决策权

C.生产决策权　　D.销售决策权

15.在下列各项中，需要同时对成本、收入和利润三项内容负责的责任中心是（　　）。

A.投资中心　　B.利润中心

C.成本中心　　D.费用中心

16.对于那些只发生费用支出的部门来说，它们所建立的责任中心只能是（　　）。

A.投资中心　　B.利润中心

C.技术性成本中心　　D.酌量性成本中心

17.下列项目中，通常具有法人资格的责任中心是（　　）。

A.投资中心　　B.利润中心

C.成本中心　　D.费用中心

18.在西方国家，通常被认为是制定内部转移价格最好依据的是（　　）。

A.成本　　B.成本加成

C.市价　　D.市价加税金

19.某轮胎厂是某汽车公司的一个投资中心，该厂预计20×7年投资600万元，预计净收益增加120万元，如果该公司的平均报酬率为20%，则该厂这项投资的剩余收益为（　　）。

A.150万元　　B.105万元

C.45万元　　D.0

20.某投资中心第一年经营资产平均余额100 000元，经营利润20 000元；第二年该中心新增投资20 000元，预计新增经营利润3 000元，接受新投资后，该中心的投资利润率为（　　）。

A.15.5%　　B.20%

C.17.5%　　D.19%

（二）多项选择题

1.下列各项中，能成为责任会计形成和发展理论基础的有（　　）。

A.行为科学理论　　B.成本性态分析

C.价值工程理论　　D.管理科学理论

E.代理理论

2.下列各项中，属于建立责任会计制度必须遵循的原则有（　　）。

A.责任主体原则　　B.可控性原则

C.目标一致原则　　D.激励原则

E.反馈原则

3.下列各项中，属于责任会计制度内容的有（　　）。

A.设置责任中心　　B.编制责任预算

C.提交责任报告　　D.评价经营业绩

E.反映财务状况

4.下列各项中，属于典型企业责任中心的有（　　）。

A.成本中心　　B.呼叫中心

C.咨询中心　　D.利润中心

E.投资中心

5.在下列各项中，能够揭示责任中心特点的项目有（　　）。

A.责权利相结合

B.责任与权力都是可控的

C.具有承担经济责任的条件

D.能进行责任核算、业绩考核与评价

E.有相对独立的经营业务和财务收支活动

6.下列各项中，属于某复合成本中心责任成本的有（　　）。

A.本中心的产品成本　　B.本中心的变动成本

C.本中心的责任成本　　D.本中心的不可控成本

E.其下属成本中心的责任成本

7.下列各项中，属于成本中心类型的有（　　）。

A.产品成本中心　　B.变动性成本中心

C.销售成本中心　　D.技术性成本中心

E.酌量性成本中心

8.下列各项中，属于可控成本必须满足的条件的有（　　）。

A.可以落实责任　　B.可以计量

C.可以施加影响　　D.可以预计

E.可以得到补偿

9.下列各项中，能够揭示责任成本与产品成本主要区别的表述有（　　）。

A.成本的性态不同　　B.归依和分配的对象不同

C.分配的原则不同
D.核算的基础条件不同
E.核算的主要目的不同

10.在下列各项指标中，属于成本中心考核范畴的有（　　）。

A.固定成本总额
B.变动成本变动额
C.责任成本变动率
D.责任成本变动额
E.变动成本变动率

11.在下列各项指标中，属于利润中心考核范畴的有（　　）。

A.剩余收益
B.投资利润率
C.贡献边际总额
D.负责人可控利润总额
E.可控利润总额

12.在下列各项中，可用于考核投资中心投资效果的指标有（　　）。

A.责任成本
B.营业收入
C.贡献边际
D.投资利润率
E.剩余收益

13.下列各项表达式中，其计算结果等于投资利润率指标的有（　　）。

A.总资产周转率×销售利润率
B.总资产周转率×销售成本率
C.销售成本率×成本费用利润率
D.总资产周转率×成本费用利润率
E.总资产周转率×销售成本率×成本费用利润率

14.以下各项中，属于制定内部转移价格应遵循原则的有（　　）。

A.全局性原则
B.公平性原则
C.自主性原则
D.重要性原则
E.例外性原则

15.下列各项中，可以作为内部转移价格的有（　　）。

A.标准变动成本
B.双重价格
C.标准成本加成
D.标准成本
E.协商价格

16.下列项目中，属于责任中心考核指标的有（　　）。

A.投资利润率
B.可控成本

C. 产品成本　　D. 剩余收益

E. 利润

17. 下列各项中，属于双重价格表现形式的有（　　）。

A. 双重产品价格　　B. 双重市场价格

C. 双重协商价格　　D. 双重转移价格

E. 双重成本转移价格

18. 在责任会计中，企业内部结算方式包括（　　）。

A. 内部货币结算方式　　B. 内部支票结算方式

C. 转账通知单方式　　D. 托收承付结算方式

E. 应付票据结算方式

19. 在责任会计中，责任成本结转的方式主要有（　　）。

A. 内部货币结算方式　　B. 现金支票结算方式

C. 汇兑结算方式　　D. 内部银行结算方式

E. 本票结算方式

20. 企业上下游责任中心之间进行责任成本结转时，责任成本的流动方向呈现出一定的规律性，包括（　　）。

A. 责任成本结转与内部结算资金的流动方向相反

B. 责任成本结转与产品流动的方向相同

C. 责任成本结转与产品流动的方向相反

D. 责任成本由上游中心向下游中心转移

E. 责任成本由下游中心向上游中心转移

（三）判断题

1. 在管理会计发展历史中，导致责任会计产生的主要原因是企业规模的不断扩大。（　　）

2. 责任会计制度的最大优点是可以精确计算产品成本。（　　）

3. 责任会计的核心在于利用会计信息对各分权单位的业绩进行计量。（　　）

4. 在责任会计的三个责任中心中，成本中心是最基本的责任中心；特定的成本中心仅对其可控成本负责。（　　）

5. 企业所有成本中心的可控成本之和等于企业的总成本之和。（　　）

6. 在一定的时空条件下，可控成本与不可控成本可以实现相互

转化。 ( )

7. 因为成本中心没有对外销售权，所以其工作成果不会形成可以用货币计量的收入。 ( )

8. 对于上级分配来的固定成本，由于利润中心无法控制其数额，所以对这部分固定成本的影响在考核时应剔除。 ( )

9. 利润中心是企业责任中心的最高层次，也是决定企业经济效益高低的关键部门。 ( )

10. 因为在所有责任中心中，投资中心处于最高层次，决策权最大，所以该中心要求最大化的投资利润率理所当然。 ( )

11. 剩余收益指标的优点是可以使投资中心的业绩评价与企业目标协调一致。 ( )

12. 编制责任预算需要在责任报告上进行；责任报告是考核评价经营业绩的载体。 ( )

13. 成本中心实际发生的责任成本大于其责任成本预算的差异是有利差异。 ( )

14. 因利润中心实际发生的利润数大于预算数而形成的差异是不利差异。 ( )

15. 利润或投资中心之间相互提供产品或劳务，最好以市场价格作为内部转移价格。 ( )

16. 以实际成本作为内部转移价格可以避免责任转嫁现象。 ( )

17. 一般来讲，成本中心之间相互提供产品或劳务，最好以“实际成本”作为内部转移价格。 ( )

18. 以市价为基础制定的内部转移价格比较公平合理，对交易双方较为公正。 ( )

19. 当供应方提供的产品或劳务没有现成的市场价格时，可采用协商价格作为内部转移价格。 ( )

20. 随着内部转移价格的波动，企业的利润总水平也随之发生变化。 ( )

（四）计算分析题

1.已知：某投资中心投资额为100 000元，年净利润额为18 000元，企业为该投资中心规定的投资利润率为15%。

要求：计算该投资中心的投资利润率和剩余收益。

2.已知：A公司20×6年的销售收入为40 000元，营业资产为16 000元；B公司20×6年的销售收入为100 000元，营业资产为20 000元。两家公司均希望其20×6年的投资利润率达到15%。

要求：分别计算A、B公司在20×6年的销售利润率。

3.已知：D公司某投资中心A原投资利润率为20%，营业资产为500 000元，营业利润为100 000元。现有一项业务，需要借入资金200 000元，可获利68 000元。

要求：

（1）若以投资利润率作为评价和考核投资中心A工作成果的依据，作出A投资中心是否愿意投资于这项新业务的决策。

（2）若以剩余收益作为评价和考核投资中心A工作成果的依据，新项目要求的最低收益率为15%，作出投资中心A是否愿意投资于这个新项目的决策。

4.已知：E企业A分厂为成本中心，其可控成本及厂部的可控费用见表14-1。

表14-1　**E企业A分厂成本预算完成情况表**　单位：元

成本项目	A分厂		厂部	
	预算	实际	预算	实际
直接材料	550 000	520 000		
直接人工	60 000	65 000		
制造费用	40 000	46 000		
厂部可控费用：				
管理人员薪金			9 000	17 000
折旧费用			6 000	6 000
其他费用			7 000	9 000

要求：根据上述资料编制A分厂的成本业绩报告。

5.已知：F企业B利润中心的预算资料和实际结果见表14-2。

表14-2　　**B利润中心的预算资料和实际结果**　　单位：元

项　目	预　算	实　际
销售收入	600 000	575 000
变动成本		
变动生产成本	300 000	295 000
变动性销售及管理费用	50 000	55 000
边际贡献		
固定成本		
固定性制造费用	100 000	100 000
固定性销售及管理费用	20 000	17 000
营业利润		
所得税（25%）		
营业净利润		

要求：编制该中心的利润报告。

6.已知：G企业A、B两个投资中心业绩报告的部分资料见表14-3。

表14-3　　**G企业投资中心业绩报告**　　金额单位：元

项　目	A投资中心	B投资中心
销售收入		600 000
营业利润		60 000
营业资产	288 000	
销售利润率（%）	12	
资产周转率（次）	4	
投资利润率（%）		30
剩余收益		

要求：编制G企业A、B两个投资中心的业绩报告（要求最低收益率为15%）。

六、案例

北方公司责任会计案例分析

北方公司有两个投资中心，有关资料见表14-4。

表14-4 **投资中心有关资料** 单位：元

投资中心	营业收入	营业资产	营业利润
甲投资中心	140 000	170 000	40 000
乙投资中心	260 000	330 000	60 000
合计	400 000	500 000	100 000

公司经理召集公司的管理人员、财务主管、各责任中心的负责人一起研究如何提高该公司的投资报酬率。

财务主管提出了以下建议：

（1）公司可通过提高营业收入的方式，提高公司的投资报酬率。根据市场预测，如果公司的营业收入提高10%，营业利润将提高15%，仅此一项措施就可使公司的投资报酬率提高3%。

（2）公司也可通过降低成本的方式，提高公司的投资报酬率。根据历史资料分析，公司的变动成本可降低1%，固定成本可压缩6 000元，即使公司的营业收入不变，仍可使投资报酬率提高2%。

（3）如果公司的营业资产削减到476 200元，即使公司的营业收入和成本不发生任何变化，也可以使公司的投资报酬率提高1%。

（4）如果上述各项因素同时变动，将会使公司的投资报酬率提高6.3%。

（5）如果公司以各因素未变动前的投资报酬率为最低期望报酬率，现有一投资项目比较适合甲投资中心，该项目需要投资90 000元，可获得营业利润19 000元。但是，甲投资中心的经理不愿意接受该项目。

要求：

（1）对财务经理的建议分别进行分析，说明财务经理所提数字的依据。

（2）分析甲投资中心的经理不愿意接受该项目的原因，如何说服该投资中心经理接受该项目。

七、参考及阅读书目

[1] GARRISON，NOREEN.Management accounting [M]. 大连：东北财经大学出版社，1998.

[2] HILTON.Managerial accounting [M]. 5th ed. [S.l.]：McGraw-Hill Companies，2002.

[3] 卡普兰，阿特金森. 高级管理会计 [M]. 吕长江，译.大连：东北财经大学出版社，1999.

[4] 余绪缨. 管理会计学 [M]. 北京：中国人民大学出版社，1999.

[5] 吴大军. 管理会计 [M]. 北京：中央广播电视大学出版社，1999.

[6] 李相志. 管理会计习题与案例 [M]. 北京：对外经济贸易大学出版社，2003.

[7] 王满，耿云江. 管理会计 [M]. 北京：人民邮电出版社，2016.

[8] 李贺，李小光，赵刘磊，等. 管理会计：理论·实务·案例·实训 [M]. 上海：上海财经大学出版社，2020.

[9] 冯巧根. 管理会计 [M]. 4版. 北京：中国人民大学出版社，2020.

[10] 温素彬. 管理会计：理论·模型·案例 [M]. 3版. 北京：机械工业出版社，2019.

[11] 崔婕，等. 管理会计 [M]. 2版. 北京：清华大学出版社，2020.

[12] 吴大军. 管理会计 [M]. 7版. 大连：东北财经大学出版社，2023.

第十五章　企业绩效评价

一、学习目的与要求

本章的学习目的是使学生在了解绩效评价相关概念的基础上，了解绩效评价对企业的意义，理解绩效评价体系各构成要素的基本概念，明确掌握各种绩效评价方法。

通过本章的学习，学生应掌握绩效评价及与其相关的概念；明确财务绩效评价体系和综合绩效评价体系的区别；掌握财务绩效评价的几种方法及其各自的步骤、优缺点等；掌握综合绩效评价的方法及其各自的特点和优缺点。

二、预习要览

（一）关键概念

1. 绩效评价
2. 绩效评价体系
3. 评价主体
4. 评价客体
5. 评价目标
6. 评价指标
7. 评价标准
8. 评价方法
9. 评价结论
10. 杜邦分析法
11. 权益乘数
12. 沃尔综合评分法
13. 基本指标计分方法
14. 修正指标计分方法
15. 评议指标计分方法
16. 定量与定性结合计分方法
17. 经济增加值
18. 绩效金字塔模型
19. 平衡计分卡
20. 绩效三棱柱模型

（二）关键问题

1. 什么是绩效评价？什么是绩效评价体系？它包括哪些构成要素？
2. 企业为什么要进行绩效评价？绩效评价对企业有什么作用？

3. 当前较为流行的财务绩效评价体系有哪些？各自有何优势？又有哪些不足？

4. 杜邦分析体系涉及的指标有哪些？具体步骤是什么？

5. 企业综合绩效评价体系与财务绩效评价体系的区别是什么？

6. 绩效金字塔有什么特点？有哪些优势与不足？

7. 平衡计分卡有什么特点？有哪些优势与不足？

8. 绩效三棱柱有什么特点？有哪些优势与不足？

9. 平衡计分卡的实施步骤是什么？

三、本章重点与难点

绩效评价又称绩效考核、绩效评估，就是运用一定的评价方法，选择特定的定性或定量评价指标，对照既定的评价标准，遵循特定的程序，对组织为实现其职能所确定的绩效目标的实现程度以及为实现这一目标所安排预算的执行结果作出客观、公正的综合评判。

绩效又称企业绩效、业绩，是指特定期间内某一组织的经营管理效率、效益或某个人的工作表现。其中，企业绩效是一个综合的概念，是企业的盈利能力、资产营运水平、偿债能力和持续发展能力等财务绩效，以及顾客满意度等非财务绩效的综合体，也是短期绩效与长期绩效的统一体。

绩效评价的类型有很多。按照评价的主体不同，可分为外部评价和内部评价；按照评价的客体不同，可分为企业绩效评价、部门绩效评价和个人绩效评价；按照评价的侧重点不同，可分为财务评价和非财务评价；按照考核的实施时间不同，可分为日常的绩效考核和年终的绩效考核。

绩效评价具有认识、考核、预测、导向等一系列功能，其中，考核功能是绩效评价最基本的功能，导向功能是从考核功能中派生出的最重要功能。

绩效评价体系，又称绩效评价系统、绩效评估体系、绩效考评系统等，是一个能够对组织或个人的绩效表现进行评判与分析，从而为后续的薪酬设计与奖惩奠定基础的有机系统。

绩效评价体系包括评价主体、评价客体、评价目标、评价指标、评价标准、评价方法、评价结论等构成要素。

评价主体就是组织和开展评价的单位或个人，企业的每一位利益相关者，如经营管理者、政府部门、投资者、债权人等，都会出于不同的目的，成为企业绩效的评价主体。

绩效评价的客体可以是整个企业，也可以是企业内部的部门或个人。

企业绩效评价系统的目标，是在评价分析企业发展的绩效水平及影响因素与成因的基础上，为企业经营者制定最优战略及实施战略目标提供有用的信息。

评价指标是评价目标的具体化和量化体现。

评价标准是评价的参照体系，也是判断评价对象经营绩效优劣的标杆，直接影响评价结论的合理性。为提高绩效评价系统的适应性、全面发挥绩效评价的功能，同一评价系统可同时使用两种或两种以上不同的标准进行对比判断。

绩效评价方法是绩效评价体系的重要组成部分，也是获取绩效评价信息、取得评价结果的手段，直接决定着绩效评价结果的客观性、公正性。

绩效评价结论是绩效评价系统运行后最终输出的信息，也是绩效评价体系职能与作用的直接体现。

在绩效评价过程中，评价主体会依据评价目标，选择恰当的绩效评价指标，运用科学、合理的绩效评价方法，对评价客体的财务与非财务绩效进行评判，比较并发现实际绩效水平与预定绩效目标之间的差异，进而通过差异分析找出产生差异的原因，明确差异产生的影响及其责任承担者，并最终得出被评价对象绩效优劣的评价结论，供企业管理者或其他利益相关者进行决策时参考。

企业财务绩效评价，即运用专门的财务指标或指标体系，对企业在某段时期内的财务绩效进行评判与分析。

目前较为流行的财务绩效评价方法主要有：杜邦分析法、沃尔综合评分法、国有资本金绩效评价体系和经济增加值评价法等。其中，除国有资本金绩效评价体系是针对国有企业外，其余都在上市公司绩效评价中得到应用。

杜邦分析法是基于杜邦财务分析体系展开的，从财务角度评价企业绩效的一种经典方法。其基本思想是将反映企业获利能力和股东回报水平的核心指标——权益净利率，逐级分解为多个财务指标的乘积，进而利用这几种主要财务指标之间的相互关系来综合评判和分析企业的财务状况与经营成果。

沃尔综合评分法，是指将选定的七个财务比率（包括流动比率、产权比率、固定资产比率、存货周转率、应收账款周转率、固定资产周转率、自有资金周转率等）用线性关系结合起来，并分别给定各自的分数比重，然后通过与标准比率进行比较，确定各项指标的得分及总体指标的累计分数，从而对企业的信用水平作出评价。

国有企业绩效评价体系采用多层次评价指标和多因素逐项修正的方法进行评价，不仅能够实现指标体系各部分的优势互补，而且能够实现定量分析与定性分析的有机结合，有助于系统、全面、科学地评价国有企业资本金使用效率的高低。

经济增加值评价法，是以经济增加值作为企业财务绩效评价指标的一种方法。经济增加值（简称EVA，又称经济附加值），是基于税后净营业利润和产生这些利润所需资本投入的总成本（即资本成本）的一种企业财务绩效评价方法，也是企业资本收益（税后营业净利润）与资本成本之间的差额。

经济增加值所度量的并不是通常财务会计上的利润，而是企业的资本利润。

企业综合绩效评价是指与单纯的财务绩效评价方法相区别的，能够将战略和非财务指标融入企业绩效评价而形成的新型绩效评价系统。其中有代表性的评价模型是绩效金字塔模型、平衡计分卡模型和绩效三棱柱评价模型。

绩效金字塔有五个层级：第一层级是管理层，负责规划公司的发展远景和战略目标；第二层级为“事业部”层，分别提出市场满意度、财务绩效指标等目标；第三层级为“运作系统”层，进一步提出顾客满意度、灵活性、生产效率等目标；第四层级为“作业中心”层，提出质量、交货时间、周转时间和成本耗费等目标；第五层级为“操作活动”层，将各层次目标落实为生产经营的具体操作活动。

通过绩效金字塔五个层级的层次传递，企业绩效信息以多层级瀑布式的方式渗透到整个企业的各个层面，并由下而上逐级汇总。企业的高层管理者可以依据这些信息，确定未来的战略目标。

绩效金字塔模型的优点在于：突出了组织战略在确定绩效指标中的作用，揭示了战略目标自上而下和经营指标自下而上逐级重复运动的层级制度，进而呼应了企业持续发展的呼声。同时，在绩效评价指标的设计上，绩效金字塔模型从战略管理角度给出了绩效指标体系之间的因果关系，反映了战略目标和绩效指标的呼应性，突破了单一财务指标评价企业绩效的不足。顾客满意度等指标首次成为实现企业战略目标的途径，为平衡计分卡的出现奠定了基础。

绩效金字塔模型的缺点在于：对企业利益相关者的考虑不全面，没有考虑员工；非财务指标不是针对财务指标的不足而提出来的，缺乏逻辑性；没有考虑影响企业长远发展的学习创新因素。

平衡计分卡（简称BSC）是一个围绕企业的战略目标制定的针对企业各个部门的综合评价系统，包括财务、顾客、内部流程、创新与学习等四个层面。

典型的衡量财务绩效高低的评价指标有营业收入增长率、资本报酬率、现金流量、经济增加值、投资报酬率、流动资产周转率、固定资产周转率等。

典型的顾客层面的评价指标有顾客满意度、顾客保持率、顾客获得率、市场占有率、重要顾客的购买份额等。

典型的内部流程层面的评价指标有供应商评价、战略客户数量、对顾客需求的反应时间、生产周期、存货周转率、产品返工率、产品残次率、环保指数、员工健康与安全、研发费用增长率、交货时间等。

典型的创新与学习层面的指标有开发新产品所需时间、产品成熟所需时间、新产品上市时间、员工人均培训时间、员工工作满意度、员工保留率、员工的劳动生产率、员工每年申请的专利或研制出的非专利技术数、员工工作覆盖率、从事战略性关键工作的合格雇员的百分比、信息覆盖率等。

平衡计分卡模型的特征是通过应用这种综合评价，可实现财务与非财务的平衡、内部和外部的平衡、短期和长期的平衡、战略与行动的平衡、成果和动因的平衡。

实施平衡计分卡模型的程序是：（1）确定公司的战略与目标；（2）设计并确定评价指标体系；（3）加强企业内部传递与沟通；（4）确定目标值或评价标准值；（5）反馈与修正。

绩效三棱柱模型包含了利益相关者满意、战略、流程、能力和利益相关者的贡献五个相互联系的方面。其中，利益相关者包括股东、债权人、员工、政府、顾客。

绩效三棱柱模型的缺点为：缺乏确定相关指标的原则和方法；在权衡和搭配财务与非财务指标时，没有明确的原则和方法；指标的选择缺乏客观性和可操作性；衍生指标过多，容易分散管理者的注意力。

四、主要公式

$$\text{权益净利率}=\text{总资产净利率}\times\text{权益乘数}$$
$$=\text{销售净利率}\times\text{总资产周转率}\times\text{权益乘数}$$

$$\text{基本指标总得分}=\sum\text{单项基本指标得分}$$

$$\text{单项基本指标得分}=\text{本档基础分}+\text{调整分}$$

$$\text{本档基础分}=\text{指标权数}\times\text{本档标准系数}$$

$$\text{调整分}=\frac{\text{实际值}-\text{本档标准值}}{\text{上档标准值}-\text{本档标准值}}\times\left(\text{上档基础分}-\text{本档基础分}\right)$$

$$\text{上档基础分}=\text{指标权数}\times\text{上档标准系数}$$

$$\text{某部分基本指标的分析系数}=\text{该部分指标的得分}\div\text{该部分指标的权数}$$

$$\text{修正后总得分}=\sum\text{四部分修正后得分}$$

$$\text{各部分修正后得分}=\text{该部分基本指标分数}\times\text{该部分综合修正系数}$$

$$\text{综合修正系数}=\sum\text{该部分各指标加权修正系数}$$

$$\text{某指标加权修正系数}=\frac{\text{修正指标权数}}{\text{该部分权数}}\times\text{该指标单项修正系数}$$

$$\text{某指标单项修正系数}=1.0+\left(\text{本档标准系数}+\text{功效系数}\times 0.2-\text{该部分基本指标的分析系数}\right)$$

$$\text{功效系数}=\frac{\text{指标实际值}-\text{本档标准值}}{\text{上档标准值}-\text{本档标准值}}$$

$$\text{评议指标总分}=\sum\text{单项指标分数}$$

$$\text{单项指标分数}=\frac{\text{单项指标权数}\times\text{每位评议人员选定的等级参数}}{\text{评议人员总数}}$$

$$\text{定量与定性结合评价得分}=\text{定量指标}\times 80\%+\text{定性指标}\times 20\%$$

$$\text{经济增加值（EVA）}=\text{调整后净营业利润}-\text{调整后资本总额}\times\text{加权平均资本成本}$$

$$\text{调整后净营业利润}=\text{主营业务利润}+\text{其他业务利润}+\text{当年计提或冲销的坏账准备}-\text{管理费用}-\text{销售费用}+\text{长期应付款、其他长期负债所隐含的利息}+\text{投资收益}-\text{EVA税收调整}$$

$$\text{EVA税收调整}=\text{利润表上的所得税}+\text{企业所得税税率}\times\left(\text{财务费用}+\text{长期应付款、其他长期负债所隐含的利息}+\text{营业外支出}-\text{营业外收入}-\text{补贴收入}\right)$$

$$\text{调整后资本总额}=\text{债务资本}+\text{股本资本}-\text{在建工程}-\text{库存现金和银行存款}$$

$$\text{债务资本}=\text{短期借款}+\text{一年内到期的非流动负债}+\text{非流动负债合计}$$

$$\text{加权平均资本成本}=\text{股本资本成本}\times\frac{\text{股本资本}}{\text{资本总额}}+\text{债务资本成本}\times\frac{\text{债务资本}}{\text{资本总额}}$$

$$\text{股本资本成本}=\text{无风险收益率}+\beta\text{系数}\times\left(\text{市场预期收益率}-\text{无风险收益率}\right)$$

五、练习题

（一）单项选择题

1.下列各项指标中，属于财务评价内容的是（　　）。

A.持续增长能力　　B.市场份额

C.客户满意度　　D.产品质量

2.下列各项指标中，属于非财务评价内容的是（　　）。

A.持续增长能力　　B.市场份额

C.客户满意度　　D.产品质量

3.下列各项中，能将绩效评价区分为外部评价和内部评价的分类标志是（　　）。

A. 评价的主体
B. 评价的客体
C. 评价的侧重点
D. 评价的难易程度

4. 从理论上说，绩效评价最基本的功能是（　　）。

A. 认识功能
B. 预测功能
C. 考核功能
D. 导向功能

5. 下列各项中，不属于绩效评价体系构成要素的是（　　）。

A. 评价主体
B. 评价客体
C. 评价目标
D. 评价成本

6. 绩效评价中，评价指标解决的是（　　）的问题。

A. 评价客体的绩效究竟如何
B. 依据什么进行评价
C. 依据什么评判绩效的优劣
D. 依据何种模式进行绩效评价

7. 下列各项中，能够体现评价目标的具体化和量化的是（　　）。

A. 评价客体
B. 评价标准
C. 评价指标
D. 评价方法

8. 下列各项中，不属于财务绩效评价方法的是（　　）。

A. 杜邦分析法
B. 沃尔综合评分法
C. 平衡计分卡模型
D. 经济增加值评价法

9. A公司20×6年年末总资产为2 000万元，销售收入为2 400万元，销售净利润为240万元，权益乘数为2，A公司20×6年的权益净利率为（　　）。

A. 12%
B. 24%
C. 20%
D. 18%

10. 下列各项中，属于杜邦财务分析体系中核心指标的是（　　）。

A. 权益乘数
B. 权益净利率
C. 总资产周转率
D. 总资产净利率

11. 下列各项中，不属于沃尔综合评分法考核指标的是（　　）。

A. 存货周转率
B. 流动比率
C. 权益乘数
D. 产权比率

12. 在现行国有资本金绩效评价体系中，下列各项中属于核心指标的是（　　）。

A. 修正指标
B. 评议指标

C.考核指标　　　　　　　　　　D.基本指标

13.下列各项中，属于现行国有资本金绩效评价体系主要评价方法的是（　　）。

A.修正指标功效系数法　　　　　B.综合分析判断法

C.基本指标计分方法　　　　　　D.评议指标计分方法

14.下列各项中，与EVA度量口径一致的是（　　）。

A.企业的息税前利润　　　　　　B.企业的资本利润

C.企业的未分配利润　　　　　　D.企业的净利润

15.绩效金字塔从上而下共有五个层级，其中居于第一层级的是（　　）。

A.管理层　　　　　　　　　　　B.事业部层

C.运作系统层　　　　　　　　　D.作业中心层

16.在绩效金字塔模型中，下列指标中能作为作业中心考核目标的是（　　）。

A.生产效率　　　　　　　　　　B.市场满意度

C.成本耗费　　　　　　　　　　D.顾客满意度

17.下列各项中，不属于绩效金字塔模型考核内容的是（　　）。

A.市场满意度　　　　　　　　　B.生产效率

C.成本耗费　　　　　　　　　　D.员工

18.在运用平衡计分卡对企业进行绩效评价时，第一步是（　　）。

A. 设计并确定评价指标体系

B. 加强企业内部传递与沟通

C. 确定目标值或评价标准值

D. 确定公司的战略与目标

19.下列各项中，不属于平衡计分卡模型中财务层面考核指标的是（　　）。

A.营业收入增长率　　　　　　　B.市场占有率

C.经济增加值　　　　　　　　　D.现金流量

20.下列各项中，能够关注投资者、客户和中介、供应商、监管方、社区等利益相关者的企业综合绩效评价系统是（　　）。

A.绩效金字塔模型　　　　　　　B.平衡计分卡模型

C.绩效三棱柱模型　　D.沃尔综合评分法模型

（二）多项选择题

1.下列各项中，与“绩效评价”是同义词的术语有（　　）。

A.绩效考核　　B.绩效评估

C.效绩评价　　D.业绩评价

E.财务评价

2.下列各项中，属于企业绩效内容的有（　　）。

A.盈利能力　　B.资产营运水平

C.偿债能力　　D.持续发展能力

E.顾客满意度

3.下列各项中，属于绩效评价体系功能的有（　　）。

A.认识功能　　B.考核功能

C.预测功能　　D.导向功能

E.决策功能

4.下列各项中，属于绩效评价体系构成要素的有（　　）。

A.评价主体　　B.评价目标

C.评价指标　　D.评价标准

E.评价方法

5.下列指标可以作为绩效评价标准的有（　　）。

A.年度预算目标　　B.国际最优水平

C.历史平均水平　　D.行业平均水平

E.国内最优水平

6.下列各项属于财务绩效评价方法的有（　　）。

A.杜邦分析法　　B.沃尔综合评分法

C.经济增加值评价法　　D.国有资本金绩效评价体系

E.绩效金字塔模型

7.下列各项中，计算结果等于权益净利率的有（　　）。

A. 销售净利率×权益乘数

B. 总资产周转率×权益乘数

C. 总资产净利率×权益乘数

D. 总资产净利率×销售净利率

E.销售净利率×总资产周转率×权益乘数

8.下列各项中，与应用杜邦分析法的程序有关的步骤有（　　）。

A.计算权益净利率等七大财务指标

B.选定财务比率，并确定其重要性权数

C.填列杜邦财务分析表或图，确定关联

D.计算指标相对比率，再求比率指标的指数

E.按标准比较评价，分析绩效高低、趋势及原因

9.下列各项中属于沃尔综合评分法中的财务指标的有（　　）。

A.流动比率　　B.应收账款周转率

C.权益净利率　　D.存货周转率

E.产权比率

10.下列各项中，可以作为国有企业绩效评价体系评价方法的有（　　）。

A.基本指标计分方法　　B.修正指标计分方法

C.评议指标计分方法　　D.绩效金字塔模型

E.定量与定性结合的方法

11.与单纯的财务绩效评价相比，属于企业综合绩效评价新增考核内容的有（　　）。

A.企业战略　　B.企业文化

C.财务指标　　D.企业家素质

E.非财务指标

12.下列各项中，可以作为企业综合绩效评价方法的有（　　）。

A.绩效三棱柱　　B.平衡计分卡

C.绩效金字塔　　D.沃尔综合评分法

E.杜邦分析法

13.下列各项中，属于绩效金字塔层级的有（　　）。

A.管理层　　B.“事业部”层

C.“运作系统”层　　D.“作业中心”层

E.“操作活动”层

14.下列各项中，能够揭示绩效金字塔模型特点的有（　　）。

A.突出了战略的作用

B.战略目标自上而下逐级运动

C.经营指标自下而上逐级运动

D.首次将顾客满意度纳入绩效考核

E.考虑企业、员工和用户的利益

15.应用平衡计分卡对企业进行绩效评价时，涉及的层面有（　　）。

A.内部流程层面　　B.财务层面

C.顾客层面　　D.创新与学习层面

E.作业层面

16.在平衡计分卡中，典型的衡量财务绩效高低的评价指标有（　　）。

A.营业收入增长率　　B.流动资产周转率

C.固定资产周转率　　D.经济增加值

E.现金流量

17.下列各项中，通过应用平衡计分卡能够实现的“平衡”有（　　）。

A.财务与非财务的平衡　　B.内部和外部的平衡

C.短期和长期的平衡　　D.战略与行动的平衡

E.成果和动因的平衡

18.下列各项中，属于实施平衡计分卡模型的步骤的有（　　）。

A.确定公司的战略与目标　　B.设计并确定评价指标体系

C.加强企业内部传递与沟通　　D.确定目标值或评价标准值

E.应用推广企业价值增值经验

19.下列各项中，能够揭示平衡计分卡模型特点的表述有（　　）。

A.将绩效评价与战略紧密联系

B.使企业绩效评价更有针对性

C.有助于从整体角度评价企业绩效

D.有助于评价企业长期发展潜力与实力

E.有助于企业管理人员采取针对性措施

20.下列各项中，能够揭示绩效三棱柱模型缺点的表述有（　　）。

A.缺乏确定相关指标的原则和方法

B.指标的选择缺乏客观性和可操作性

C. 权衡和搭配财务与非财务指标无明确依据

D. 衍生指标过多，容易分散管理者的注意力

E. 将绩效评价与战略紧密联系

（三）判断题

1. 企业绩效是企业的盈利能力、资产营运水平、偿债能力和持续发展能力等财务绩效，以及顾客满意度等非财务绩效的综合体。（　　）

2. 只有经营管理者才能成为企业绩效的评价主体。（　　）

3. 绩效评价的客体可以是整个企业，也可以是企业内部的部门或个人。（　　）

4. 绩效评价的导向功能是从考核功能中派生出的最重要的功能。（　　）

5. 为提高绩效评价系统的适应性、全面发挥绩效评价的功能，同一评价系统可同时使用两种或两种以上不同的标准进行对比判断。（　　）

6. 绩效评价方法是绩效评价体系的重要组成部分，也是获取绩效评价信息、取得评价结果的手段，直接决定着绩效评价结果的客观性、公正性。（　　）

7. 企业财务绩效评价，是指运用专门的财务指标或非财务指标体系，对企业在某段时期内的财务绩效进行评判与分析。（　　）

8. 杜邦分析法中的核心指标是权益乘数。（　　）

9. 在保持其他条件不变的条件下，企业的权益净利率与销售净利率反向相关。（　　）

10. 杜邦分析方法不仅仅关注公司的财务信息，还考虑了当今社会对企业经营绩效影响越来越大的顾客、供应商、雇员、技术创新等非财务因素的影响，能综合反映企业的竞争实力。（　　）

11. 从理论上讲，沃尔综合评分法未能证明为什么要选择七个指标，而不是更多或更少，或者选择其他的而不是这七个指标，也未能证明各指标所赋权重的合理性。（　　）

12. 现行的国有企业绩效评价体系以定性分析为基础，以定量分析为辅助，实行定量分析与定性分析的相互校正，以形成企业绩效评价的综合结论。（　　）

13. 国有企业绩效评价体系采用多层次评价指标和多因素逐项修正

的方法进行评价，不仅能够实现指标体系各部分的优势互补，而且能够实现定量分析与定性分析的有机结合，有助于系统、全面、科学地评价国有企业资本金使用效率的高低。（　　）

14. 经济增加值是指企业税前营业净利润与全部资本成本之间的差额。（　　）

15. 经济增加值所度量的并不是通常财务会计上的利润，而是企业的资本利润。（　　）

16. 在绩效金字塔模型中，企业的作业中心位于最高层。（　　）

17. 绩效金字塔着重强调了组织战略在确定绩效指标中所扮演的重要角色，揭示了战略目标自上而下和经营指标自下而上逐级重复运动的层级制度。（　　）

18. 绩效金字塔模型的四个层面是紧密联系、相互影响、相互作用的。其中，创新与学习是最终目标，顾客是关键，内部流程是基础，财务是核心。（　　）

19. 绩效三棱柱下的绩效评价指标，既包括净资产收益率等财务指标，又包括顾客满意度等非财务指标。（　　）

20. 财务绩效评价即运用专门的财务指标或指标体系，对企业在某段时期内的财务绩效进行评判与分析。（　　）

六、案例

新野公司杜邦分析法案例分析

新野公司是一家成立于1992年的化工企业。经过多年的经营，公司目前已发展成为该省最大的聚氨酯生产制造企业，并于2013年成功上市。该公司2022年、2023年的基本财务数据见表15-1。

表15-1　**基本财务数据表**　单位：万元

年度	净利润	销售收入	资产总额	负债总额	全部成本
2022	10 284.04	411 224.01	306 222.94	205 677.07	403 967.43
2023	12 653.92	757 613.81	330 580.21	215 659.54	736 747.24

要求：

（1）根据表15-1的数据，填写表15-2。

表15-2 **相关财务比率**

年度	总资产周转率	销售净利率	资产负债率	权益乘数	权益净利率
2022					
2023					

（2）根据计算得出的结果，运用杜邦分析法分析该公司各指标的变动原因与趋势。

七、参考及阅读书目

[1] GARRISON，NOREEN.Management accounting [M]. 大连：东北财经大学出版社，1998.

[2] HILTON.Managerial accounting [M]. 5th ed. [S.l.]：McGraw-Hill Companies，2002.

[3] 卡普兰，阿特金森.高级管理会计 [M]. 吕长江，译.大连：东北财经大学出版社，1999.

[4] 吴大军. 管理会计 [M]. 北京：中央广播电视大学出版社，1999.

[5] 冯巧根. 管理会计 [M]. 4版.北京：中国人民大学出版社，2020.

[6] 温素彬. 管理会计：理论·模型·案例 [M]. 3版. 北京：机械工业出版社，2019.

[7] 吴大军. 管理会计 [M]. 7版. 大连：东北财经大学出版社，2023.

第十六章　管理会计专题

一、学习目的与要求

本章的学习目的是使学生在了解战略地图、环境管理会计、人力资源管理会计和管理会计信息系统等相关概念的基础上，明确如何运用战略地图确定企业战略目标；了解环境管理会计的内容和人力资源管理会计的相关理论，熟悉管理会计信息系统的主要模块。

通过本章的学习，学生应掌握绘制战略地图应遵循的原则和战略地图的内容框架。了解企业实施环境管理会计的意义，熟悉人力资源管理会计在企业中的具体应用。了解建设应用管理会计信息系统的原则和环境，掌握管理会计信息系统的应用程序。

二、预习要览

（一）关键概念

1. 企业战略
2. 战略地图
3. 战略地图的作用
4. 战略地图的框架
5. 环境管理会计
6. “三重底线”报告
7. 环境管理会计的目标
8. 环境成本
9. 人力资源
10. 人力资本
11. 人力资产
12. 人力资源管理会计
13. 管理会计信息系统
14. 管理会计信息系统的目标
15. 管理会计信息系统应用程序
16. 管理会计信息系统模块

（二）关键问题

1. 什么是企业战略？它包括哪些类型？

2. 什么是战略地图？它对企业有哪些作用？

3. 战略地图内容框架包括哪几个层面？这些层面与企业战略的关系

如何？

4. 绘制战略地图应遵循哪些原则？

5. 现代企业为什么要实施环境管理会计？环境管理会计在企业中能发挥何种作用？

6 环境管理会计包括哪些内容？

7. 什么是合法性理论？什么是利益相关者理论？二者之间有何联系？

8. 环境财务预算包括哪些内容？

9. 在实施环境成本控制时，需要注意哪些问题？

10. 什么是环境绩效？环境绩效与财务绩效是何关系？

11. 简要解释人力资源、人力资本、人力资产的概念，并进行概念辨析。

12. 企业实施人力资源管理会计有哪些重要意义？

13. 什么是人力资产的价值？在评估时可以采用什么方法？有哪些注意事项？

14. 人力资源预测的内容有哪些？

15. 人力资源的考核评价与传统管理会计的考核评价有何区别？对人力资源的考核评价能发挥何种作用？

16. 什么是管理会计信息系统？其建设和应用的原则有哪些？

17. 管理会计信息系统建设和应用过程应遵循怎样的程序？

18. 管理会计信息系统常用模块有哪些？

三、本章重点与难点

企业战略是企业基于如何为股东、客户和社会创造价值的基本思路与目标，对企业自身整体性、长期性、基本性问题的谋划或谋略的统称。它是企业整体经营管理的核心、重点和指向标。战略地图，是以平衡计分卡的四个层面目标为核心，通过分析它们之间的关系而绘制的一种反映企业战略因果关系的图形。它是组织企业战略管理的一种管理会计工具方法。战略地图具备协调企业内部关系、目标量化衡量控制和创造无形资产价值的作用。通用的战略地图内容框架，不仅包括平衡计分卡原有的财务、顾客、内部流程、创新与学习四个层面，还包括颗粒层和动态层。在战略地图中，财务层面和顾客层面侧重于描述战略执行的结果，内部流程层面、创新与学习层面则集中反映战略的驱动力。绘制战略地图应遵循以下原则：(1) 以平衡各种力量矛盾为起点；(2) 以差异化客户价值主张为基础；(3) 通过内部业务流程创造价值；(4) 各战略主题并存且相互补充；(5) 战略需与无形资产价值协调一致。

环境管理会计是指通过将环境信息纳入管理会计的预测、决策、规划、控制和考核评价等工作框架，以充分考虑环境的成本和效益对组织影响的一种现代管理会计活动。环境管理会计的双重目标是达成企业股东效益最大化和企业可持续发展；其手段为搜集、加工、处理和利用财务、环境和社会三类信息，将环境因素纳入管理会计的规划、决策、控制、考核评价等各个工作环节中。其具体工作内容包括：考虑环境因素的经营决策和投资决策、对环境效益与成本的预测与规划、对环境成本的管理和控制以及对环境绩效的评价等。实施环境管理会计的作用包括：(1) 有助于企业进行科学决策；(2) 有助于提高企业的环境绩效和财务绩效；(3) 实施环境管理会计能够积极促进企业保护生态环境，顺利实现可持续发展。环境管理会计的支撑理论有合法性理论、利益相关者理论和外部性理论。前两个理论分别强调企业的主动性和自觉性，第三个理论则突出外界的强制性或企业的被动性。环境管理会计主要应用于四个方面：(1) 编制环境财务预算；(2) 控制环境成本（包括内部环境成本控制和外部环境成本控制）；(3) 考虑环境因素的企业决策；(4) 评价环境绩效。

人力资本属于人力资源；人力资源所具有的属性和特征符合资产的概念；人力资产是企业所拥有或控制的那部分人力资源。人力资源管理会计是基于企业所拥有或控制的人力资源，以人力相关活动为分析对象，通过向管理层提供对人力资源的预测、规划、决策、考核等相关信息，以实现企业人力资源的最优配置，并最终有助于实现企业经营目标的一种现代管理会计活动。企业实施人力资源管理会计具有如下意义：(1) 有助于企业重视和提高人力资源水平，通过加大人力资本投入提高员工素质；(2) 有助于企业发挥人力资源的最大效用，提升企业价值；(3) 有助于提高企业的创新能力，进而有利于我国实现创新驱动发展战略。人力资本理论为企业实施人力资源管理会计提供了理论依据。企业人力资源管理会计的应用领域包括：人力资产的估值、人力资源的预测、人力资本的投资决策和对人力资源的考核评价等。

管理会计信息系统是指以财务和业务信息为基础，借助计算机、网络通信等现代信息技术，对管理会计信息进行搜集、整理、加工、分析和报告等操作处理，为企业有效开展管理会计活动提供全面、及时、准确信息支持的各功能模块的有机集合。

上述定义集中体现了管理会计信息系统的基础、手段、核心工作和目标。

企业建设和应用管理会计信息系统，应遵循系统集成、数据共享、规则可配、灵活扩展和安全可靠等五项原则。

企业建设管理会计信息系统，应具备三个环境条件。

管理会计信息系统的建设和应用程序，包括系统的规划、建设过程和系统的应用过程。

管理会计信息系统规划和建设过程，一般包括系统规划、系统实施和系统维护等环节。

管理会计信息系统的应用程序一般包括输入、处理和输出三个环节。

管理会计信息系统的模块包括成本管理、预算管理、绩效管理、投资管理、管理会计报告以及其他功能模块。

四、练习题

（一）单项选择题

1.在下列各项中，属于通用的战略地图内容框架，但超过原有平衡计分卡层面维度的是（　　）。

A.财务与客户　　B.内部流程

C.创新与学习　　D.颗粒层和动态层

2.下列各项中，即使应用战略地图也无法实现的作用是（　　）。

A.协调企业内部关系　　B.目标量化衡量控制

C.消除企业经营风险　　D.创造无形资产价值

3.在下列各项中，属于环境管理会计研究范畴的是（　　）。

A.经济环境　　B.自然环境

C.法律环境　　D.社会环境

4.下列各项中，不属于环境财务预算内容的是（　　）。

A.环境投资预算　　B.环境筹资预算

C.环境资产预算　　D.环境经营预算

5.下列各项中，不属于环境成本的是（　　）。

A.废弃物二次利用节约的成本　　B.环境诉讼成本

C.环境治理成本　　D.排污费

6.在一段时期、一定社会区域内，具有劳动能力的人口及其所拥有的、可创造社会财富的能力总和被称为（　　）。

A.人力资本　　B.人力资产

C.人力资源　　D.人力成本

7.通过估算企业对人力资本投入导致的现金流出与人力资本为企业未来可能带来的现金流入，比较投资的付出与收益，作出相应决策的管理会计活动被称为（　　）。

A.人力资本的投资决策　　B.人力资本的筹资决策

C.人力资本的经营决策　　D.人力资本的分配决策

8.下列各项中，不属于人力资源管理会计具体应用领域的是（　　）。

A.人力资产的估值　　B.人力资产的控制

C.人力资源的预测　　D.人力资本的投资决策

9.在管理会计中，以财务和业务信息为基础，借助计算机、网络通信等现代信息技术手段，对管理会计信息进行收集、整理、加工、分析和报告等操作处理，为企业有效开展管理会计活动提供全面、及时、准确信息支持的各功能模块的有机集合，被称为管理会计（　　）。

A.报告系统　　B.业务系统

C.信息系统　　D.决策系统

10.在管理会计信息系统实施环节中，通过对组织现有的信息系统应用情况、工作现状和信息系统需求的调查，梳理管理会计应用模块和应用流程，据此设计管理会计信息系统实施方案的阶段，称为（　　）。

A.项目准备阶段　　B.系统设计阶段

C.系统实现阶段　　D.测试上线阶段

11.能够将各个分散的设备、系统、数据等集成到一个互联、统一和协调的系统之中，使资源达到充分共享，实现集中、高效、便利管理的技术手段，称为（　　）。

A.系统集成　　B.系统规划

C.系统设计　　D.系统开发

12.为了实现系统间的无缝对接，通过统一的规则和标准，实现数据的一次采集，全程共享，避免产生信息孤岛，应当遵循的原则是（　　）。

A.安全可靠　　B.灵活扩展

C.规则可配　　D.数据共享

13.为了实现管理会计信息系统建设目标，在构建和应用管理会计信息系统时，必须确保各个功能模块之间的有机集成，不能割裂，这不仅要考虑整体性的要求，而且还要体现（　　）。

A.完整性　　B.系统性

C.融合性　　D.创新性

（二）多项选择题

1.下列各项中，属于绘制战略地图应遵循的原则的有（　　）。

A.以平衡各种力量矛盾为起点

B.以差异化客户价值主张为基础

C.通过内部业务流程创造价值

D.各战略主题并存且相互补充

E.战略需与无形资产价值协调一致

2.根据战略地图理论，可将无形资产细分为以下类型，包括（　　）。

A.人力资本　　B.信息资本

C.组织资本　　D.环境资本

E.社会资本

3.下列各项中，属于环境管理会计支撑理论的有（　　）。

A.合法性理论　　B.利益相关者理论

C.内部性理论　　D.外部性理论

E.激励理论

4.下列各项中，属于环境绩效指标的有（　　）。

A.财务指标

B.非财务指标

C.管理层努力程度指标

D.环境管理结果指标

E.管理层经营评价指标

5.下列各项中，属于环境管理会计内容的有（　　）。

A.核算环境成本

B.编制环境财务预算

C.评价环境绩效

D.控制环境成本

E.考虑环境因素的决策

6.下列各项中，属于内部环境成本内容的有（　　）。

A.环保税

B.质量监督成本

C.预计会发生的诉讼成本

D.可能因败诉而产生的赔偿金和罚款

E.因污染环境对企业造成的负面影响

7.下列各项能力中，属于人力资源范畴的有（　　）。

A.劳动者所具有的智力

B.劳动者所具有的体力

C.劳动者所具有的知识

D.劳动者所具有的技能

E.劳动者所具有的情商

8.人力资源预测与销售预测相比的相同之处在于（　　）。

A. 都是数量预测

B. 都需要实施定期预测

C. 都是从企业的战略目标出发

D. 都是开展规划、决策等其他管理会计活动的基础

E. 都可以运用定量和定性的预测方法

9.下列各项中，属于管理会计信息系统特征的有（　　）。

A.以财务和业务信息为基础

B.以现代信息技术为手段

C.以管理会计信息处理为核心工作

D.以提供有用的信息为目标

E.以系统集成为方略

10.下列各项中，属于建设和应用管理会计信息系统必须遵循的原则的是（　　）。

A.系统集成原则　　　　B.数据共享原则
C.规则可配原则　　　　D.灵活扩展原则
E.安全可靠原则

11.下列各项中，属于管理会计信息系统规划和建设过程的构成环节的包括（　　）。

A.系统规划　　　　B.系统构建
C.系统实施　　　　D.系统维护
E.系统调整

12.下列各项中，属于管理会计信息系统模块的有（　　）。

A.成本管理模块　　　　B.预算管理模块
C.绩效管理模块　　　　D.投资管理模块
E.管理会计报告模块

（三）判断题

1.环境管理会计实施的前提是企业以环境作为最重要的利益相关者。（　　）

2.企业重视环境绩效会对财务绩效产生负面作用。（　　）

3.环境管理会计的内容和体系与传统管理会计完全不同。（　　）

4.人力资本是后天形成的人力资源。（　　）

5.人力资产估值可以采用会计中确定现值的方法进行估值。（　　）

6.人力资源考核评价的对象是企业的各级各类员工。（　　）

7.管理会计信息系统的核心工作是搜集、整理、加工、分析和报告管理会计信息。（　　）

8.企业建设管理会计信息系统，应至少具备三个环境条件中的一个。（　　）

9.管理会计信息系统规划和建设过程，一般包括输入、处理和输出三个环节。（　　）

10.全面性、及时性和准确性，都不属于企业建设和应用管理会计信息系统应遵循的原则。（　　）

五、参考及阅读书目

［1］张文贤．人力资源会计［M］．2版．北京：科学出版社，

2018.
[2] 冯巧根. 高级管理会计：理论与实践 [M]. 北京：清华大学出版社，2019.
[3] 温素彬. 管理会计：理论·模型·案例 [M]. 3版. 北京：机械工业出版社，2019.
[4] 吴广达. 环境管理会计 [M]. 北京：经济科学出版社，2016.
[5] 孙红梅，等. 企业社会责任会计体系构建研究 [M]. 上海：上海财经大学出版社，2014.
[6] 吴大军. 管理会计 [M]. 7版. 大连：东北财经大学出版社，2023.

附录一　货币时间价值

本节在介绍货币时间价值的定义和计算制度的基础上，详细讨论了复利终值、现值和各种年金相关指标的计算技巧。

一、货币时间价值的概念

货币时间价值（time value of money）是长期投资决策必须考虑的客观经济范畴，也称资金时间价值，简称时间价值，它所揭示的是在一定时空条件下运动中的货币具有增值性的规律。这一规律普遍适用于商品经济社会。

众所周知，一笔货币如果作为储藏手段保存起来，在不存在通货膨胀因素的条件下经过一段时间后，作为同名货币，其价值不会有什么改变。但同样一笔货币若作为社会生产的资本或资金来运用，经过一段时间后就会带来利润，使自身价值增值。从后一情况看，同等数量的货币在不同时间点上不能等量齐观。这就是所谓货币具有时间价值的现象。

西方给货币时间价值下的定义五花八门，多数教材专著写道：即使在没有风险和通货膨胀的情况下，同等数量的货币在不同时间上其价值不等，今天一元钱的价值大于一年后一元钱的价值。又有人说："股东投资一元钱，就牺牲了当时使用和消费这一元钱的机会或权利，按所牺牲时间计算的这种牺牲的代价或报酬，就是时间价值。"还有人说道："由于投资者进行投资而推迟消费，对投资者推迟消费的耐心应当予以报酬，这种报酬的量与推迟消费的时间成正比，因此单位时间的这种报酬的百分率就称为时间价值。"总之，西方人心目中的货币时间价值可以概括为：由于放弃现在使用货币的机会所得到的按放弃时间长短计算的报酬。

尽管西方对货币时间价值的表述带有庸俗经济学色彩，如以现象代替本质、使用晦涩的语言（如所谓"耐心的报酬"），但至少在以下三个方面对我们研究货币时间价值原理有所启发：

第一，货币时间价值的形式是价值增值，是同一笔货币资金在不同时点上表现出来的价值差量或变动率。

第二，货币的自行增值是在其被当作投资资本的运用过程中实现的，不能被当作资本利用的货币是不具备自行增值属性的。

第三，货币时间价值量的规定性与时间的长短呈同方向变动关系。

总之，货币时间价值是作为资本（或资金）使用的货币在其被运用的过程中随时间推移而带来的那部分增值价值，其实质是货币所有者让渡其使用权而参与社会财富分配的一种形式。从这个意义上看，货币时间价值原理是“时间就是金钱”这一观念理论数量化的典型概括，它并非讨论价值究竟由谁或怎样创造出来，而是基于商品货币经济的现实研究资本（资金）、经济效益和时间之间关系的尝试。承认货币时间价值原理，并不是对马克思劳动价值论和剩余价值学说的否认，相反，货币时间价值原理所揭示的以货币表现的资本或资金与其在被运用的时间中带来的价值增值之间的规律性联系，同样适用于社会主义社会。从这个意义上可将货币资本在时间上的增值性看作它自身的一种固有属性。

在利润平均化规律的影响下，等量货币资本在相同时间内应获得等量利润，因此，货币时间价值的一般表现形式从相对量来看就是在没有风险和没有通货膨胀条件下的社会平均资金利润率，在一定条件下相当于政府债券利息率；从绝对量看就是使用货币资本的机会成本或假计成本。

由于货币时间价值的计算与利息的计算非常接近，为了便于理解，以下假定利息、利息率或折现率可以从不同角度反映或代表货币的时间价值。

二、货币时间价值的计算制度

（一）本金、利息与本利和的关系

以银行存款为例，开始存入的本钱叫本金，它是计算利息的基础，利息是按照事先确定的利率和存款期的长短，通过一定方法计算出来的存款报酬，一定时期后的本金与利息的合计数叫本利和。显然：

本金+利息=本利和

（二）利息的计算制度

利息计算有两种制度，一是单利制，一是复利制。前者指当期利息不计入下期本金，从而不改变计息基础，各期利息额不变的计算制度；后者指当期未被支取的利息计入下期本金，改变计息基础，使每期利息额递增，利上生利的计息制度。

在单利制下，每年计算利息的本金始终是原始本金，因此每年的利息额不变。而在复利制下，每年计算利息的本金等于上年末的本利和，因此，每年的利息额逐年递增。可见，在复利制下，不仅原始本金要生利息，而且各年的利息本身也具有获取利息的能力，相当于在单利制下每年末将本期利息取出重新存入银行。

在扩大再生产的条件下，企业运用资本（资金）所取得的收益往往要再投入经营周转中去（至少要存入银行，参加社会资金周转），不使之闲置。这一过程与复利制的原理一致，因此，按复利制计算和评价企业货币时间价值比使用单利制要相对准确一些。在西方国家及国际贸易惯例中，也按复利制计算货币时间价值，以反映货币不断运动、不断增值的规律。因此，在长期投资决策考虑货币时间价值因素时，必须按复利制计算有关指标。

下面介绍的有关终值、现值等概念及计算方法对于进行投资项目评估十分重要，要求熟练掌握。

三、一次性收付款项的终值与现值的计算

在某一特定时点上发生的某项一次性付款（或收款）业务，经过一段时间后再发生相应的一次性收款（或付款）业务，我们称为一次性收付款项，譬如存入银行一笔现金1 000元，年利率为10%，经过5年后一次取出本利和1 610.51元，就属于这类一次性收付款项。这里若将存款当时的本金称作一次性收付款的现值（present value），简记作P=1 000元，则n期后的本利和就是一次性收付款的终值（future value），简记作F=1 610.51元，也有人称一次性收付款的现值和终值为复利现值和复利终值。在考虑时间价值的情况下，现值与终值在价值上是等价的，它们与实际的货币收付并没有必然的联系。

（一）一次性收付款项终值的计算

计算一次性收付款项的终值，其实质就是在已知第0年原始本金（P）的前提下，计算第n年年末本利和（F）的过程，其示意图如附图1所示。

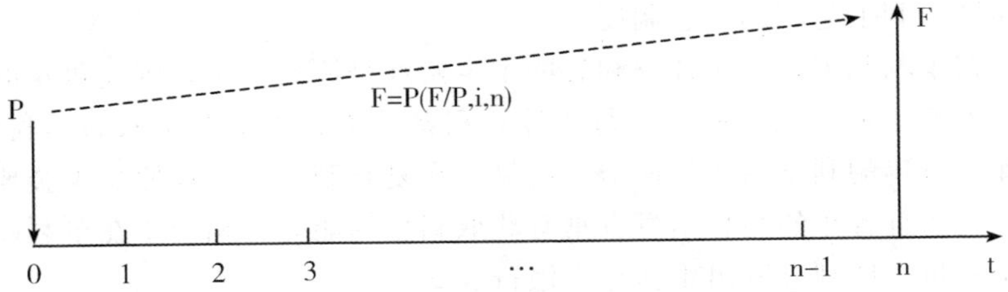

附图1 一次性收付款项终值计算示意图

根据已知的现值P和利率i，计算n期后的终值F的公式为：

终值（F）=现值×（1+利率）^{时期}=P×（1+i)^n

式中的（1+i)^{n}叫一次性收付款项终值系数，又称复利终值系数、一元终值、终值因子，简称终值系数，记作（F/P，i，n）。根据不同的i和n，计算出（1+i)^n=（F/P，i，n）的值，列表即为复利终值系数表。于是上式可写成：

终值（F）=现值×终值系数=P×（F/P，i，n）

查表可大大节约计算工作量，比公式更具有实用价值。

（二）一次性收付款项现值的计算

计算一次性收付款项的现值，其实质就是在已知未来第n年年末本利和（F）的前提下，计算第0年原始本金（P）的过程，其示意图如附图2所示。这个过程也叫折现，此时使用的利率i又称折现率。显然，折现是一次性收付款项终值计算的逆运算。

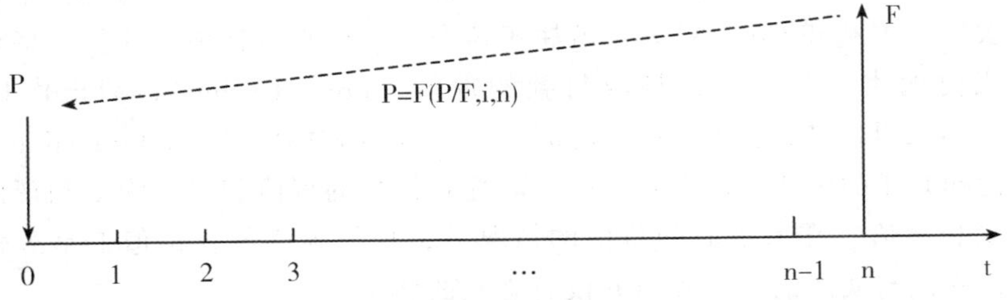

附图2 一次性收付款项现值计算示意图

根据已知的n期后的未来终值F和折现率i，计算第0年现值P的公式为：

现值（P）=终值×（1+利率）$^{-时期}$=F×（1+i）$^{-n}$

式中（1+i）$^{-n}$叫一次性收付款项现值系数，又称复利现值系数、一元现值、现值因子，简称现值系数，记作（P/F，i，n）。该系数亦可通过查表求得。则上式可写成：

现值（P）=终值×现值系数=F×（P/F，i，n）

显然，终值系数与现值系数互为倒数。

四、系列收付款项的终值与现值

这个问题很重要，它是理解年金的终值与现值，以及递增（减）系列收付款终值与现值的基础。

所谓系列收付款项，指在n期内多次发生收款（或付款业务）而形成的多时点收（付）款数列。

（一）系列收付款项终值的计算

计算系列收付款项的终值，实际上就是将多时点资金数列逐一换算为未来某一时点的终值再求和的过程。如在n年内，已知每年年末存款R_t（t=1，2，…，n），求第n年年末一次取出的本利和一共是多少，这类问题就属于求系列收款终值的问题。[①]它是一次性存款现值求终值的发展，即分别将不同时点存款的现值（当时值）按一定的复利率i和该存款实际存放年限逐一换算为第n年年末的终值，再将它们加起来，便得到系列存款的终值。

当系列收付款项为R_1，R_2，R_3，…，R_t，…，R_n（$R_t \geq 0$），它们相应的终值分别为F_1，F_2，F_3，…，F_t，…，F_n时，该系列收付款项的终值F_R的计算公式为：

$$
\begin{aligned}
F_R &= \sum_{t=1}^{n} F_t \\
&= F_1+F_2+\cdots+F_t+\cdots+F_{n-1}+F_n \\
&= R_1(1+i)^{n-1}+R_2(1+i)^{n-2}+\cdots+R_t(1+i)^{n-t}+\cdots+R_{n-1}(1+i)^1+R_n(1+i)^0
\end{aligned}
$$

①如果在n年内，已知每年年末取款R_t（t=1，2，…，n），求第n年年末一次应归还的本利和一共是多少，这类问题属于求系列付款终值的问题。因此，是否需要计算系列收付款项的终值，与系列款项究竟属于系列收款还是属于系列付款无关。

$$=\sum_{t=1}^{n}[R_t(1+i)^{n-t}]$$

计算系列收付款项终值F_R的过程可用附图3表示。

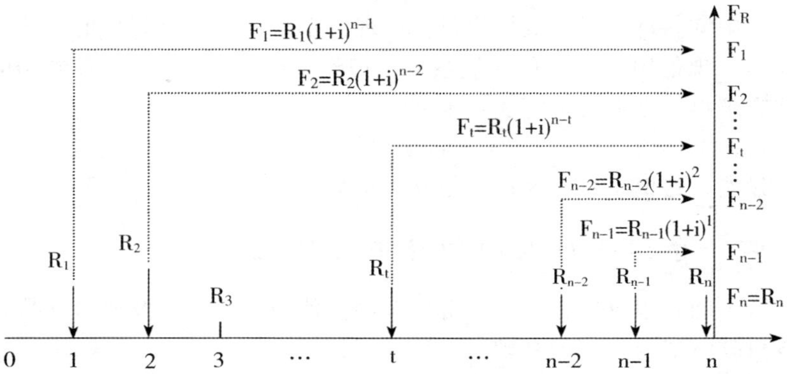

附图3　系列收付款项终值计算示意图

如果系列收付款不是在每年年末发生，而是在年初发生，则相应的系列收付款终值计算公式应为：

$$F_R'=\sum_{t=0}^{n-1}[R_t(1+i)^{n-t}]$$

上述两式中的（$1+i)^{n-t}$均为一次性收付款终值系数，所不同的是每当t有一个确定值，便有一个（n−t）与之对应，可通过多次查终值系数表得到这些数值，故以上两公式又可分别写作：

$$F_R=\sum_{t=1}^{n}[R_t(F/P,\ i,\ n-t)]$$

$$F_R'=\sum_{t=0}^{n-1}[R_t(F/P,\ i,\ n-t)]$$

（二）系列收付款项现值的计算

这个问题实质上是将多时点的终值（当时值）统一换算为事前某一时点的现值再求其合计的过程。如在n年内每年年末取款（本利和）R_t（t=1，2，…，n），第n年取完，问事先应一次性存入银行多少钱才行（一次存入，分次取出）？这实际上是一次性取款终值换算为现值问题的发展，只需将各期取款额（当期终值）分别折算为期初（第0年）的现值，那么这些现值的合计数就是所求的系列收入款项的现值。

当系列收付款额为R_1，R_2，R_3，…，R_t，…，R_n（$R_t\geq0$），它们相

应的现值分别为P_1，P_2，P_3，…，P_t，…，P_n时，该系列收付款项的现值P_R的计算公式为：

$$P_R=\sum_{t=1}^{n}P_t=P_1+P_2+\cdots+P_t+\cdots+P_{n-1}+P_n$$

$$=R_1(1+i)^{-1}+R_2(1+i)^{-2}+\cdots+R_t(1+i)^{-t}+\cdots+R_{n-1}(1+i)^{-(n-1)}+R_n(1+i)^{-n}$$

$$=\sum_{t=1}^{n}[R_t(1+i)^{-t}]$$

同理，上式亦可写成：

$$P_R=\sum_{t=1}^{n}[R_t\times(P/F,i,t)]$$

计算系列收付款项现值P_R的过程可用附图4表示。

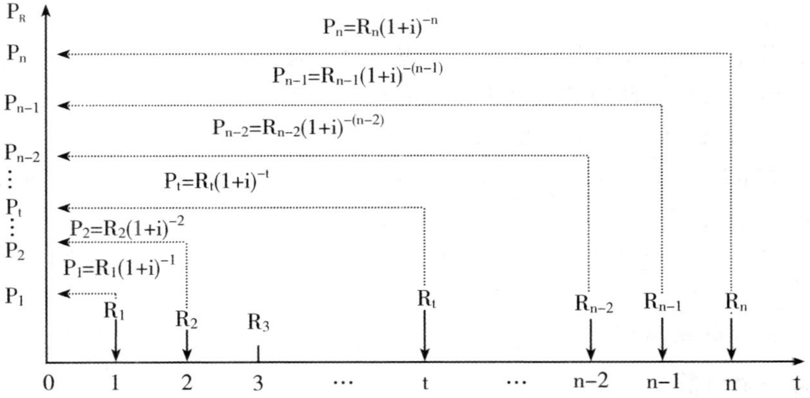

附图4　系列收付款项现值计算示意图

系列收付款项现值计算在长期投资决策中是最常被采用的一种形式，应特别注意。

五、年金的终值与现值的计算

年金（annuity）是系列收付款项的特殊形式，它是指在一定时期内每隔相同时间（如一年）就发生相同数额的系列收付款项，也称等额系列款项。

年金应同时满足三个条件：

（1）连续性。在一定期间内每隔一段时间必须发生一次收付款业务，形成系列，不得中断。

（2）等额性。各期发生的款项必须在数额上相等。

（3）同向性。各期发生的款项必须是相同的收支方向。

因此若某系列收付款项 R_t（t=1，2，…，n）满足下式：

$R_{t+1}=R_t\equiv A$　（t=1，2，…，n-1，A为一常数）

则该系列收付款项便取得了年金形式，记作A。

在现实经济生活中，分期等额形成或发生的各种偿债基金、折旧费、养老金、保险金、租金、等额分期收付款、零存整取储蓄存款业务中的零存数、整存零取储蓄存款业务中的零取金额、定期发放的固定奖金、债券利息和优先股股息以及等额回收的投资额等，都属于年金的范畴。

年金又包括普通年金、先付年金、递延年金和永续年金等几种形式，其中普通年金应用最为广泛，其他几种年金均可在普通年金的基础上推算出来。因此应着重掌握普通年金的有关计算。

（一）普通年金终值的计算

在n期内，从第一期起每期期末发生的年金为普通年金（common annuity）①，又叫后付年金，用A表示。

普通年金终值简称为年金终值，记作 F_A，它是特殊的系列收付款项终值。

根据已知的年金A，计算年金终值 F_A 的过程属于已知零存求整取的问题，其计算公式为：

$$F_A=A\times\frac{(1+i)^n-1}{i}$$

式中，$\frac{(1+i)^n-1}{i}$ 叫年金终值系数，又称一元年金终值或年金终值因子，记作（F_A/A，i，n），于是该式又可改写为：

$$F_A=A\times(F_A/A,\ i,\ n)$$

通过查一元年金终值系数表，可以求得（F_A/A，i，n）的值。

年金终值计算过程可用附图5表示。

①在本书中，凡涉及年金问题，若不特殊说明均指普通年金。

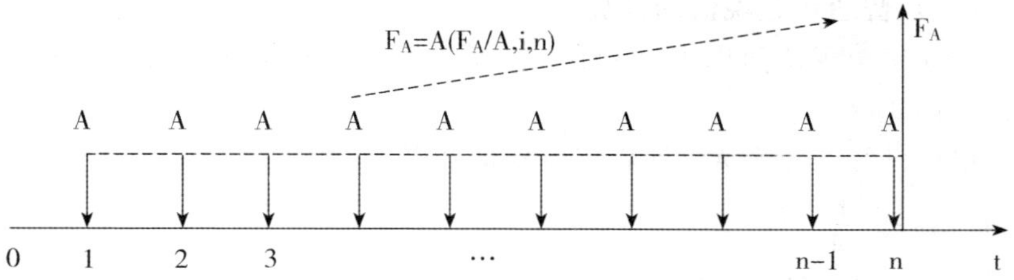

附图5　年金终值计算示意图

年金终值与复利终值都是按一定的复利利率计算所得的本利和，所不同的是，前者是根据一系列等额款项A计算得出的，而后者则是根据一笔款项P计算得出的。

（二）年偿债基金的计算

年偿债基金又叫积累基金，计算偿债基金就是根据已知的年金终值F_A求年金A（在此叫年偿债基金）的过程。显然，年偿债基金的计算是年金终值的逆运算，亦属于已知整取求零存的问题。

上式可直接推导出年偿债基金的计算公式：

$$A=F_A\times\frac{i}{(1+i)^n-1}$$

式中，$\frac{i}{(1+i)^n-1}$叫偿债基金系数，又称积累系数、一元终值的年金额、终值年金等，简记为（A/F_A，i，n）。这个系数可通过查有关偿债基金系数表得到，或通过年金终值系数的倒数推算出来，于是该式又可改写为：

$$A=F_A\times(A/F_A,\ i,\ n)=F_A\times\frac{1}{(F_A/A,\ i,\ n)}$$

年偿债基金计算过程可用附图6表示。

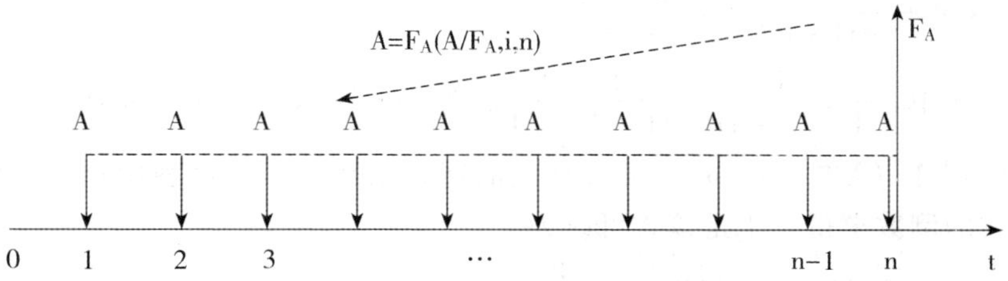

附图6　年偿债基金计算示意图

（三）普通年金现值的计算

普通年金现值简称年金现值，它是等额系列收付款额现值的简化形式，记作P_A。

根据已知的年金A，计算年金现值P_A的公式为：

$$P_A=A\times\frac{1-(1+i)^{-n}}{i}$$

式中的$\frac{1-(1+i)^{-n}}{i}$称作年金现值系数，又叫一元年金现值或年金现值因子，记作（P_A/A，i，n），于是该式可改写为：

$$P_A=A\times(P_A/A,\ i,\ n)$$

可通过查一元年金现值系数表求得（P_A/A，i，n）的值。

年金现值的计算属于已知零取求整存的问题，其计算过程可用附图7表示。

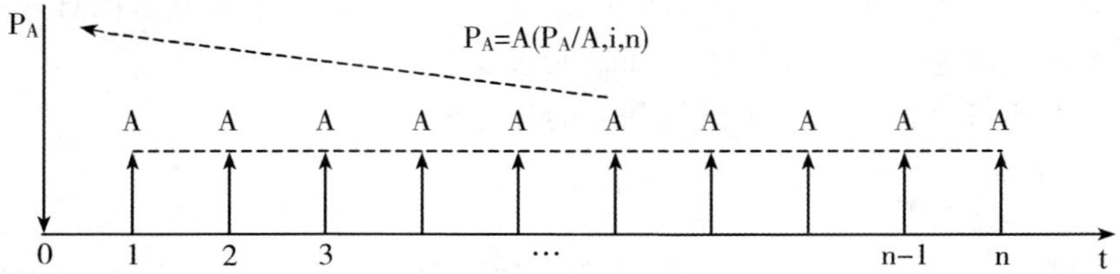

附图7　年金现值计算示意图

（四）年回收额的计算

年回收额本身就是年金的一种表现形式，计算年回收额就是根据已知的年金现值求年金的过程。显然，年回收额的计算是年金现值的逆运算，属于已知整存求零取的问题。

由前式可直接推导出年回收额的计算公式：

$$A=P_A\times\frac{i}{1-(1+i)^{-n}}=P_A\times\frac{i(1+i)^n}{(1+i)^n-1}$$

式中，$\frac{i}{1-(1+i)^{-n}}=\frac{i(1+i)^n}{(1+i)^n-1}$称作回收系数，又称一元现值的年金，记作（A/$P_A$，i，n），可查有关的回收系数表，亦可利用年金现值系数的倒数求得。于是该式可改为：

$$A=P_A\times(A/P_A,\ i,\ n)=P_A\times\frac{1}{(P_A/A,\ i,\ n)}$$

年回收额计算过程可用附图8表示。

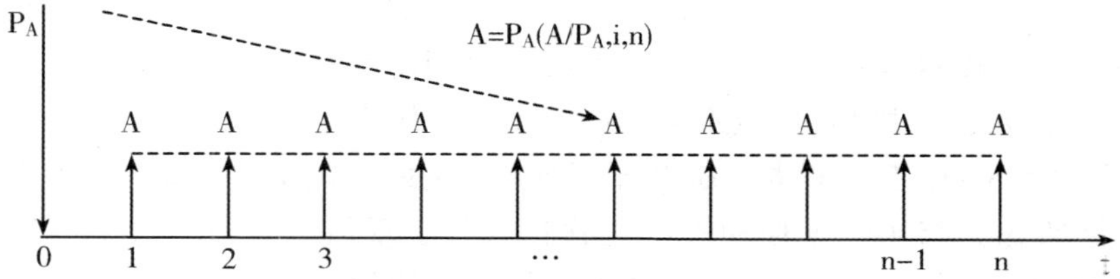

附图8 年回收额计算示意图

（五）普通年金与一次性收付款项的区别与联系

普通年金与一次性收付款项相比有以下三点不同之处：

第一，发生的频率不同。普通年金在n期内每期期末都发生，共发生n次；而一次性收付款项在n期内无论是收款还是付款都只发生一次。

第二，首次发生的时点不同。普通年金首次发生在第一期的期末（时间坐标为1），而一次性收付款项要么发生在第一期的期初（表现形式为现值，时间坐标为0），要么发生在第n期的期末（表现形式为终值，时间坐标为n）。

第三，终值系数与现值系数之间的关系不同。普通年金终值系数与普通年金现值系数之间并不是互为倒数的关系；而一次性收付款项的终值系数与现值系数则属于互为倒数的关系。

普通年金与一次性收付款项相比有以下三点共同之处：

第一，无论是普通年金还是一次性收付款项，它们与其终值的关系不会因收款或付款性质的改变而改变。在附图1中，反映的是第一期期初付出的本金P（现值）与第n期期末收到的本利和F（终值）之间的关系。如果我们将P改为收到的本金，将F改为付出的本利和，则P与F之间的关系仍然存在，计算过程也不会因此而发生任何改变。同样道理，在附图5和附图6中，反映的是n期内每期期末发生的等额系列付款A（年金或偿债基金）与第n期期末一次收入的本利和F_A（年金终值）之间的关系。如果我们将A改为等额系列收款，F_A改为第n期期末一次付出的本利和，则A与F_A之间的关系和计算公式也不会发生任何变化。

第二，无论是普通年金还是一次性收付款项，它们与其现值的关系不会因收款或付款性质的改变而改变。在附图2中，反映的是第n期末收入的本利和F（终值）与第一期期初付出的本金P（现值）之间的关系。如果我们将F改为付款，将P改为收到的本金，则F与P之间的关系仍然存在，计算过程也不会因此而发生任何改变。同样道理，在附图7和附图8中，反映的是n期内每期期末发生的等额系列收款A（年金或年回收额）与第一期期初一次付款P_A（年金现值）之间的关系。如果我们将A改为等额系列付款，P_A改为第一期期初一次收款，A与P_A之间的关系和计算公式也不会发生任何变化。

第三，无论是普通年金还是一次性收付款项，它们的终值都发生在第n期期末，它们的现值都发生在第一期期初。

此外，普通年金终值F_A与普通年金现值P_A之间的关系实质上就是一次性收付款项终值F与现值P之间的关系。

（六）其他种类年金问题简介

1.先付年金的终值与现值的计算

先付年金（annuity due）是指在n期内，从第一期起每期期初发生的年金形式，又称预付年金或即付年金，记作A′。普通年金与先付年金的区别如附图9所示。

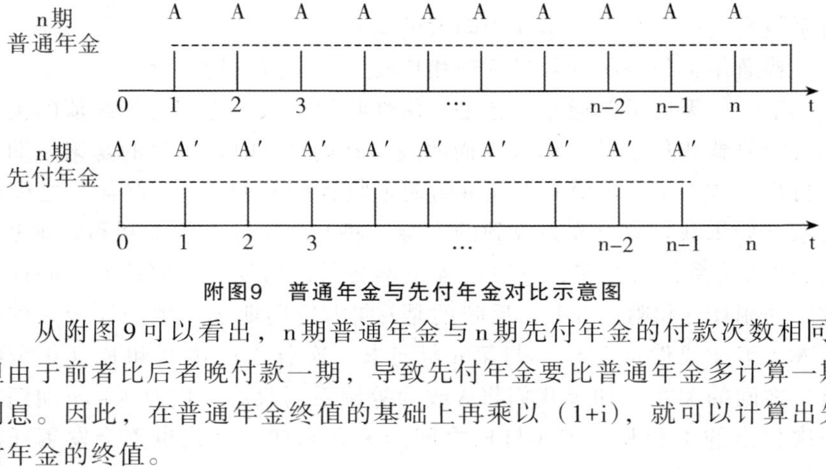

附图9　普通年金与先付年金对比示意图

从附图9可以看出，n期普通年金与n期先付年金的付款次数相同，但由于前者比后者晚付款一期，导致先付年金要比普通年金多计算一期利息。因此，在普通年金终值的基础上再乘以（1+i），就可以计算出先付年金的终值。

根据已知的先付年金A′，计算先付年金终值F_A'的公式为：

$$F_A{}'=A'\times\frac{(1+i)^n-1}{i}\times(1+i)=A'\times\left[\frac{(1+i)^{n+1}-1}{i}-1\right]$$

式中方括号中的内容叫先付年金终值系数，它是在n期普通年金终值系数的基础上，期数加1，系数值减1所得的结果，可简记为［（F_A/A，i，n+1）−1］。于是该式可改为：

$$F_A{}'=A'\times[(F_A/A,\ i,\ n+1)-1]$$

同样道理，在计算现值时，n期普通年金与n期先付年金的付款次数相同，但由于前者比后者晚付款一期，导致先付年金要比普通年金少折现一期。因此，在普通年金现值的基础上再乘以（1+i），就可以计算出先付年金的现值。

根据已知的先付年金A′，计算先付年金现值$P_A{}'$的公式为：

$$P_A{}'=A'\times\frac{1-(1+i)^{-n}}{i}\times(1+i)=A'\times\left[\frac{1-(1+i)^{-(n-1)}}{i}+1\right]$$

式中方括号中的内容叫先付年金现值系数，它是在n期普通年金现值系数的基础上，期数减1，系数值加1所得的结果，可简记为［（P_A/A，i，n−1）+1］。于是该式可改为：

$$P_A{}'=A'\times[(P_A/A,\ i,\ n-1)+1]$$

2.递延年金终值和现值的计算

所谓递延年金（deferred annuity）是指在n期内，从0期开始间隔s期（s≥1）以后才发生系列等额收付款项的一种年金形式，记作A″。显然，凡不是从第一期开始的年金都属于递延年金的形式。

普通年金与递延年金的区别可以分别用附图10和附图11来表示。

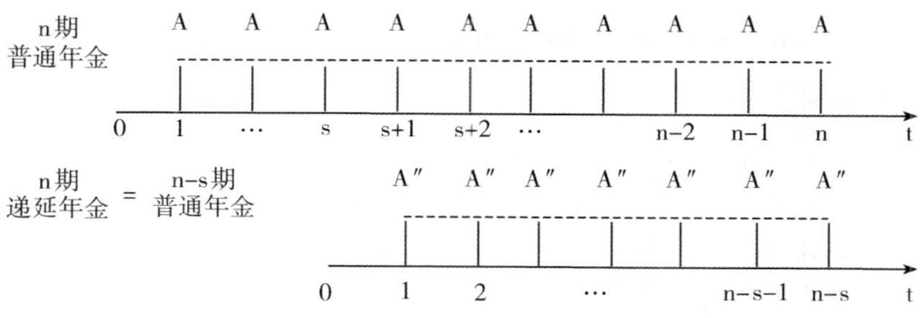

附图10　普通年金与递延年金对比示意图（一）

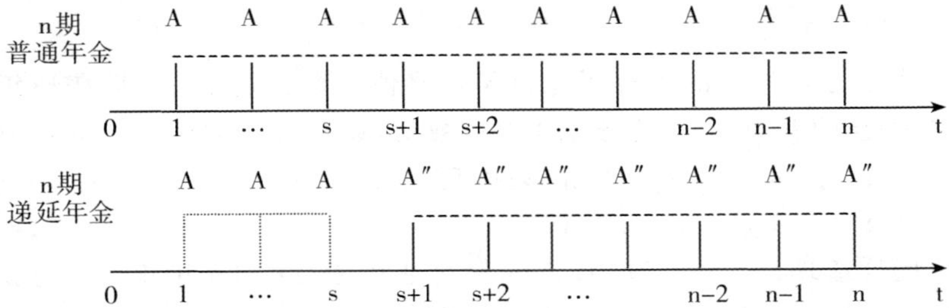

附图11 普通年金与递延年金对比示意图（二）

从附图10可以看出，n期的递延年金就是（n−s）期的普通年金；从附图11可以看出，n期的递延年金等于n期的普通年金与s期的普通年金之差。因此，无论是递延年金终值还是递延年金现值，都可以在普通年金的基础上计算出来。

根据已知的递延年金A″，计算递延年金终值F_A''的公式为：

$$F_A''=A''\times(F_A/A,\ i,\ n-s)$$

在管理会计中经常遇到的问题是如何计算递延年金现值的问题。

根据已知的递延年金A″，计算递延年金现值P_A''的方法有两种。

第一种方法需要利用n−s期的普通年金现值系数和s期的复利现值系数，其计算公式为：

$$P_A''=A''\times\frac{1-(1+i)^{-(n-s)}}{i}\times(1+i)^{-s}$$

$$=A''\times(P_A/A,\ i,\ n-s)\times(P/F,\ i,\ s)$$

上式的原理是：先计算n−s期的普通年金现值，然后再折算为s期的复利现值，从而得到所求的递延年金现值。

第二种方法需要利用n期和s期的普通年金现值系数，其计算公式为：

$$P_A''=A''\times\left[\frac{1-(1+i)^{-n}}{i}-\frac{1-(1+i)^{-s}}{i}\right]$$

$$=A''\times[(P_A/A,\ i,\ n)-(P_A/A,\ i,\ s)]$$

上式的原理是：按照n期的普通年金现值与s期的普通年金现值之差来计算递延年金现值。

3.永续年金现值的计算

所谓永续年金是指无限等额收付的特种年金，即是当期限$n\to+\infty$时的普通年金，用A^*表示。在实际经济生活中，并不存在无限期永远支付的永续年金，但可以将利率较高、持续期限较长的年金视同永续年金计算。由于假设永续年金没有终点，故不存在其终值问题，只能计算其现值。其公式为：

$$P_A^*=\frac{A^*}{i}$$

由上式可十分方便地推算出永续年金的年金和利率的计算公式：

$$A^*=P_A^*\times i$$

$$i=\frac{A^*}{P_A^*}$$

永续年金及其现值计算过程如附图12所示。

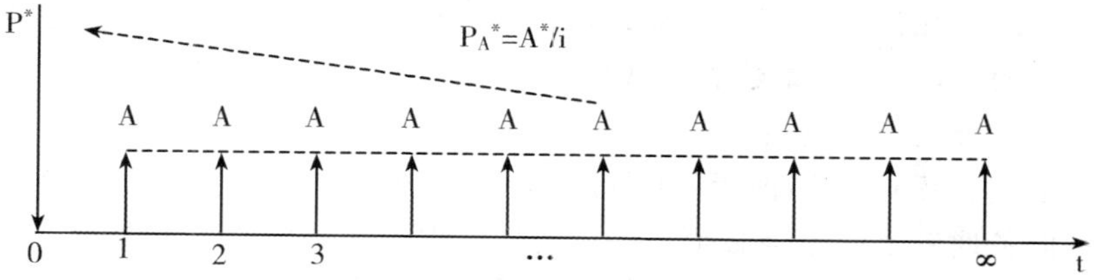

附图12 永续年金及其现值计算示意图

六、货币时间价值的其他问题

（一）货币时间价值各种表现形式之间的关系

上面我们介绍了货币时间价值的各种表现形式，其中，复利终值F、现值P、年金终值F_A、偿债基金A、年金现值P_A及年回收额A之间的关系可以用附图13来表示：

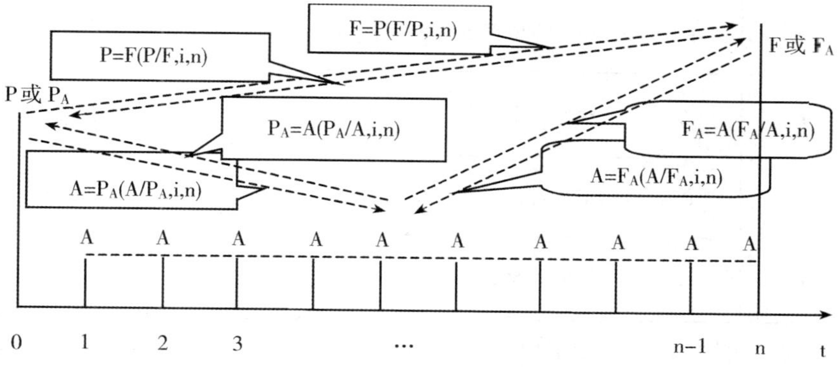

附图13 货币时间价值各种表现形式关系示意图

理解货币时间价值，应当注意以下几点：

第一，复利终值和现值之间互为逆运算。

第二，偿债基金和年回收额都是普通年金的表现形式。

第三，年金终值与偿债基金互为逆运算，年金现值与资本回收值互为逆运算。

第四，年金终值和年金现值只是相对于普通年金才存在，它们之间只是复利终值和复利现值之间的关系。

第五，计算某个指标，就需要利用该指标的货币时间价值系数。

第六，无论哪种系数，都必须以事先已知计算期间n和利息率或折现率i为前提；在其系数表达式中，斜线前的字母是所要求的指标，斜线后的字母是已知的指标。

第七，无论对哪种货币时间价值的表现形式，都与其收付形式无关；但各期发生的年金必须在一定时期内保持相同的收支方向。

为便于理解和比较，可将相关货币时间价值计算公式汇总列表，见附表1。

附表1　**货币时间价值计算公式汇总表**

已知项	所求项	使用系数名称	系数符号	计算公式
P	F	复利终值系数	(F/P，i，n)	$F=P\times(1+i)^{n}$
F	P	复利现值系数	(P/F，i，n)	$P=F\times(1+i)^{-n}$
A	F_A	年金终值系数	(F_A/A，i，n)	$F_A=A\times\frac{(1+i)^n-1}{i}$
F_A	A	偿债基金系数	(A/F_A，i，n)	$A=F_A\times\frac{i}{(1+i)^n-1}$
A	P_A	年金现值系数	(P_A/A，i，n)	$P_A=A\times\frac{1-(1+i)^{-n}}{i}$
P_A	A	回收系数	(A/P_A，i，n)	$A=P_A\times\frac{i}{1-(1+i)^{-n}}$

在长期投资决策方案评估中应用频率较高的系数表是复利现值系数表和年金现值系数表。

（二）货币时间价值系数表的利用

1.计算利息率（折现率）i

对于一次性收付款项来说，若已知P、F、n，可不用查表而直接按下式计算出i来：

$$i=\sqrt[n]{\frac{F}{P}}-1$$

对永续年金的利率也不必查表。

但对于普通年金问题，则无法直接套用公式，必须利用有关的系数表，乃至应用内插法求i。

如已知P_A、A、n，求i，可按下列程序进行：

（1）计算P_A/A的值，设$P_A/A=C$（C为一实数值）。

（2）根据C与（P_A/A，i，n）数值的关系，查一元年金现值系数表。沿着已知n所在的行横向查找，若恰好能找到某一数值等于C，则该数值所在的列数对应的利率便为所求的i。

（3）若无法找到等于C的值，则应在表中n行上找到最为接近C的两个上下临界系数值，设为m_1和m_2（它们满足以下关系：$m_1>C>m_2$）。读出m_1和m_2所对应的临界利率：i_1和i_2（它们满足以下关系：$i_1<i_2$），然后进一步应用内插法。

（4）内插法的原理是假设利率i与相关的系数在较小范围内呈线性联系，因此所求的i可根据两组临界系数m_1、m_2和临界利率i_1、i_2的关系计算出来。其公式是：

$$i=i_1+\frac{m_1-C}{m_1-m_2}\times(i_2-i_1)$$

2.计算期间n

假定已知P_A、A和i，求n，程序如下：

（1）计算$P_A/A=C$。

（2）查一元年金现值系数表，沿着已知i所在的列纵向查找，若能找到等于C的值，则可读出该值所对应的n。

（3）否则，确定i列接近C值的左右临界系数：T_1和T_2（它们满足以下关系：$T_1<C<T_2$），进而确定相对应的临界期间：n_1和n_2（它们满足以下关系：$n_1>n_2$）。应用内插法，公式为：

$$n=n_1+\frac{C-T_1}{T_2-T_1}\times(n_2-n_1)$$

3.确定系数表以外的有关系数值

货币时间价值系数表是按照日常使用频率最高的i与n编排的，但有时无法在表中直接查到有关系数值。遇到这种情况除了套用有关系数的公式进行计算外，还可利用现有系数表进行简单推算。

（1）当复利系数表上没有相应的复利期数n时，推算复利现值（或终值）系数。

若在一元复利现值（或终值）系数表上找不到相应的n期，可将该n值分解为两个可在表上找到的n_1和n_2，使$n_1+n_2=n$，分别查n_1和n_2的对应系数，最后将查得的两系数相乘，所得到的积就是该n期的系数值。

（2）利用已知的复利系数，推算未知的年金系数。

有时在复利系数表上可查到特定i和n所对应的系数值，但在年金系数表上却查不到，此时可利用以下公式，按已知的复利系数推算出未知的年金系数：

$$(F_A/A,\ i,\ n)=\frac{(F/P,\ i,\ n)-1}{i}$$

$$(P_A/A,\ i,\ n)=\frac{1-(P/F,\ i,\ n)}{i}$$

由于复利系数在保留小数的精度上有一定误差，会使推算出来的年金系数产生误差，但在实践上可以忽略不计，因此利用这种方法可以大大简化有关年金系数计算的过程。

4.名义利率与实际利率的换算问题

在以上讨论中，始终假定利息率（贴现率）为年利率，且每年只复利计息一次。但在实际生活中，某些款项在一年内不止复利一次。如银行之间拆借资金或大储户均为每天计息一次；有的抵押借款每月计息一次，也有每季度计息一次；某些债券每半年计息一次。凡每年复利次数超过一次的年利率在经济上叫名义利率[①]，而每年只复利一次的年利率才是实际利率。在理论上，按实际利率每年复利一次计算得到的利息应

①也有人将债券及优先股的票面利率称为名义利率，而将在发行上述有价证券时，金融市场上由供需双方确定的通行利率称为实际利率。在具体使用这两个术语时，应注意明确其具体内容。

该与按名义利率每年多次复利计算的利息是等价的，因此对于一年内多次复利的情况，可按两种方法计算货币时间价值。

第一种方法：将名义利率调整为实际利率，再按实际利率计算货币时间价值。

设一年内复利m次，名义利率为r，则实际利率i的公式是：

$$i=\left(1+\frac{r}{m}\right)^{m}-1$$

此法的缺点是，调整后的实际利率往往带小数点，不好查表，故在实际工作中多按第二种方法处理名义利率。

第二种方法：不计算实际利率，而是相应修正利率和时期，并按修正后的利率和时期确定有关系数，进而计算货币时间价值。

修正后的利率为r/m，修正后的时期为mn。

这种方法可大大简化有关货币时间价值系数的计算过程。其中m值应视具体复利期而定：半年复利一次，m为2；每季度复利一次，m为4；每月复利一次，m为12；每周复利一次，m为52；每日复利一次，m为360。

附录二　管理会计模拟试题①

模拟试题（一）②

课程号：__________课序号：__________开课单位：__________
命题人：__________排版人：__________审题人：__________

题　号	一	二	三	四	五	六	七	总　分
题　分	15	15	10	10	20	15	15	100
得　分								
评阅人								

一、单项选择题（下列每小题的备选答案中，只有一个符合题意的正确答案，共15个小题，每小题1分，共15分，多选、错选、不选均不得分）

1.从作用时效上看，被现代管理会计摆在第一位的作用时效是（　　）。

A.分析过去　　　　B.控制现在

C.规划未来　　　　D.反映实际

2.按照管理会计学的说法，“不受企业管理层短期决策行为影响的经营能力成本”被称为（　　）。

A.约束性固定成本　　　　B.酌量性固定成本

C.技术性变动成本　　　　D.酌量性变动成本

①为节约版面，收录于本书的所有试题都没有预留答题所需要的空白之处，也没有保留原卷的页眉、页脚格式，同时还改变了原试卷小题与小题之间的行距。此外，由于页面的大小不同，本试卷与原始试卷在格式上略有差别。（下同）

②本书共收录了“管理会计模拟试题”中的模拟试题（一）、模拟试题（二）两套试题，读者可登录东北财经大学出版社网站（www.dufep.cn）免费下载模拟试题（三）、模拟试题（四）、模拟试题（五）、模拟试题（六）。

3.如果其他条件不变，当期末存货量为零，而期初存货量不为零时，完全成本法与变动成本法的营业利润广义差额（　　）。

A.必然大于零　　B.必然等于零

C.必然小于零　　D.无法确定

4.根据本量利分析原理，如果其他因素不变，则下列各项中其结果不可能导致保净利点下降的是（　　）。

A.单价上升　　B.单位变动成本下降

C.目标净利润上升　　D.企业所得税税率下降

5.已知某企业根据20×6年全年各月实际销量按修正的直线回归法建立的销量预测模型为“Q=100+0.5t”，则该企业20×7年2月份的预测销量为（　　）。

A.100.5吨　　B.103.5吨

C.106.5吨　　D.107.5吨

6.企业在进行“以市场需求为导向的调价决策”时，下列各项中应当优先采用的方法是（　　）。

A.成本加成法　　B.保利定价法

C.成本无差别点法　　D.利润无差别点法

7.在下列各项中，包含于完整的工业投资项目中生产经营期现金流出量的是（　　）。

A.固定资产投资　　B.流动资金投资

C.经营成本　　D.营业收入

8.不论在什么条件下，下列长期投资决策评价指标中只能采取一种方法计算的是（　　）。

A.动态投资回收期　　B.静态投资回收期

C.内部收益率　　D.净现值

9.某企业在对甲、乙两种投资额和计算期均不相等的互斥方案进行投资决策时，结论是“应当选择甲方案”。据此，可以断定（　　）。

A.甲方案不具备财务可行性

B.甲方案的净现值大于乙方案的净现值

C.甲方案的内部收益率大于乙方案的内部收益率

D.甲方案的年等额净回收额大于乙方案的年等额净回收额

10.为克服增量预算方法的缺点，人们专门设计了（　　）。

A.弹性预算方法　　B.零基预算方法

C.固定预算方法　　D.滚动预算方法

11.将成本控制分为绝对成本控制和相对成本控制两类所采用的分类标志是（　　）。

A.成本控制原理　　B.成本控制手段

C.成本控制对象　　D.成本控制时期

12.在下列各项中，属于最优生产批量决策应当考虑的相关成本内容的是（　　）。

A.订货成本　　B.调整准备成本

C.直接材料成本　　D.直接人工成本

13.在现代管理会计系统中，“承担一定经济责任，并拥有相应管理权限和享受相应利益的企业内部责任单位”被称为（　　）。

A.责任中心　　B.成本中心

C.利润中心　　D.投资中心

14.在现代管理会计系统中，“以作业为计算产品成本的中间桥梁，通过作业动因来确认和计量各作业中心的成本，并以作业动因为基础来分配间接费用的成本计算方法”被称为（　　）。

A.作业动因计算　　B.作业成本计算

C.动因管理　　D.作业管理

15.在战略管理会计中，“企业竞争能力分析”又称为（　　）。

A.JIT分析　　B.SWOT分析

C.EVA分析　　D.ABC分析

二、多项选择题（下列每小题的备选答案中，有两个或两个以上符合题意的正确答案，共10个小题，每小题1.5分，共15分，多选、少选、错选、不选均不得分）

1.在下列各项中，属于为保证管理会计信息符合一定质量标准而确定的一系列主要工作规范的内容有（　　）。

A.最优化原则　　B.效益性原则

C.全面性原则　　D.及时性原则

E.灵活性原则

2.在成本性态分析中，可以在先计算出b的基础上再计算出a的方法有（　　）。

A.高低点法　　B.散布图法

C.技术测定法　　D.直接分析法

E.一元直线回归法

3.在下列各项中，属于变动成本法与完全成本法本质区别的有（　　）。

A.损益确定的程序不同　　B.应用的前提条件不同

C.计算出的营业利润不同　　D.所提供的信息用途不同

E.产品成本的构成内容不同

4.在下列各种方法中，属于将多品种条件下的本量利分析转化（或简化）为单一产品本量利分析形式的有（　　）。

A.加权平均法　　B.联合单位法

C.主要品种法　　D.分算法

E.顺序法

5.在现实情况下，不同因素的利润灵敏度指标可以有多种排列，可能出现的情况有（　　）。

A.$S_1>S_2>S_3>S_4$　　B.$S_1>S_2=S_3>S_4$

C.$S_1>S_3>S_2>S_4$　　D.$S_1>S_2>S_4>S_3$

E.$S_1>S_3>S_4>S_2$

6.在下列各项中，属于短期经营决策必须通盘考虑的因素有（　　）。

A.产能　　B.相关成本

C.相关收入　　D.相关业务量

E.项目计算期

7.在现实的经济生活中，下列项目中属于年金范畴的有（　　）。

A.零存整取储蓄存款业务中的零存数

B.整存零取储蓄存款业务中的零取数

C.定期固定发放的优先股股息

D.分期等额形成的偿债基金

E.分期等额回收的投资额

8.按照现代管理会计理论，在计算投资项目净现值时，可以考虑采取的折现率形式有（　　）。

A.资本成本　　B.行业基准折现率

C.投资的机会成本　　D.主观确定的折现率

E.社会平均资金收益率

9.按照作业管理原理，作业管理与传统成本控制的区别主要表现为（　　）。

A.成本改进的侧重点不同　　B.成本控制的性质不同

C.成本控制的对象不同　　D.研究范畴不同

E.分析内容不同

10.按照战略管理会计的相关理论，企业集团或控股公司的战略按其组织结构分类的结果为（　　）。

A.成本层战略　　B.公司层战略

C.经营层战略　　D.职能层战略

E.价值层战略

三、判断题（本类题共10小题，每小题1分，共10分，每小题判断结果符合标准答案的得1分，判断结果不符合标准答案的扣0.5分，不判断不得分也不扣分，本类题最低总得分为零分）

1.由于管理会计工作的程序性较差，没有固定的工作程序可以遵循，有较大的回旋余地，这必然导致不同企业间管理会计工作的较大差异性。（　　）

2.成本性态分析的程序就是指在全部成本按其性态分类的基础上，再对混合成本进行分解所经过的全部过程。（　　）

3.根据管理会计学理论，导致营业利润狭义差额出现的根本原因，是完全成本法和变动成本法对固定生产成本采取了不同的处理方法。（　　）

4.在多品种本量利分析的分算法下，如果按照各种产品的边际贡献比重分配固定成本，可以得到与按综合边际贡献率法下的加权平均法完全相同的分析结果。（　　）

5.在前后期单价、单位变动成本和固定成本不变的情况下，产销量越大，经营杠杆系数越小；产销量越小，经营杠杆系数越大。（　　）

6. 半成品是否深加工决策的技巧不能用于副产品是否深加工的决策。（　　）

7. 在确定经营成本时，从总成本中扣除利息费用的理由是“在计算折现的投资决策评价指标时，可以避免重复扣除利息因素”。（　　）

8. 只要建设起点发生了投资，按插入函数法计算的内部收益率就一定不等于该项目的真实内部收益率。（　　）

9. 根据管理会计学的理论，销售预算是编制全面预算的关键和起点。（　　）

10. 作业成本计算的理论依据是“产品消耗资源，资源消耗作业”。（　　）

四、简答题（本类题共3小题，任答其二，多答不加分。每小题5分，共10分）

1. 什么叫相关成本？请结合是否接受低价追加订货决策，说明各有关备选方案可能涉及哪些相关成本（请具体说明其中任何一项相关成本的计量办法）。

2. 什么是两种成本法营业利润广义差额的变动规律？试说明营业利润广义差额的一般规律。

3. 什么是经营成本？在计算该指标时为什么要在总成本费用的基础上进行各种扣除？

五、计算分析题（本类题共2小题，每小题10分，共20分。注：①凡要求计算的项目，均须列出计算过程；②计算结果有计量单位的，应予标明，标明的计量单位应与题中所给的计量单位相同；③计算结果出现小数的，除有特殊要求外，均保留小数点后两位小数；④凡要求解释、分析、说明理由的内容，必须有相应的文字阐述）

1. 已知：某企业只生产一种产品，全年最大生产能力为10 000件。年初已按100元/件的价格接受正常任务8 000件。该产品的单位完全生产成本为800元/件（其中，单位固定生产成本为300元/件）。现有一客户要求以700元/件的价格追加订货2 500件。因有特殊要求，企业需追加9 000元专属成本。剩余能力可用于对外出租，可获租金收入10 000元。

要求：用差别损益分析法为企业作出是否接受此项追加订货的决

策，并说明理由。差别损益分析表见附表1。

附表1 **差别损益分析表**

项目 方案	接受追加订货	拒绝接受	差异额
相关收入			
相关成本			
其中：			
差别损益			

2.已知：某投资项目需要发生以下各项具体投资：固定资产投资100万元、无形资产投资20万元、其他资产投资10万元、流动资金投资30万元和建设期资本化利息10万元。假定固定资产到期时的预计净残值为10万元。

要求：计算该项目中的下列指标：

（1）建设投资=

（2）原始投资=

（3）投资总额=

（4）固定资产原值=

（5）回收额=

六、综合题（15分）

已知：A投资项目（A方案）的现金流量表（部分）见附表2。

附表2　　　　**现金流量表（部分）**　　　　金额单位：万元

项目计算期（第t年）	建设期		经营期									合计
	0	1	2	3	4	5	…	8	9	10	11	
回收固定资产余值											80	80
流动资金回收额											20	20
净现金流量	-980	-20	360	360	360	360	…	360	250	250	350	2 370
累计净现金流量	-980	-1 000	-640	-280								
折现净现金流量	-980	…	…	…	245.88	223.53	…	167.94	106.03	96.39	122.67	920.20
累计折现净现金流量	-980	…	…	…	-184.31	39.22	…	595.11	701.14	797.53	920.20	—

要求：

（1）根据附表2资料直接回答下列问题：

① A方案原始投资=

② 资金的投入方式是＿＿＿＿＿＿＿＿＿＿＿。

③ 流动资金投资额=

④ 假定建设投资中只包括固定资产投资，则其数额=

⑤ A方案的净现值=

⑥ 如果A方案的行业基准折现率为10%，则该项目的内部收益率指标大于＿＿＿＿＿%。

⑦ A方案的回收额=

（2）计算A方案的下列指标：

①静态投资回收期：

包括建设期的静态投资回收期=

不包括建设期的静态投资回收期=

②动态投资回收期=

③根据静态投资回收期和净现值对A方案进行财务可行性评价：

（3）假定B投资项目（B方案）的净现值为1 000万元，项目计算期为10年；C投资项目（C方案）的净现值为1 100万元，但该方案的项目计算期为15年。请按计算期统一法中的任何一种方法对B、C两个互斥方案作出比较，选择决策，并说明理由。

已知：（P/A，10%，10）=6.14457；（P/A，10%，15）=7.60608；（P/A，10%，20）=8.51356。

七、论述题（15分）

请讨论在互斥方案投资决策中，可以考虑采用哪些决策方法？它们适用于哪些情况？怎样利用这些方法进行多方案的比较选择？

模拟试题（二）

课程号：__________课序号：__________开课单位：__________
命题人：__________排版人：__________审题人：__________

题　号	一	二	三	四	五	六	七	总　分
题　分	15	15	10	10	20	15	15	100
得　分								
评阅人								

一、单项选择题（下列每小题的备选答案中，只有一个符合题意的正确答案，共15个小题，每小题1分，共15分，多选、错选、不选均不得分）

1.在会计学体系中，“用于概括现代会计系统中区别于传统会计，直接体现预测、决策、规划、控制和责任考核评价等会计管理职能的那部分内容的范畴”被称为（　　）。

A.狭义的管理会计　　B.广义的管理会计

C.战略管理会计　　D.管理会计学

2.不同企业之间之所以不能盲目照抄别人现成的成本性态分析结论，是因为成本性态具有（　　）。

A.相对性的特点　　B.绝对性的特点

C.暂时性的特点　　D.可转化性的特点

3.在下列各项中，完全成本法与变动成本法对其是否属于期间成本的构成内容采取了截然不同结论的是（　　）。

A.变动性生产成本　　B.固定性生产成本

C.变动性管理费用　　D.固定性管理费用

4.在下列多品种本量利分析方法中，其计算结果与综合边际贡献率法下的加权平均法计算结果完全相同的方法是（　　）。

A.联合单位法　　B.主要品种法

C.边际贡献法　　D.顺序法

5.在下列各种销量预测的平均法中，既可以利用全部n期的销量历史数据，又充分考虑了远近期间对未来的不同影响的方法是（　　）。

A.算术平均法　　B.移动平均法

C.趋势平均法　　D.加权平均法

6.在企业尚不具备自制能力，且零部件的全年需用量不确定的情况下，进行零部件自制或外购的决策应当采用的方法为（　　）。

A.直接判断法　　B.相关成本分析法

C.成本无差别点法　　D.利润无差别点法

7.在区分某新建投资项目究竟属于完整工业投资项目还是属于单纯固定资产投资项目时，应当看该项目是否发生了（　　）。

A.固定资产投资　　B.无形资产投资

C.流动资金投资　　D.开办费投资

8.如果按插入函数法计算的净现值直接等于该项目的真实净现值，则可以断定该项目（　　）。

A. 建设期等于零

B. 建设起点不发生任何投资

C. 全部投资在建设起点一次性投入

D. 投产后每年的净现金流量相等

9.某企业在应用差额投资内部收益率法进行更新改造项目投资决策时，结论是“应当进行更新改造”。据此，可以断定该项目的（　　）。

A. 差额内部收益率指标大于或等于行业基准折现率

B. 内部收益率指标大于或等于行业基准折现率

C. 投资回收期小于或等于基准回收期

D. 净现值大于或等于零

10.在下列各项费用预算中，应纳入财务预算范畴的是（　　）。

A.制造费用预算　　B.财务费用预算

C.管理费用预算　　D.销售费用预算

11.将成本控制分为产品成本控制和质量成本控制两类所采用的分类标志是（　　）。

A.成本控制原理　　B.成本控制手段

C.成本控制对象　　D.成本控制时期

12.在下列各项中，属于简单条件下经济批量控制应当考虑的相关成本内容的是（　　）。

A.变动性订货成本　　B.固定性储存成本

C.采购成本　　D.缺货成本

13.在现代管理会计系统中，“为适应企业内部经济责任制的要求，对企业内部各责任中心的经济业务进行规划与控制，以实现业绩考核与评价的内部会计控制制度”被称为（　　）。

A.预测决策会计　　B.规划控制会计

C.战略管理会计　　D.责任会计

14.在现代管理会计系统中，“企业为了满足顾客需要而设立的一系列前后有序的作业的集合体”被称为（　　）。

A.价值链　　B.作业链

C.成本链　　D.资金链

15.在下列各项中，不属于战略管理会计研究内容的是（　　）。

A.企业的经营环境分析　　B.价值链分析

C.竞争战略的选择　　D.作业成本计算

二、多项选择题（下列每小题的备选答案中，有两个或两个以上符合题意的正确答案，共10个小题，每小题1.5分，共15分，多选、少选、错选、不选均不得分）

1.根据管理会计理性行为假设的要求，假定管理会计师在履行其职能时，能够做到的事项包括（　　）。

A.自觉地按照科学的程序与方法办事

B.灵活地确定其工作的时间范围

C.面向企业内部的各个层次

D.充分占有各种相关信息

E.能够从客观实际出发

2.按照管理会计学的理论，降低技术性变动成本应当采取的正确措施有（　　）。

A.提高材料综合利用率　　B.提高劳动生产率

C.提高产出率　　D.避免浪费

E.降低单耗

3.如果一家企业的营业利润广义差额的性质完全取决于产销平衡关

系，则意味着该企业必然有以下条件存在，即（　　）。

A.前后期的固定生产成本水平不变

B.前后期的变动生产成本水平不变

C.期初存货量等于零

D.期末存货量等于零

E.前后期的产量不变

4.当企业采用综合边际贡献率法下的加权平均法进行多品种保本分析时，下列各项中能够影响综合保本额的因素有（　　）。

A.各种产品的单位变动成本　　B.各种产品的销售额比重

C.全厂固定成本总额　　D.企业所得税税率

E.各种产品的单价

5.在应用平滑指数法进行销量预测时，平滑指数法的适用条件为（　　）。

A.长期的预测　　B.近期的预测

C.销量波动较大的预测　　D.销量波动较小的预测

E.任何情况下的预测

6.在下列各项中，属于以特殊要求为导向的定价决策方法的有（　　）。

A.成本加成法　　B.保本定价法

C.保利定价法　　D.利润增量法

E.极限定价法

7.下列各项中，能够揭示管理会计中现金流量表与财务会计中现金流量表区别的表述包括（　　）。

A.反映的对象不同　　B.期间特征不同

C.信息属性不同　　D.钩稽关系不同

E.结构不同

8.在下列长期投资决策评价指标中，属于动态正指标的有（　　）。

A.动态投资回收期　　B.内部收益率

C.获利指数　　D.净现值率

E.净现值

9.按照作业管理原理，成本动因按其在作业成本中体现的分配性质不同分类的结果包括（　　）。

A.资源动因　　B.作业动因

C.价值动因　　D.投机动因

E.行为动因

10.与传统管理会计相比，战略管理会计具有以下特征，即（　　）。

A.拓宽了传统管理会计的研究范围

B.改进了项目及业绩评价的尺度

C.内部管理和控制方法不断创新

D.提供多样化的会计信息

E.提高了成本计算的精度

三、判断题（本类题共10小题，每小题1分，共10分，每小题判断结果符合标准答案的得1分，判断结果不符合标准答案的扣0.5分，不判断不得分也不扣分，本类题最低总得分为零分）

1.社会生产力的进步、市场经济的繁荣及其对经营管理的客观要求和管理科学的发展，是导致管理会计形成与发展的根本原因和决定性因素。（　　）

2.管理会计的成本定义特别重视成本形成的目的性和成本发生的必要性，但对成本发生的时态没有做严格的规定。（　　）

3.按照管理会计学理论的解释，期间成本是指那些不随产品实体的流动而流动，而随企业生产经营持续期间的长短而增减，并随期间的推移而消逝，不能递延到下期的成本。（　　）

4.在多品种本量利分析的主要品种法下，可以在边际贡献额、边际贡献率和销售收入率中任选一个指标作为确定主要品种的标志。（　　）

5.假定某企业按20×6年实际数据计算的单价和销量的利润灵敏度指标分别为10%和4%，预计20×7年单价和单位变动成本分别增长3%和2%，其他条件不变，则预测20×7年的利润变动率为18%。（　　）

6.在新产品开发的品种决策中，如果有关方案均不涉及追加专属成本，可以用单位资源边际贡献分析法直接进行新产品开发的品种决策。（　　）

7.因为任何类型的项目投资都涉及固定资产投资，所以应当将“项目投资”统称为“固定资产投资”。（　　）

8. 净现值是指在项目计算期内，按行业基准折现率或其他设定折现率计算的各年净现金流量现值的代数和。（　　）

9. 在全面预算体系中，只有生产预算是唯一没有以价值量作为计量单位的经营预算。（　　）

10. 作业成本计算的理论依据是“产品消耗资源，资源消耗作业”。（　　）

四、简答题（本类题共3小题，任答其二，多答不加分。每小题5分，共10分）

1. 什么叫成本性态？请说明成本按性态分类与成本性态分析之间的关系。

2. 什么是两种成本法营业利润广义差额？试说明导致营业利润狭义差额出现的根本原因和具体表现形式是什么。

3. 为什么建设投资都属于资产投资，而流动资金投资却属于资金投资？

五、计算分析题（本类题共2小题，每小题10分，共20分。注：①凡要求计算的项目，均须列出计算过程；②计算结果有计量单位的，应予标明，标明的计量单位应与题中所给的计量单位相同；③计算结果出现小数的，除有特殊要求外，均保留小数点后两位小数；④凡要求解释、分析、说明理由的内容，必须有相应的文字阐述）

1. 已知：某企业每年生产1 000件甲半成品。其单位完全生产成本为18元（其中单位固定性制造费用为2元），直接出售的单价为20元。企业目前已具备将80%的甲半成品深加工为乙产成品的能力，但每产出1件乙产成品就需要追加5元变动性加工成本，深加工能力可用于承揽零星加工业务，预计可获得边际贡献4 000元。乙产成品的单价为30元。假定甲、乙产品的投入产出比为1∶0.99。

要求：用差别损益法为企业作出是否深加工甲半成品的决策，并说明理由。差别损益分析表见附表3。

附表3 **差别损益分析表** 单位：元

项目＼方案	将全部甲半成品深加工为乙产成品	直接出售甲半成品	差异额
相关收入			
相关成本			
其中：			
差别损益			

2.已知：某项目投产第1年预计现金为20万元、应收账款为10万元、存货为15万元，应付账款为20万元；投产第2年预计流动资产需用额为60万元，流动负债需用额为30万元。

要求：计算该项目的下列指标：

（1）投产第1年的流动资产需用额=

（2）投产第1年的流动负债需用额=

（3）投产第1年的流动资金需用额=

（4）投产第1年的流动资金投资额=

（5）投产第2年的流动资金需用额=

（6）投产第2年的流动资金投资额=

六、综合题（15分）

已知：甲项目在建设起点一次性投入固定资产的投资额为100万元、无形资产的投资额为20万元，建设期为1年，在建设期期末投入开办费10万元。在投产期第1年年末投入流动资金30万元，以后不再发生流动资金投资。建设期资本化利息为10万元；折旧年限为10年，预计固定资产净残值为10万元；无形资产摊销期为5年；经营期第1年预计净利润为18万元，经营期第2年的总成本费用为30万元，经营期前5年每年的利息费用为11万元。假定经营期前5年的经营净现金流量相同，以后各年的经营净现金流量比前5年多10万元。

要求：（1）计算甲项目的下列指标：

① 建设投资=

② 原始投资=

③ 项目总投资=

④ 经营期第1年的折旧额=

⑤ 经营期第1年的摊销额=

⑥ 经营期第2年的经营成本=

⑦ 经营期第1年的净现金流量=

⑧ 经营期前5年每年的经营净现金流量=

⑨ 经营期后5年每年的经营净现金流量=

⑩ 建设期期末的净现金流量=

（2）假定甲项目的净现值为100万元，回收系数为0.153963；乙项目的净现值为110万元，但该项目的项目计算期为15年，回收系数为0.131474。先评价两个项目是否具有财务可行性，然后按适当的方法作出互斥方案的比较选择决策，并说明理由。

七、论述题（15分）

什么叫长期投资决策评价指标？请分别讨论一个投资项目完全具备财务可行性和基本具备财务可行性应当满足的条件。

练习题参考答案

第一章　管理会计概述

（一）单项选择题

1.A　2.B　3.C　4.B　5.C　6.D　7. A　8.C　9.D　10.D　11.B　12.B　13.B　14.A　15.C　16.D　17.D　18.A　19.C　20.B

（二）多项选择题

1.ABCDE　2.AC　3.ABCD　4.AB　5.ABCD　6.BCDE　7.ABCD　8.ABCDE　9.ABCE　10.AD　11.BE　12.ABCD　13.ABE　14.ABCE　15.ABC　16.ABCDE　17.ACDE　18.ABCDE　19.AB　20.ADE

（三）判断题

1.√　2.×　3. √　4.√　5.×　6.×　7.√　8.√　9.×　10.×　11.×　12.√　13.×　14.×　15.√　16.×　17.×　18.×　19.×　20.√

第二章　成本性态分析

（一）单项选择题

1.B　2.C　3.B　4.A　5.D　6.D　7.B　8.A　9.B　10.D　11.B　12.B　13.D　14.B　15.B　16.A　17.C　18.B　19.C　20.D

（二）多项选择题

1.AE　2.AB　3.DE　4.ACE　5.AD　6.BDE　7.ADE　8.BCDE　9.BC　10.ABCDE　11.DE　12.ABCE　13.ABC　14.ABCE　15.ABC　16.ABCD　17.CDE　18.ABCD　19.BD　20.CD

（三）判断题

1.√　2.×　3.√　4.√　5.×　6.√　7.×　8.√　9.√　10.×　11.×　12.√　13.×　14.×　15.×　16.√　17.√　18.√　19.×　20.√

（四）计算分析题

1.解：依题意，选择的高低点坐标分别为（31，84 560）和（25，71 000）。

$\because b=\frac{84\ 560-71\ 000}{31-25}=2\ 260$（元/件）

a=84 560−31×2 260=14 500（元）

或 =71 000−25×2 260=14 500（元）

∴A产品的成本性态模型为：y=14 500+2 260x

2.解：依题意，选择的高低点坐标分别为（350，28 000）和（150，16 000）。

$\because b=\frac{28\ 000-16\ 000}{350-150}=60$（元/件）

a=28 000−350×60=7 000（元）

或 =16 000−150×60=7 000（元）

∴该企业制造费用的成本性态模型为：y=7 000+60x

3.解：（1）依题意，计算整理数据见附表2-1。

附表2-1 **计算结果**

月份	机器工作小时x	设备维修费（元）y	xy	x^2	y^2
1	9	30 000	270 000	81	900 000 000
2	8	25 000	200 000	64	625 000 000
3	9	29 000	261 000	81	841 000 000
4	10	31 000	310 000	100	961 000 000
5	12	34 000	408 000	144	1 156 000 000
6	14	40 000	560 000	196	1 600 000 000
7	11	32 000	352 000	121	1 024 000 000
8	11	33 000	363 000	121	1 089 000 000
9	13	35 000	455 000	169	1 225 000 000
10	8	26 000	208 000	64	676 000 000
11	6	20 000	120 000	36	400 000 000
12	7	22 000	154 000	49	484 000 000
合计	118	357 000	3 661 000	1 226	10 981 000 000

根据附表2-1，得到如下数据：

n=12，$\sum x = 118$，$\sum y = 357\,000$，$\sum xy = 3\,661\,000$，$\sum x^2 = 1\,226$，$\sum y^2 = 10\,981\,000\,000$。

$$r=\frac{12\times3\,661\,000-118\times357\,000}{\sqrt{(12\times1\,226-118^2)\times(12\times10\,981\,000\,000-357\,000^2)}}\approx0.9785\rightarrow+1$$

$$b=\frac{12\times3\,661\,000-118\times357\,000}{12\times1\,226-118^2}=2\,292\text{（元/小时）}$$

$$a=\frac{357\,000-2\,292\times118}{12}=7\,212\text{（元）}$$

因此，该企业设备维修费的成本性态模型为：y=7 212+2 292x

（2）利用已知数据，插入统计函数Pearson，求得相关系数r=0.9785。

插入统计函数Intercept，求得回归系数a=7 213.2。

插入统计函数Slope，求得回归系数b=2 291.88。

据此建立的成本性态模型为：y=7 213.2+2 291.88x

因为手工计算将b的结果四舍五入，导致a的计算结果与插入函数计算结果形成一定误差。

第三章　变动成本法

（一）单项选择题

1.B　2.A　3.C　4.A　5.D　6.C　7.C　8.D　9.C　10.D　11.B　12.A　13.A　14.D　15.B　16.C　17.B　18.C　19.B　20.D

（二）多项选择题

1.DE　2.BE　3.ACDE　4.CDE　5.ADE　6.DE　7.ABD　8.ABCDE　9.ACDE　10.ABCD　11.ABD　12.BE　13.ABC　14.ABCDE　15.AB　16.AB　17.ABCDE　18.ABE　19.ABD　20.ABCDE

（三）判断题

1.√　2.√　3.√　4.√　5.×　6.×　7.×　8.√　9.×　10.√　11.×　12.√　13.×　14.√　15.×　16.×　17.×　18.√　19.×　20.×

（四）计算分析题

1.解：依题意

（1）单位变动成本=$\frac{6\,000+4\,000}{2\,000}$+0.4+0.2=5.6（元/件）

单价=$\frac{5.6}{1-60\%}$=14（元/件）

（2）完全成本法下的单位产品成本=$\frac{6\,000+4\,000}{2\,000}+0.4+\frac{2\,000}{2\,000}$=6.4（元/件）

变动成本法下的单位产品成本=$\frac{6\,000+4\,000}{2\,000}$+0.4=5.4（元/件）

（3）编制的利润表见附表3-1。

附表3-1　　**利润表**　　单位：元

完全成本法			变动成本法		
营业收入		25 200	营业收入		25 200
减：营业成本			减：变动成本		
期初存货成本	0		变动生产成本	9 720	
本期生产成本	12 800		变动性销售及管理费用	360	
期末存货成本	1 280		变动成本合计		10 080
营业成本合计		11 520	贡献边际		15 120
营业毛利		13 680	减：固定成本		
减：营业费用		660	固定性制造费用	2 000	
			固定性销售及管理费用	300	
			固定成本合计		2 300
营业利润		13 020	营业利润		12 820

（4）因为完全成本法下的期末存货中包含固定生产成本200元（$\frac{2\,000}{2\,000}\times200$），其计入当期利润表的固定生产成本就比变动成本法下计入当期利润表的固定生产成本少200元，故完全成本法下的营业利润比变动成本法下的营业利润多200元。

2. 解：依题意

（1）编制的第一年利润表见附表3-2。

附表3-2　　**第一年利润表**　　单位：元

贡献式利润表			传统式利润表		
营业收入	200×1 000	200 000	营业收入		200 000
减：变动成本	90×1 000	90 000	减：营业成本		
贡献边际		110 000	期初存货成本	0	
减：固定成本			本期生产成本 20 000+90×1 000	110 000	
固定性制造费用	20 000		可供销售商品生产成本	110 000	
固定性管理费用与销售费用	50 000		期末存货成本	0	
固定成本合计		70 000	营业成本合计		110 000
			营业毛利		90 000
			减：营业费用		50 000
营业利润		40 000	营业利润		40 000

（2）因为第二年和第三年的销量与第一年相等，所以这两年按变动成本法计算的营业利润都应当等于40 000元。

（3）计算以下指标：

各年的期末存货量为：

第一年的期末存货量=0+1 000−1 000=0

第二年的期末存货量=0+1 200−1 000=200（件）

第三年的期末存货量=200+800−1 000=0

各年的期初存货量为：

第一年的期初存货量=0

第二年的期初存货量=0

第三年的期初存货量=200件

完全成本法下第二年期末存货吸收的固定性制造费用=$\frac{20\ 000}{1\ 200}$×200=3 333（元）

完全成本法下第三年期初存货释放的固定性制造费用=3 333元

两种成本法第二年的营业利润差额=3 333-0=3 333（元）

两种成本法第三年的营业利润差额=0-3 333=-3 333（元）

（4）根据变动成本法的营业利润和利润差额，可计算出以下指标：

完全成本法下第二年的营业利润=40 000+3 333=43 333（元）

完全成本法下第三年的营业利润=40 000-3 333=36 667（元）

（5）略。

3.解：依题意，编制计算表见附表3-3。

附表3-3 **计算表** 单位：元

项目＼方法	变动成本法	完全成本法
单位产品成本	10+5+7=22	22+4 000÷1 000=26
期间成本	4 000+1 000+600×4=7 400	1 000+600×4=3 400
销货成本	22×600=13 200	26×600=15 600
营业利润	40×600-（22+4）×600-（4 000+1 000）=3 400	40×600-26×600-3 400=5 000

4.解：依题意，第一年的产销量绝对平衡，两种方法计算确定的营业利润相等，即营业利润广义差额等于零，则：

完全成本法下的营业利润=变动成本法下的营业利润=150 000元

第二年期初存货为零，产量大于销量，有期末存货，营业利润广义差额大于零，则：

简算法下的营业利润广义差额=$\frac{40\ 000}{10\ 000}$×4 000-0=16 000（元）

完全成本法下的营业利润=100 000+16 000=116 000（元）

5.解：依题意

（1）按完全成本法计算的第一年和第二年的营业利润见附表3-4。

附表3-4 **传统式利润表** 单位：元

项目 \ 期间	第一年		第二年	
营业收入	5×140 000	700 000	5×160 000	800 000
减：营业成本				
期初存货成本	0		116 471	
本期生产成本	660 000		570 000	
可供销售的商品成本	660 000		686 471	
期末存货成本	116 471		40 714	
营业成本合计		543 529		645 757
营业毛利		156 471		154 243
减：营业费用	65 000+700 000×5%	100 000	65 000+800 000×5%	105 000
营业利润		56 471		49 243

注：第一年生产成本= $\left(3+\frac{150\ 000}{170\ 000}\right)\times 170\ 000=660\ 000$（元）

第二年生产成本= $\left(3+\frac{150\ 000}{140\ 000}\right)\times 140\ 000=570\ 000$（元）

第一年期末存货成本= $\left(3+\frac{150\ 000}{170\ 000}\right)\times 30\ 000=116\ 471$（元）

第二年期末存货成本= $\left(3+\frac{150\ 000}{140\ 000}\right)\times 10\ 000=40\ 714$（元）

按变动成本法计算的第一年和第二年的营业利润见附表3-5。

附表3-5 **贡献式利润表** 单位：元

项目 \ 期间	第一年			第二年		
销售收入			700 000			800 000
减：变动成本						
变动生产成本	140 000×3	420 000		160 000×3	480 000	
变动性销售及管理费用	700 000×5%	35 000		800 000×5%	40 000	
变动成本合计			455 000			520 000
贡献边际			245 000			280 000
减：固定成本						
固定性制造费用		150 000			150 000	
固定性销售与管理费用		65 000			65 000	
固定成本合计			215 000			215 000
营业利润			30 000			65 000

（2）第一年按完全成本法计算的营业利润比按变动成本法计算的营业利润增加了26 471元（56 471-30 000），是因为在完全成本法下，当年期末存货吸收了26 471元（$\frac{150\ 000}{170\ 000}$×30 000）的固定性制造费用并结转到第二年。

第二年按完全成本法计算的营业利润比按变动成本法计算的营业利润减少了15 757元（49 243-65 000），是因为在完全成本法下，期末存货吸收了10 714元（$\frac{150\ 000}{140\ 000}$×10 000）的固定性制造费用结转到下一年度，同时期初存货又释放了第一年26 471元（$\frac{150\ 000}{170\ 000}$×30 000）的固定性制造费用，两个因素相抵后，使第二年营业利润减少15 757元（10 714-26 471）。

6.解：依题意

（1）完全成本法下单位产品成本=50+$\frac{30\ 000}{6\ 000}$=55（元/件）

期末存货数量=500+6 000-5 500=1 000（件）

期末存货成本=55×1 000=55 000（元）

（2）完全成本法下的本期营业利润=5 500×（100-55）-45 000=202 500（元）

7.解：（1）依题意，填列完成的分析表见附表3-6。

附表3-6　分析表

年份	1	2	3	4	5
期末存货量 Q_2	1 000	500	500	500	400
期初存货量 Q_1	0	1 000	500	500	500
期末期初存货量的变动幅度 Q_2/Q_1	无意义	0.500	1.000	1.000	0.800
当期产量 x_1	8 000	5 000	8 000	6 000	4 000
当期销量 x_2	7 000	5 500	8 000	6 000	4 100
上期产量 x_0	0	8 000	5 000	8 000	6 000
前后期产量的变动幅度 x_1/x_0	无意义	0.625	1.600	0.750	0.667
ΔP性质的直接判断	ΔP>0	ΔP<0	ΔP<0	ΔP>0	ΔP>0

（2）1~5年各年完全成本法和变动成本法利润差额依次为：大于零、小于零、小于零、大于零和大于零。第1年属于“特殊的产大于销”，利润差额大于零，以后各年的结论均是根据期末期初存货量的变动幅度和前后期产量的变动幅度之间的关系作出的判断。

（3）在变动成本法下，营业利润达到最高水平的年份是第3年，因为该年的销量最高；营业利润达到最低水平的年份是第5年，因为该年的销量最低。

第四章　作业成本法

（一）单项选择题

1.C　2.D　3.A　4.D　5.B　6.C　7.A　8.B　9.A　10.C　11.C　12.A　13.C　14.D　15.A　16.A　17.A　18.C　19.A　20.B

（二）多项选择题

1.ABC　2.ABCD　3.AB　4.AB　5.ABCD　6.BDE　7.ADE　8.BCE　9.ABCDE　10.BCE　11.ABD　12.ABCDE　13.ABCDE　14.ABC　15.ABCDE　16.ACE　17.CD　18.ABCDE　19.ABCDE　20.CDE

（三）判断题

1.√　2.√　3.×　4.×　5.×　6.×　7.×　8.√　9.√　10.√　11.√　12.√　13.×　14.√　15.√　16.×　17.×　18.√　19.×　20.×

（四）计算分析题

1.解：依题意，作业成本法下作业成本分配计算见附表4-1。

附表4-1　　**作业成本分配表**　　金额单位：元

作业中心	作业动因数			作业成本	分配率	分配作业成本	
	A产品	B产品	合计			A产品	B产品
质量检验	5次	15次	20次	4 000	200	1 000	3 000
订单处理	30份	10份	40份	4 000	100	3 000	1 000
机器运行	200小时	800小时	1 000小时	40 000	40	8 000	32 000
设备调整准备	6次	4次	10次	2 000	200	1 200	800
合　计	—	—	—	50 000	—	13 200	36 800

作业成本法下：

A产品单位产品成本=40+50+13 200÷100=222（元/件）

B产品单位产品成本=30+80+36 800÷200=294（元/件）

完全成本法下，制造费用按机器小时分配：

制造费用分配率=50 000÷1 000=50（元/小时）

A产品分摊的制造费用=200×50=10 000（元）

B产品分摊的制造费用=800×50=40 000（元）

A、B两种产品的单位产品成本：

A产品的单位产品成本=40+50+10 000÷100=190（元/件）

B产品的单位产品成本=30+80+40 000÷200=310（元/件）

2.解：依题意

（1）传统成本法下（制造费用按耗用工时分配）：

制造费用分配率=875 000÷（10 000+40 000）=17.5（元/小时）

A产品应分配的制造费用=17.5×10 000=175 000（元）

B产品应分配的制造费用=17.5×40 000=700 000（元）

A产品的单位制造费用=175 000÷5 000=35（元/个）

B产品的单位制造费用=700 000÷20 000=35（元/个）

A产品的单位产品成本=25+10+35=70（元/个）

B产品的单位产品成本=15+10+35=60（元/个）

作业成本法下：

A产品的单位产品成本=25+10+69.16=104.16（元/个）

B产品的单位产品成本=15+10+26.46=51.46（元/个）

（2）传统成本法下的利润：

A产品的利润=（120−70）×5 000=50×5 000=250 000（元）

B产品的利润=（65−60）×20 000=5×20 000=100 000（元）

作业成本法下：

A产品的利润=（120−104.16）×5 000=15.84×5 000=79 200（元）

B产品的利润=（65−51.46）×20 000=13.54×20 000=270 800（元）

3.解：依题意

（1）制造费用=15 000+8 000+10 000+12 000+5 000=50 000（元）

（2）A产品的直接成本=10 000+2 000+2 000=14 000（元）

B产品的直接成本=12 000+3 000=15 000（元）

间接成本=50 000−2 000=48 000（元）

（3）包装的作业成本分配率=8 000÷8=1 000（元/批）

应分配给A产品的包装作业成本=3×1 000=3 000（元）

应分配给B产品的包装作业成本=5×1 000=5 000（元）

4.解：依题意

（1）批量层次作业成本=96 000+48 000+72 000+48 000=264 000（元）

单位层次作业成本=176 000元

（2）完全成本法下：

制造费用分配率=440 000÷（40 000+4 000）=10（元/小时）

甲产品应分摊的制造费用=40 000×10=400 000（元）

乙产品应分摊的制造费用=4 000×10=40 000（元）

第五章　本量利分析原理

（一）单项选择题

1.D　2.A　3.A　4.D　5.B　6.B　7.C　8.D　9.C　10.A　11.A　12.B　13.D　14.A　15.C　16.C　17.B　18.B　19.B　20.A　21.A　22.D

（二）多项选择题

1.ABCE　2.ABCDE　3.ABCD　4.BCE　5.CD　6.AD　7.ABCE　8.ABE　9.ABD　10.ADE　11.ABDE　12.ABC　13.ABC　14.ABCDE　15.CDE　16.ABCE　17.ADE　18.ABCDE　19.ABCDE　20.BCD　21.ABCDE　22.CD

（三）判断题

1.×　2.√　3.√　4.√　5.√　6.×　7.√　8.√　9.×　10.×　11.×　12.×　13.×　14.√　15.×　16.×　17.×　18.√　19.×　20.√　21.√　22.×　23.×

（四）计算分析题

1.填空结果为：

（1）108 000　（2）60 000　（3）45%　（4）35 000

（5）250 000　（6）175 000　（7）35%　（8）110 000

2.解：依题意

（1）$某期保本额=\frac{该期的固定成本}{贡献边际率}$

$上个月的保本额=50\ 000=\frac{上个月的固定成本}{贡献边际率}$

本月的保本额=50 000+8 000=$\frac{\text{上个月的固定成本} + 5\,000}{\text{贡献边际率}}$

解上述联立方程组，则：

上个月的固定成本=31 250（元）

（2）根据上述方程组，可求得：贡献边际率=62.5%

（3）变动成本率=1-贡献边际率=1-62.5%=37.5%

3.解：（1）依题意，编制指标计算，见附表5-1。

附表5-1 相关指标 金额单位：元

品种	销量	单价	单位变动成本	单位贡献边际	贡献边际率	销售收入	比重	固定成本
A	60	2 000	1 600	400	20%	120 000	60%	—
B	30	500	300	200	40%	15 000	7.5%	—
C	65	1 000	700	300	30%	65 000	32.5%	—
合计	—	—	—	—	—	200 000	100%	19 800

综合贡献边际率=60%×20%+7.5%×40%+32.5%×30%=24.75%

综合保本额=19 800÷24.75%=80 000（元）

A产品的保本量=80 000×60%÷2 000=24（件）

B产品的保本量=80 000×7.5%÷500=12（件）

C产品的保本量=80 000×32.5%÷1 000=26（件）

（2）安全边际额=200 000-80 000=120 000（元）

营业利润=（2 000-1 600）×60+（500-300）×30+（1 000-700）×65-19 800

或 =120 000×24.75%

=29 700（元）

4.解：依题意

（1）以y表示每月总成本，x表示每月的销量，故总成本与销量之间的函数关系式为：

y=180+0.625×8x=180+5x

a=180

b=5

产品贡献边际率=（8-5）÷8×100%=37.5%

保本量=180÷（8-5）=60（件）

销售100件产品时：

安全边际量=100-60=40（件）

目标利润为150元时：

保利额=（150+180）÷37.5%=880（元）

（2）单位变动成本提高1元，即达到：

5+1=6（元/件）

为保持原来的贡献边际率，单价应提高到：

6÷（1-37.5%）=9.6（元/件）

（3）单位变动成本下降到：

5×（1-10%）=4.5（元/件）

固定成本上升到：

180+85=265（元）

贡献边际率=（8-4.5）÷8×100%=43.75%

保本量=265÷（8-4.5）≈76（件）

当目标利润为120元时：

保利额=（120+265）÷43.75%=880（元）

5.解：依题意

（1）本年度销量=150 000÷40=3 750（件）

下年度减少的销量=3 750×10%=375（件）

（2）下年度的利润降低额=12 000×75%=9 000（元）

（3）由于固定成本不变，则：

产品单位贡献边际=利润降低额÷减少的销量=9 000÷375=24（元/件）

固定成本=3 750×24-12 000=78 000（元）

（4）下年度保本量=78 000÷24=3 250（件）

6.解：依题意

（1）保本量=$\frac{450}{30-21}$=50（件）

（2）实现目标利润的销量=$\frac{450+180}{30-21}$=70（件）

（3）设销量为x，则有：

20%×30x=30x-21x-450

解之得：

x=150（件）

（4）保本量=$\frac{450-170}{30-(21+2)}$=40（件）

（5）设单价为p，则：

350=200p−200×21−450

解之得：

p=25（元/件）

所以单价应从30元/件调整到25元/件。

7.解：依题意

（1）20×6年变动成本=120 000×60%+50 000×50%=97 000（元）

20×6年固定成本=120 000×40%+50 000×50%=73 000（元）

20×6年贡献边际率=$\frac{160\,000-97\,000}{160\,000}$×100%=39.38%

20×7年保本额=$\frac{73\,000+4\,000}{39.38\%}$≈195 531（元）

（2）20×7年保利额=$\frac{73\,000+4\,000+14\,000}{39.38\%}$=231 082（元）

8.解：依题意

（1）全部产品的销售总额=5×30 000+2.50×40 000=250 000（元）

A产品的销售比重=$\frac{150\,000}{250\,000}$×100%=60%

B产品的销售比重=$\frac{100\,000}{250\,000}$×100%=40%

加权贡献边际率=40%×60%+30%×40%=24%+12%=36%

综合保本额=$\frac{72\,000}{36\%}$=200 000（元）

A产品的保本量=$\frac{200\,000\times 60\%}{5}$=24 000（件）

B产品的保本量=$\frac{200\,000\times 40\%}{2.50}$=32 000（件）

（2）安全边际额=250 000−200 000=50 000（元）

本月预计利润=30 000×5×40%+40 000×2.50×30%−72 000=18 000（元）

（3）增加广告费后的预计利润=40 000×5×40%+32 000×2.50×30%−（72 000+9 700）

=22 300（元）

因为增加广告费后的预计利润比未增加广告费时的预计利润多了4 300元（22 300−18 000），所以采取这一措施是合算的。

（4）销售总额=40 000×5+32 000×2.50=280 000（元）

A产品的销售比重=$\frac{200\ 000}{280\ 000}$×100%=71.43%

B产品的销售比重=$\frac{80\ 000}{280\ 000}$×100%=28.57%

综合贡献边际率=40%×71.43%+30%×28.57%=37.14%

保本额=$\frac{72\ 000 + 9\ 700}{37.14\%}$=219 978（元）

9.解：依题意

（1）依据已知条件，可以计算出各年的贡献边际和利润：

20×4年的贡献边际=50×12 000=600 000（元）

20×4年的利润=600 000−300 000=300 000（元）

20×5年的贡献边际=40×12 500=500 000（元）

20×5年的利润=500 000−350 000=150 000（元）

20×6年的贡献边际=55×12 000=660 000（元）

20×6年的利润=660 000−400 000=260 000（元）

20×5年的经营杠杆系数=600 000÷300 000=2

20×6年的经营杠杆系数=500 000÷150 000=3.33

（2）预计20×7年的经营杠杆系数=660 000÷260 000=2.54

（3）略。

第六章　预测分析

（一）单项选择题

1.B　2.C　3.A　4.D　5.B　6.C　7.C　8.C　9.B　10.D　11.B　12.C　13.D　14.A　15.D　16.C　17.C　18.A　19.B　20.D

（二）多项选择题

1.ABCD　2.ACDE　3.ABD　4.BD　5.AB　6.ABC　7.ABD　8.AB　9.ADE　10.CDE　11.ABCD　12.BCD　13.ABCDE　14.ABCDE　15.ACDE　16.ABCD　17.AB　18.ABE　19.ACDE　20.BCDE

（三）判断题

1.×　2.×　3.×　4.×　5.√　6.√　7.×　8.×　9.√　10.×　11.√　12.√　13.√　14.×　15.×　16. √　17.√　18.×　19.×　20.√

（四）计算分析题

1.解：依题意

（1）20×7年1月份的预测销量=0.3×19+（1−0.3）×16=16.9（吨）

（2）需要先列出修正计算表（此处略）。

$$a=\frac{\sum Q}{n}=173\div12=14.42$$

$$b=\frac{\sum tQ}{\sum t^2}=183\div572=0.32$$

20×7年1月份的预测销量=14.42+0.32 ×13=18.58（吨）

2.解：依题意，根据已知条件，可以计算得出：

本年贡献边际=利润+固定成本=10 000+25 000=35 000（元）

单位贡献边际=35 000÷20 000=1.75（元/件）

下年预计贡献边际=1.75×25 000=43 750（元）

预计下年利润额=43 750−25 000=18 750（元）

3.解：（1）依题意

基期贡献边际=1 000×50%=500（万元）

基期利润=500−400=100（万元）

（2）报告期DOL=500÷100=5

（3）报告期的利润变动率=5×8%=40%

报告期的利润额=100×（1+40%）=140（万元）

4.解：依题意，TP=300 000，p=25，b=20，a=500 000，TR=40%，则：

$$保利量=\frac{500\ 000+\dfrac{300\ 000}{1-40\%}}{25-20}=200\ 000（件）$$

5.解：依题意，

（1）A产品销量的期望值为：

$E（X_A）$=2 000×0.1+3 000×0.2+4 000×0.4+5 000×0.2+6 000×0.1

=4 000（件）

B产品销量的期望值为：

$E（X_B）$=1 000×0.1+2 000×0.1+3 000×0.1+4 000×0.2+5 000×0.4+6 000×0.1

=4 000（件）

（2）A产品销量达到期望值时可获得利润=（10−8）×4 000−10 000=−2 000（万元）

B产品销量达到期望值时可获得利润 =（12-7）×4 000-10 000=10 000（万元）

6.解：依题意，

$\because \sum aw=12\ 000\times1+12\ 500\times2+13\ 000\times3+14\ 000\times4+14\ 500\times5+15\ 000\times6$

$=294\ 500$

$\sum bw=14\times1+13\times2+12\times3+12\times4+10\times5+9\times6=228$

$\sum w=1+2+3+4+5+6=21$

$\therefore \bar{a}=\frac{\sum aw}{\sum w}=294\ 500\div21\approx14\ 023.81$，$\bar{b}=\frac{\sum bw}{\sum w}=228\div21\approx10.86$

$\therefore$ 预测模型 $y=14\ 023.81+10.86x$

当 $x_7=500$ 时：

$y_7=14\ 023.81+10.86\times500=19\ 453.81$（万元）

单位成本=19 453.81÷500=38.91（万元/件）

7.解：依题意，计算结果见附表6-1。

附表6-1　　概率估算表　　金额单位：元

固定成本	单价		单位变动成本		保本量（件）	组合概率	期望值（件）
30 000	30	P=0.8	15	P=0.9	2 000	0.72	1 440
			10	P=0.1	1 500	0.08	120
	25	P=0.2	15	P=0.9	3 000	0.18	540
			10	P=0.1	2 000	0.02	40
合计						1.00	2 140

由附表6-1可见，甲商品的保本量为2 140件。

◆ **案例分析提示**

（1）首先根据预测，计算出20×7年目标利润基数为120 000元（20%×600 000）。

（2）再计算相关因素的灵敏度指标，通过计算可以得出20×6年利润P为100 000元，依题意计算各因素的中间变量如下：

$M_1=px=200\times10\ 000=2\ 000\ 000$（元）

$M_2=bx=150\times10\ 000=1\ 500\ 000$（元）

$M_3=Tcm=(200-150)\times10\ 000=500\ 000$（元）

$M_4=a=400\ 000$元

分别将M_i和P代入公式，得：

单价的灵敏度（S_1）$=\frac{M_1}{P}\times1\%=\frac{2\,000\,000}{100\,000}\times1\%=20\%$

单位变动成本的灵敏度（S_2）$=\frac{M_2}{P}\times1\%=\frac{1\,500\,000}{100\,000}\times1\%=15\%$

销量的灵敏度（S_3）$=\frac{M_3}{P}\times1\%=\frac{500\,000}{100\,000}\times1\%=5\%$

固定成本的灵敏度（S_4）$=\frac{M_4}{P}\times1\%=\frac{400\,000}{100\,000}\times1\%=4\%$

可见，该公司单价的灵敏度指标最高，单位变动成本次之，再其次是销量，固定成本的灵敏度指标最低，即企业利润受单价的影响最大，受固定成本的影响最小。

（3）最后分析企业若要实现目标利润，应该采取哪些单项措施。

$\because K_0=\frac{120\,000-100\,000}{100\,000}=20\%$

$S_1=20\%$，$S_2=15\%$，$S_3=5\%$，$S_4=4\%$

$\therefore$ 单价的变动率（K_1）$=(-1)^{1+1}\times\frac{20\%}{20\%}\times1\%=+1\%$

单位变动成本的变动率（K_2）$=(-1)^{1+2}\times\frac{20\%}{15\%}\times1\%=-1.33\%$

销量的变动率（K_3）$=(-1)^{1+3}\times\frac{20\%}{5\%}\times1\%=+4\%$

固定成本的变动率（K_4）$=(-1)^{1+4}\times\frac{20\%}{4\%}\times1\%=-5\%$

于是可以得出以下结论：20×7年冠华科技公司只要采取以下任何一个单项措施，就可以完成利润增长20%（即实现目标利润基数120 000元）的任务，即提高单价1%、降低单位变动成本1.33%、增加销量4%、压缩固定成本5%。

第七章　短期经营决策（上）

（一）单项选择题

1.B　2.D　3.C　4.C　5.A　6.B　7.A　8.C　9.B　10.A　11.D　12.B

（二）多项选择题

1.ABCDE　2.ABCDE　3.CDE　4.BCD　5.ABCDE　6.ABC　7.ABC

8.ABD　9.AC　10.BC

（三）判断题

1.×　2.×　3.×　4.√　5.√　6.×　7.×　8.√　9.×　10.√　11.×　12.×

（四）计算分析题

1.解：（1）依题意

完全成本法下的单位产品生产成本 $=\frac{20\,000+11\,000+12\,000+10\,000}{500}=\frac{53\,000}{500}=106$（元/件）

成本毛利率 $=\frac{30\,000+1\,800}{53\,000}\times100\%=60\%$

（2）依题意

变动成本法下的单位变动生产成本 $=\frac{20\,000+11\,000+12\,000}{500}=\frac{43\,000}{500}=86$（元/件）

变动成本贡献率 $=\frac{30\,000+1\,800+10\,000}{43\,000}\times100\%\approx97.21\%$

（3）依题意

在完全成本法下：

按成本加成定价法确定的目标售价=106×（1+60%）=169.6（元/件）

在变动成本法下：

按成本加成定价法确定的目标售价=86×（1+97.21%）=169.6（元/件）

2.解：依题意

完全成本法下的价格 $=\frac{70}{1-30\%}=100$（元/件）

变动成本法下的价格 $=\frac{60}{1-40\%}=100$（元/件）

3.解：单位变动成本=10×（1−20%）=8（元/件）

（1）依题意

利润无差别点销量 $=\frac{8\,000}{9-8}=8\,000$（件）

因为最大生产能力7 000件小于利润无差别点销量8 000件，所以不应调低价格。

（2）依题意

利润无差别点销量 $=\frac{8\,000}{12-8}=2\,000$（件）

因为最大生产能力7 000件和预计可实现销售3 000件均大于利润无

差别点销量2 000件，所以应调高价格。

第八章 短期经营决策（下）

（一）单项选择题

1.B 2.C 3.D 4.A 5.A 6.D 7.B 8.C 9.C 10.A 11.A 12.B

（二）多项选择题

1.ABC 2.ABC 3.ABCDE 4.CD 5.AB 6.BE 7.CD 8.BCE 9.AC 10.DE 11.AB 12.ABD

（三）判断题

1.× 2.√ 3.√ 4.√ 5.√ 6.× 7.× 8.√ 9.× 10.√ 11.√ 12.× 13.√

（四）计算分析题

1.解：依题意

该亏损产品20×6年的销售收入=1 100−100=1 000（万元）

该亏损产品20×6年的变动成本=1 000×80%=800（万元）

该亏损产品20×6年的贡献边际=1 000−800=200（万元）

（1）利用直接分析法进行决策：

因为该亏损产品20×6年的销售收入1 000万元大于变动成本800万元，该亏损产品20×6年的贡献边际200万元大于零，该亏损产品20×6年的变动成本率80%小于1，所以20×7年应当继续生产该产品，否则企业将多损失200万元的利润。

（2）继续生产该亏损产品的机会成本为250万元。

利用直接分析法进行决策：

因为该亏损产品20×6年的贡献边际200万元小于机会成本250万元，所以20×7年应当停止生产该产品，否则企业将多损失50万元的利润。

（3）利用直接分析法进行决策：

因为在剩余生产能力无法转移的情况下，只要不应当停产，就应当增产，所以应当增产该亏损产品。

依题意，编制差别损益分析表，见附表8-1。

附表8-1　**差别损益分析表**　单位：万元

项目＼方案	增产50%	不增产	差异额
相关收入	1 000×0.5=500	0	+500
相关成本合计	400	0	+400
其中：增量成本	800×0.5=400	0	—
差别损益			+100

因为差别损益为+100万元，所以应当增产该亏损产品，这样可以使企业多获得100万元的利润。

可见，差别损益分析法的决策结论与直接分析法的决策结论完全一致。

（4）编制相关损益分析表，见附表8-2。

附表8-2　**相关损益分析表**　单位：万元

项目＼方案	增产50%	不增产也不停产	停产
相关收入	1 000×（1+0.5）=1 500	1 000	0
相关成本合计	1 450	1 050	0
其中：增量成本	800×（1+0.5）=1 200	800	0
机会成本	250	250	0
相关损益	+50	-50	0

由附表8-2可知，增产方案的相关损益最大，为+50万元；其次是停产方案，为0；最次是不增产也不停产方案，为-50万元，因此应当增产该亏损产品。

2.解：依题意

单位固定生产成本$=\frac{25\ 000}{1\ 000}=25$（元/件）

单位变动生产成本=80-25=55（元/件）

（1）判断：

因为绝对剩余产能无法转移，追加订货量200件等于绝对剩余产能（1 200–1 000），又不追加专属成本，所以可以断定符合利用直接分析法进行决策的条件。

利用直接分析法进行决策：

因为特殊价格70元/件大于单位变动生产成本55元/件，所以可以接受此项追加订货。

（2）编制差别损益分析表，见附表8–3。

附表8–3 **差别损益分析表** 单位：元

方案 项目	接受追加订货	拒绝追加订货	差异额
相关收入	70×200=14 000	0	+14 000
相关成本合计	12 000	0	+12 000
其中：增量成本	55×200=11 000	0	—
专属成本	1 000	0	—
差别损益			+2 000

因为差别损益为+2 000元，所以应当接受此项追加订货，这可使企业多获得2 000元的利润。

（3）编制差别损益分析表，见附表8–4。

附表8–4 **差别损益分析表** 单位：元

方案 项目	接受追加订货	拒绝追加订货	差异额
相关收入	70×200=14 000	0	+14 000
相关成本合计	16 000	0	+16 000
其中：增量成本	55×200=11 000	0	—
机会成本	5 000	0	—
差别损益			–2 000

因为差别损益为-2 000元，所以应当拒绝接受此项追加订货，否则将使企业多损失2 000元的利润。

（4）编制差别损益分析表，见附表8-5。

附表8-5　　差别损益分析表　　单位：元

项目＼方案	接受追加订货	拒绝追加订货	差异额
相关收入	70×300=21 000	0	+21 000
相关成本合计	21 500	0	+21 500
其中：增量成本	55×200=11 000	0	—
机会成本	100×（300-200）=10 000	0	—
专属成本	500	0	—
差别损益			-500

因为差别损益为-500元，所以应当拒绝接受此项追加订货，否则将使企业多损失500元的利润。

3.解：依题意，受到限制的资源为设备台时，利用单位资源贡献边际分析法作决策时，应比较开发不同品种的单位台时所创造的贡献边际指标大小：

$$生产A品种的单位台时贡献边际=\frac{100-60}{2}=20（元/台时）$$

$$生产B品种的单位台时贡献边际=\frac{120-40}{8}=10（元/台时）$$

因为生产A品种的单位台时贡献边际20元大于生产B品种的单位台时贡献边际10元，所以应当开发A品种。

注意：如果计算单位甲材料所创造的贡献边际指标，则结论恰好相反，但甲材料不属于受到限制的资源，不能比较这个指标。

4.解：依题意，

（1）编制差别损益分析表，见附表8-6。

附表8-6　　差别损益分析表　　单位：元

方案 项目	将80%的甲半成品深加工为乙产成品	直接出售甲半成品	差异额
相关收入	30×1 000×80%×（1-1%）=23 760	20×1 000×80%=16 000	+7 760
相关成本合计	4 000	0	+4 000
其中：加工成本	5×1 000×80%= 4 000	0	—
差别损益			+3 760

决策结论：应当将80%的甲半成品深加工为乙产成品，这样可以使企业多获得3 760元的利润。

（2）编制差别损益分析表，见附表8-7。

附表8-7　　差别损益分析表　　单位：元

方案 项目	将80%的甲半成品深加工为乙产成品	直接出售甲半成品	差异额
相关收入	30×1 000×80%×（1-1%）=23 760	20×1 000×80%=16 000	+7 760
相关成本合计	8 000	0	+8 000
其中：加工成本	5×1 000×80%= 4 000	0	—
机会成本	4 000	0	—
差别损益			-240

决策结论：应当直接出售甲半成品，否则会使企业多损失240元的利润。

（3）编制差别损益分析表，见附表8-8。

附表8-8　　差别损益分析表　　单位：元

方案 项目	将全部甲半成品深加工为乙产成品	直接出售甲半成品	差异额
相关收入	30×1 000=30 000	20×1 000=20 000	+10 000
相关成本合计	9 500	0	+9 500
其中：加工成本	5×1 000= 5 000	0	—
专属成本	4 500	0	—
差别损益			+500

决策结论：应当将全部甲半成品深加工为乙产成品，这样可以使企业多获得500元的利润。

5.解：依题意，编制相关成本分析表，见附表8-9。

附表8-9　**相关成本分析表**　单位：元

项目 \ 方案	自制A零件	外购A零件
变动成本	19 000−7 000=12 000	8×2 000=16 000
机会成本	2 000	0
相关成本合计	14 000	16 000

决策结论：应当安排自制A零件，这样可使企业节约2 000元的成本。

6.解：依题意，当B部件的需要量在0~5 000件的范围内时，自制方案的固定成本为12 000元，单位变动成本为5元/件；外购方案的固定成本为0，单位变动成本为8元/件。当B部件的需要量大于或等于5 000件时，自制方案的固定成本和单位变动成本均不变，但外购方案的单位变动成本变为7元/件。

这就需要计算两个成本无差别点业务量：

$$成本无差别点业务量_1=\frac{12\,000-0}{8-5}=4\,000（件）$$

$$成本无差别点业务量_2=\frac{12\,000-0}{7-5}=6\,000（件）$$

设B部件的实际需要量为x，则决策结论如下：

当0≤x<4 000时，应当外购；

当4 000≤x<5 000时，应当自制；

当5 000≤x<6 000时，应当外购；

当x>6 000时，应当自制；

当x=4 000或x=6 000时，自制或外购均可以。

7.解：根据上述资料进行计算：

$$\text{共同最优生产批次}(N^*) = \sqrt{\frac{\sum A_i C_i \cdot \left(1 - \frac{d_i}{p_i}\right)}{2\sum S_i}}$$

$$= \sqrt{\frac{1\,000 \times 2 \times \left(1 - \frac{10}{25}\right) + 500 \times 1 \times \left(1 - \frac{5}{15}\right) + 800 \times 1 \times \left(1 - \frac{10}{20}\right)}{2 \times (50 + 30 + 40)}}$$

≈ 3(批)

各产品或零部件的最优生产批量（Q_i^*）$= \frac{A_i}{N^*}$

甲产品最优产量（Q_1^*）$= \frac{1\,000}{3} \approx 333$（件）

乙产品最优产量（Q_2^*）$= \frac{500}{3} \approx 167$（件）

丙产品最优产量（Q_3^*）$= \frac{800}{3} \approx 267$（件）

由上可知，共同最优生产批数为3批，每批应安排生产甲产品333件、乙产品167件、丙产品267件。

第九章　长期投资决策（上）

（一）单项选择题

1.A　2.B　3.A　4.D　5.D　6.C　7.B　8.B　9.C　10.D　11.C　12.D　13.A　14.C　15.A　16.C　17.C　18.D　19.B　20.A

（二）多项选择题

1.ABE　2.ABCD　3.AB　4.ABD　5.ABCDE　6.ABD　7.ABDE　8.ABCDE　9.CE　10.ABCD　11.ABCDE　12.ABCDE　13.ABE　14.AC　15.BCDE　16.ACE　17.ABCDE　18.ACE　19.DE　20.ABE

（三）判断题

1.√　2.√　3.√　4.√　5.√　6.×　7.×　8.√　9.√　10.×　11.√　12.√　13.×　14.√　15.√　16.×　17.√　18.×　19.×　20.×

（四）计算分析题

1.解：依题意

该项目的项目计算期=1+5=6（年）

（1）资本化利息=100×10%=10（万元）

固定资产原值=100+10=110（万元）

（2）资本化利息=100×50%×10%=5（万元）

固定资产原值=100+5=105（万元）

（3）资本化利息=（0+100）÷2×10%=5（万元）

固定资产原值=100+5=105（万元）

2.解：依题意

（1）固定资产投资=100+100+100=300（万元）

（2）原始投资=300万元

（3）建设期第1年资本化利息=100×10%=10（万元）

建设期第2年资本化利息=（100+10+100）×10%=21（万元）

建设期资本化利息合计=10+21=31（万元）

（4）固定资产原值=300+31=331（万元）

（5）项目总投资=300+31=331（万元）

3.解：依题意

（1）经营期第1年的流动资产需用额=130+50+20=200（万元）

经营期第1年的流动负债需用额=100万元

经营期第1年的流动资金需用额=200-100=100（万元）

经营期第1年的流动资金投资额=100-0=100（万元）

（2）经营期第2年的流动资产需用额=150+100+50=300（万元）

经营期第2年的流动负债需用额=150万元

经营期第2年的流动资金需用额=300-150=150（万元）

经营期第2年的流动资金投资额=150-100=50（万元）

（3）经营期第3年的流动资产需用额=200+150+100=450（万元）

经营期第3年的流动负债需用额=260万元

经营期第3年的流动资金需用额=450-260=190（万元）

经营期第3年的流动资金投资额=190-150=40（万元）

或 =190-（100+50）=40（万元）

（4）经营期第4年的流动资金需用额=450-260=190（万元）

经营期第4年的流动资金投资额=190-190=0

或 =190-（100+50+40）=0

（5）该项目的流动资金投资合计=100+50+40=190（万元）

终结点回收的流动资金=190万元

4.解：依题意

（1）项目计算期=1+10=11（年）

固定资产原值=202万元

年折旧额=$\frac{202-2}{10}$=20（万元）

终结点回收额=2万元

（2）该项目建设期的所得税前净现金流量如下：

NCF_0=-202万元

NCF_1=0

（3）该项目经营期的所得税前净现金流量如下：

$NCF_{2\sim10}$=15+20=35（万元）

NCF_{11}=15+20+2=37（万元）

5.解：依题意

（1）项目计算期=2+10=12（年）

（2）建设期第1年的资本化利息=100×10%=10（万元）

建设期第2年的资本化利息=（100+10）×10%=11（万元）

建设期资本化利息合计=10+11=21（万元）

（3）固定资产投资=建设投资=100万元

原始投资=100+20=120（万元）

项目总投资=120+21=141（万元）

终结点回收额=21+20=41（万元）

（4）固定资产原值=100+21=121（万元）

（5）年折旧额=$\frac{121-21}{10}$=10（万元）

（6）建设期所得税前净现金流量如下：

NCF_0=-100万元

$NCF_{1\sim2}$=0

（7）经营期所得税前净现金流量如下：

NCF_3=8+10-20=-2（万元）

$NCF_{4\sim6}$=8+10=18（万元）

$NCF_{7\sim11}$=19+10=29（万元）

NCF_{12}=19+10+41=70（万元）

6.解：依题意

（1）建设期=0

项目计算期=0+5=5（年）

（2）更新设备比继续使用旧设备增加的投资额=500 000−100 000=+400 000（元）

（3）每年因更新改造而增加的折旧额=$\frac{400\ 000-40\ 000}{5}$=+72 000（元）

（4）每年因更新改造而导致的总成本变动额=−100 000+72 000=−28 000（元）

（5）每年因更新改造而导致的营业利润变动额=0−（−28 000）=+28 000（元）

（6）每年因营业利润变动而导致的净利润变动额=+28 000×（1−25%）

=+21 000（元）

（7）更新改造当年因旧设备提前报废发生净损失而抵减的所得税税额=10 000×25%=2 500（元）

（8）建设期的净现金流量：

NCF_0=−（500 000−100 000）=−400 000（元）

（9）经营期的净现金流量：

NCF_1=21 000+72 000+2 500=95 500（元）

$NCF_{2\sim4}$=21 000+72 000=93 000（元）

NCF_5=21 000+72 000+40 000=133 000（元）

◆ 案例分析提示

（1）建设期第一年资本化利息=40 000×7.5%×50%=1 500（万元）

建设期第二年资本化利息=20 000×7.5%×50%+（40 000+1 500）×7.5%

=3 862[①]（万元）

建设期资本化利息合计=1 500+3 862=5 362（万元）

固定资产原值=160 000+5 362=165 362（万元）

固定资产余值=165 362×10%=16 536（万元）

固定资产年折旧额=$\frac{165\ 362-16\ 536}{18}$≈8 268（万元）

无形资产年摊销额=$\frac{13\ 000}{5}$=2 600（万元）

其他资产摊销额=7 000万元

建设投资=160 000+13 000+7 000=180 000（万元）

原始投资=180 000+20 000=200 000（万元）

项目总投资=200 000+5 362=205 362（万元）

①此处计算不考虑四舍五入。

回收流动资金=20 000万元

（2）编制的项目总投资与资金筹措表见附表9-1。

附表9-1　　**项目总投资与资金筹措表**　　单位：万元

序号	项目	建设期			试产期		达产期	合计
		0	1	2	3	4	5	
1	项目总投资	100 000	61 500	23 862	14 000	4 000	2 000	205 362
1.1	建设投资	100 000	60 000	20 000	0	0	0	180 000
1.2	流动资金投资	0	0	0	14 000	4 000	2 000	20 000
1.3	建设期利息	0	1 500	3 862	0	0	0	5 362
2	资金筹措	100 000	61 500	23 862	14 000	4 000	2 000	205 362
2.1	股东权益资金	100 000	20 000	0	8 000	0	0	128 000
2.2	借款	0	41 500	23 862	6 000	2 000	1 000	74 362
2.2.1	建设投资借款（本金）	0	40 000	20 000	0	0	0	60 000
2.2.2	流动资金借款（本金）	0	0	0	6 000	2 000	1 000	9 000
2.2.3	当期应计利息转入借款本金（期末）	0	1 500	3 862	0	0	0	5 362

（3）编制的销售收入和税金及附加估算表见附表9-2。.

附表9-2　　**销售收入和税金及附加估算表**　　金额单位：万元

序号	生产负荷	70%			90%			100%		
	年 份	3			4			5 ~ 20		
	项 目	单价	销量	销售收入	单价	销量	销售收入	单价	销量	销售收入
1	产品销售收入			49 700			70 200			78 000
1.1	甲产品	6	3 500	21 000	6	4 500	27 000	6	5 000	30 000
1.2	乙产品	7	2 100	14 700	7	3 600	25 200	7	4 000	28 000
1.3	丙产品	10	1 400	14 000	10	1 800	18 000	10	2 000	20 000
2	应交增值税			5 607			6 786			7 150
2.1	销项税额			6 461			9 126			10 140
2.2	进项税额			854			2 340			2 990
3	税金及附加			560			679			716
3.1	城市维护建设税			392			475			501
3.2	教育费附加			168			204			215

（4）编制的不包括财务费用的总成本估算表见附表9-3。

附表9-3　**不包括财务费用的总成本估算表**　金额单位：万元

序号	项目	试产期		达产期	
		3	4	5～7	8～20
	生产负荷	70%	90%	100%	
1	经营成本	10 946	30 000	35 000	38 000
2	折旧费	8 268	8 268	8 268	8 268
3	摊销费	9 600	2 600	2 600	0
4	不包括财务费用的总成本费用	28 814	40 868	45 868	46 268
	其中：固定成本	10 000	13 200	15 200	15 200
	变动成本	18 814	27 668	30 668	31 068

（5）编制的息税前利润和调整所得税估算表见附表9-4。

附表9-4　**息税前利润和调整所得税估算表**　金额单位：万元

序号	项目	试产期		达产期	
		3	4	5～7	8～20
	生产负荷	70%	90%	100%	
1	销售收入	49 700	70 200	78 000	78 000
2	税金及附加	560	679	716	716
3	不包括财务费用的总成本费用	28 814	40 868	45 868	46 268
4	息税前利润	20 326	28 653	31 416	31 016
5	调整所得税（25%）	5 082	7 163	7 854	7 754

（6）编制的全部投资的现金流量表见附表9-5。

附表 9–5

现金流量表（全部投资）

价值单位：万元

序号	项目	建设期			试产期		达产期							合计
		0	1	2	3	4	5	6	7	8	…	19	20	
1	现金流入				49 700	70 200	78 000	78 000	78 000	78 000	…	78 000	114 536	1 404 436
1.1	销售收入				49 700	70 200	78 000	78 000	78 000	78 000	…	78 000	78 000	1 367 900
1.2	回收固定资产余值												16 536	16 536
1.3	回收流动资金												20 000	20 000
2	现金流出	100 000	60 000	20 000	25 506	34 679	37 716	35 716	35 716	38 716	…	38 716	38 716	852 641
2.1	建设投资	100 000	60 000	20 000										180 000
2.2	流动资金投资				14 000	4 000	2 000							20 000
2.3	经营成本				10 946	30 000	35 000	35 000	35 000	38 000	…	38 000	38 000	639 946
2.4	税金及附加				560	679	716	716	716	716	…	716	716	12 695
3	所得税前净现金流量	-100 000	-60 000	-20 000	24 194	35 521	40 284	42 284	42 284	39 284	…	39 284	75 820	551 795
4	累计所得税前净现金流量	-100 000	-160 000	-180 000	-155 806	-120 285	-80 001	-37 717	4 567	43 851	…	475 975	551 795	—
5	调整所得税				5 082	7 163	7 854	7 854	7 854	7 754	…	7 754	7 754	136 609
6	所得税后净现金流量	-100 000	-60 000	-20 000	19 112	28 358	32 430	34 430	34 430	31 530	…	31 530	68 066	415 186
7	累计所得税后净现金流量	-100 000	-160 000	-180 000	-160 888	-132 530	-100 100	-65 670	-31 240	290	…	347 120	415 186	—

第十章　长期投资决策（下）

（一）单项选择题

1.B　2.D　3.A　4.C　5.D　6.D　7.A　8.C　9.B　10.C　11.A　12.B　13.D　14.C　15.D　16.D　17.A　18.C　19.C　20.D

（二）多项选择题

1.ACD　2.BCDE　3.AB　4.BDE　5.BCDE　6.AB　7.ACDE　8.CE　9.ABCD　10.ABCE　11.ACDE　12.ABCD　13.ABCD　14.ABDE　15.ABE　16.CD　17.DE　18.AB　19.ABCDE　20.ADE

（三）判断题

1.√　2.√　3.×　4.×　5.√　6.×　7.√　8.×　9.×　10.×　11.×　12.√　13.×　14.√　15.×　16.×　17.√　18.×　19.√　20.√

（四）计算分析题

1.解：依题意

（1）原始投资回收率$=\frac{20}{100}\times100\%=20\%$

（2）总投资收益率$=\frac{12}{100+20}\times100\%=10\%$

（3）年平均投资收益率$=\frac{12}{100\times50\%}\times100\%=24\%$

2.解：依题意

（1）该项目包括建设期的静态投资回收期$=6+\frac{|-20|}{20-(-20)}=6.5$（年）

该项目不包括建设期的静态投资回收期=6.5−2=4.5（年）

（2）该项目的建设期为2年；投资方式为分两次投入，即在建设期的每年年初投入100万元原始投资；该项目的经营期为13年。

3.解：依题意

（1）该项目的建设期为2年。

（2）该项目的平均经营净现金流量$=\frac{30\times4+40\times6}{12-2}=\frac{360}{10}=36$（万元）

（3）该项目的原始投资回收率$=\frac{36}{60+60}\times100\%=\frac{36}{120}\times100\%=30\%$

（4）该项目不包括建设期的静态投资回收期$=\frac{120}{30}=4$（年）

该项目包括建设期的静态投资回收期=4+2=6（年）

4.解：依题意

（1）填表结果见附表10-1。

附表10-1　　项目有关资料计算结果　　单位：万元

年份	0	1	2	3	4	5	合　计
累计净现金流量	-500	-300	-200	-100	100	200	—
折现净现金流量	-500	178.572	79.719	71.178	127.104	56.743	13.316
累计折现净现金流量	-500	-321.428	-241.709	-170.531	-43.427	13.316	—

（2）该项目的原始投资额为500万元；投资方式为在建设起点一次投入全部资金；项目计算期为5年，建设期为零；净现值为13.316万元。

（3）按插入函数法确定的该项目净现值为11.889万元，因为该项目在建设起点发生了投资，因此应当进行调整。

调整后的净现值=11.889×（1+12%）≈13.316（万元）

上述计算结果与（2）中确定的净现值完全一致。

（4）该项目的静态投资回收期=$3+\frac{|-100|}{200}$=3.5（年）

该项目的动态投资回收期=$4+\frac{|-43.427|}{56.743}$≈4.77（年）

（5）该项目的净现值率=$\frac{13.316}{500}$≈0.0266

（6）按插入函数法确定的该项目内部收益率为13.135%，由于该项目在建设起点发生了投资，因此该项目真正的内部收益率一定大于13.135%。

（7）因为该项目的净现值为13.316万元，大于零；内部收益率为13.135%，大于行业基准折现率12%；静态投资回收期为3.5年，大于项目计算期的一半2.5年，所以该方案基本具备财务可行性。

5.解：依题意

（1）该项目的静态投资回收期=$\frac{100}{25}$= 4（年）

（2）该项目的净现值=-100+25×（PA/A，10%，10）

=-100+25×6.14457

≈53.61（万元）

（3）财务可行性评价：

因为该项目的净现值为53.61万元，大于零，静态投资回收期为4年，小于基准回收期5年（10÷2），所以该项目完全具备财务可行性。

6.解：依题意

（1）该项目具备财务可行性，理由包括：

理由一：因为按大于行业基准折现率12%的设定折现率16%计算的净现值为90万元，大于零，所以可以断定，按其他大于行业基准折现率12%的设定折现率计算的净现值也一定大于零，据此可以断定，该项目具备财务可行性。

理由二：依题意，该项目的内部收益率大于16%，小于18%，一定大于行业基准折现率12%，据此可以断定，该项目具备财务可行性。

（2）依题意，应用内插法：

$$IRR=16\%+\frac{90-0}{90-(-10)}\times(18\%-16\%)=17.8\%$$

因为该项目的内部收益率17.8%大于行业基准折现率12%，所以该项目具备财务可行性。

7.解：依题意

（1）因为甲方案和乙方案的净现值均大于零，所以这两个方案都具有财务可行性。

（2）应用年等额净回收额法：

$$\text{甲方案的年等额净回收额}=100\times\frac{1}{6.14457}\approx16.27\text{（万元）}$$

$$\text{乙方案的年等额净回收额}=110\times\frac{1}{7.10336}\approx15.49\text{（万元）}$$

因为16.27>15.49，所以甲方案优于乙方案。

8.解：依题意

（1）$(P_A/A，\Delta IRR，10)=\frac{100}{25}=4.00000$

查10年的年金现值系数表：

$\because (P_A/A，20\%，10)=4.19247>4.00000$

$(P_A/A，22\%，10)=3.92318<4.00000$

$\therefore 20\%<\Delta IRR<22\%$，应用内插法：

$$\Delta IRR=20\%+\frac{4.19247-4.00000}{4.19247-3.92318}\times(22\%-20\%)\approx21.43\%$$

（2） $\because \Delta IRR=21.43\%>i_c=14\%$

∴应当进行该项更新改造。

9.解：依题意

（1）在方案重复法下：

B项目的项目计算期为10年，C项目的项目计算期为15年。

两个方案项目计算期的最小公倍数为30年。

在此期间，B项目方案重复两次，而C项目只重复一次。

NPV_B'=1 000+1 000×（P/F，12%，10）+1 000×（P/F，12%，20）

=1 000+1 000×0.32197+1 000×0.10367

=1 425.64（万元）

NPV_C'=1 100+1 100×（P/F，12%，15）

=1 100+1 100×0.18270

=1 300.97（万元）

∵ NPV_B'=1 425.64万元>NPV_C'=1 300.97万元

∴B项目优于C项目。

（2）在最短计算期法下：

B项目调整后的净现值=1 000万元

C项目调整后的净现值=1 100×$\frac{5.65022}{6.81086}$≈912.55（万元）

∵1 000>912.55

∴应选择B项目。

◆ 案例分析提示

案例10-1　某项目投资决策评价指标的计算及应用

（1）根据资料回答：

① 该项目投资的类型为完整工业投资项目。

② 该项目的资金投入方式是分次投入。

③ 该项目的原始投资=980+20=1 000（万元）。

④ 该项目的流动资金投资额=20万元。

⑤ 假定该项目的建设投资中只包括固定资产投资，其数额=980万元。

⑥ 该项目的净现值=918.38万元。

⑦ 如果该项目的行业基准折现率为10%，则该项目的内部收益率指标高于10%。

⑧ 该项目的回收额=80+20=100（万元）。

（2）计算该项目的下列指标：

①静态投资回收期：

包括建设期的静态投资回收期=$3+\frac{280}{360}\approx3.78$（年）。

不包括建设期的静态投资回收期=3.78−1=2.78（年）。

②动态投资回收期=$4+\frac{186.12}{223.53}\approx4.83$（年）。

③包括建设期的静态投资回收期3.78年$<\frac{11}{2}=5.5$年，不包括建设期的静态投资回收期2.78年$<\frac{10}{2}=5$年，净现值918.38万元>0，所以该项目完全具备财务可行性。

案例10-2　某化工项目投资决策评价指标的计算及应用

（1）计算的相关决策评价指标如下：

财务评价指标计算：	所得税前	所得税后
包括建设期的投资回收期	6.89年	7.99年
不包括建设期的投资回收期	4.89年	5.99年
净现值（行业基准折现率为11%）	69 932万元	23 645万元
内部收益率	15.66%	12.67%

（2）因为该项目所得税前后的两种净现值均大于零，两种内部收益率均大于行业基准折现率11%，两种包括建设期的投资回收期均小于项目计算期的一半（10年），两种不包括建设期的投资回收期均小于运营期的一半（9年），据此可以断定：该化工投资项目完全具备财务可行性。

第十一章　全面预算

（一）单项选择题

1.C　2.B　3.D　4.D　5.B　6.A　7.B　8.C　9.B　10.D　11.A　12.C　13.B　14.B　15.D　16.A　17.D　18.A　19.B　20.D

（二）多项选择题

1. ABC　2. AD　3. ABCE　4. CDE　5. BCDE　6. BDE　7. CDE　8. ABDE　9. CD　10. ABCDE　11. AB　12. ABDE　13. CD　14. ABD　15.ABC　16.ABCD　17.ABD　18.DE　19.BCD　20.ABCDE

（三）判断题

1.×　2.×　3.√　4.×　5.√　6.×　7.×　8.√　9.×　10.√　11.×　12.×　13.√　14.×　15.×　16.√　17.√　18.√　19.√　20.×

（四）计算分析题

1.解：依题意，编制的销售预算表和经营现金收入预算表见附表11-1和附表11-2。

附表11-1　**销售预算表**　金额单位：元

季　度	一	二	三	四	全　年
销售单价	50	50	50	50	50
预计销量（件）	1 900	2 400	2 600	2 900	9 800
预计销售收入	95 000	120 000	130 000	145 000	490 000
增值税销项税额	12 350	15 600	16 900	18 850	63 700
含税销售收入	107 350	135 600	146 900	163 850	553 700

附表11-2　**经营现金收入预算表**　金额单位：元

季　度	一	二	三	四	全　年
含税销售收入	107 350	135 600	146 900	163 850	553 700
期初应收账款	42 000				42 000
第一季度经营现金收入	64 410	42 940			107 350
第二季度经营现金收入		81 360	54 240		135 600
第三季度经营现金收入			88 140	58 760	146 900
第四季度经营现金收入				98 310	98 310
经营现金收入合计	106 410	124 300	142 380	157 070	530 160

期末应收账款=163 850−98 310=65 540（元）

2.解：依题意，编制的制造费用弹性预算见附表11-3。

附表11-3　　**制造费用弹性预算**　　金额单位：元

直接人工工时（小时）	3 000	4 000	5 000	6 000
变动性制造费用				
间接人工	300	400	500	600
物料费	450	600	750	900
维护费	240	320	400	480
水电费	600	800	1 000	1 200
固定性制造费用				
间接人工	3 000	3 000	3 000	3 000
折旧费	5 000	5 000	5 000	5 000
维护费	2 000	2 000	2 000	2 000
水电费	1 000	1 000	1 000	1 000
制造费用合计	12 590	13 120	13 650	14 180

3.解：（1）依题意，按字母顺序列算式计算的各项数据如下：

A=89 000−9 000=80 000（元）；

B=89 000−（−6 000）=95 000（元）；

C=95 000−34 000−2 000−10 000−3 000=46 000（元）；

D=6 000元，已知；

E=6 000−（−6 000）=12 000（元）；

F=E=12 000元；

G=D=6 000元；H=6 000+94 000=100 000（元）；

I=55 000+30 000+3 000+12 000+3 000=103 000（元）；

J=100 000−103 000=−3 000（元）；

K=6 000元，已知；L=6 000−（−3 000）=9 000（元）；

M=L=9 000元；N=K=6 000元；

P=6 000+120 000=126 000（元）；

Q=13 500−2 000−3 000−4 500=4 000（元）；

R=126 000−13 000=113 000（元）；

S=113 000−60 000−4 000−10 000−3 000=36 000（元）；

T=406 500−80 000−94 000−120 000=112 500（元）；

U=119 500−112 500=7 000（元）；

V=U=7 000元；W=7 000−13 000=−6 000（元）；

X=−W=6 000元；Y=130 000−34 000−30 000−36 000=30 000（元）；

Z=45 000−10 000−12 000−10 000=13 000（元）；

A_1=45 000+30 000+4 500+13 000+3 000=95 500（元）；

B_1=119 500−95 500=24 000（元）；

C_1=8 000−24 000=−16 000（元）；D_1=−C_1=16 000元；

E_1=9 000元；F_1=9 000+406 500=415 500（元）；

G_1=46 000+55 000+60 000+45 000=206 000（元）；

H_1=3 000+3 000+3 000+3 000=12 000（元）；

I_1=95 000+103 000+113 000+95 500=406 500（元）；

J_1=415 500−406 500=9 000（元）；

K_1=12 000+9 000=21 000（元）；L_1=6 000+16 000=22 000（元）；

M_1=21 000−22 000=−1 000（元）；N_1=8 000元。

（2）根据上述数据，编制的该企业20×7年度现金预算见附表11-4。

附表11-4　　**现金预算**　　单位：元

项　目	第一季度	第二季度	第三季度	第四季度	全　年
期初现金余额	9 000	G=6 000	N=6 000	U=7 000	E_1=9 000
加：现金收入	A=80 000	94 000	120 000	T=112 500	406 500
可动用现金合计	89 000	H=100 000	P=126 000	119 500	F_1=415 500
减：现金支出					
直接材料	C=46 000	55 000	60 000	45 000	G_1=206 000
制造费用	34 000	30 000	S=36 000	Y=30 000	130 000
销售费用	2 000	3 000	Q=4 000	4 500	13 500

续表

项　目	第一季度	第二季度	第三季度	第四季度	全　年
购置设备	10 000	12 000	10 000	Z=13 000	45 000
支付股利	3 000	3 000	3 000	3 000	H_1=12 000
现金支出合计	B=95 000	I=103 000	R=113 000	A_1=95 500	I_1=406 500
现金余缺	−6 000	J=−3 000	13 000	B_1=24 000	J_1=9 000
现金筹集与运用					
银行借款（期初）	F=12 000	M=9 000	—	—	K_1=21 000
归还本息（期末）	—	—	X=6 000	D_1=16 000	L_1=22 000
现金筹集与运用合计	E=12 000	L=9 000	W=−6 000	C_1=−16 000	M_1=−1 000
期末现金合计	D=6 000	K=6 000	V=7 000	8 000	N_1=8 000

4.解：

（1）依题意，编制的20×7年HX公司经营预算见附表11-5至附表11-17，在此基础上编制的现金预算见附表11-18。

附表11-5　**20×7年度HX公司销售预算**　金额单位：元

季　度	一	二	三	四	全　年
销售单价	90	90	90	90	90
预计销量（件）	1 100	1 600	2 000	1 500	6 200
预计销售收入	99 000	144 000	180 000	135 000	558 000
增值税销项税额	12 870	18 720	23 400	17 550	72 540
含税销售收入	111 870	162 720	203 400	152 550	630 540

附表11-6　　20×7年度HX公司经营现金收入预算　　单位：元

季　度	一	二	三	四	全　年
含税销售收入	111 870	162 720	203 400	152 550	630 540
期初应收账款	45 000				45 000
第一季度经营现金收入	67 122	44 748			111 870
第二季度经营现金收入		97 632	65 088		162 720
第三季度经营现金收入			122 040	81 360	203 400
第四季度经营现金收入				91 530	91 530
经营现金收入合计	112 122	142 380	187 128	172 890	614 520

附表11-7　　20×7年度HX公司年度生产预算　　单位：件

季　度	一	二	三	四	全　年
预计销量	1 100	1 600	2 000	1 500	6 200
加：预计期末存货量	160	200	150	120	120
减：期初存货量	100	160	200	150	100
预计产量	1 160	1 640	1 950	1 470	6 220

附表11-8　　20×7年度HX公司直接材料需用量预算

品种	季　度	一	二	三	四	全　年
A材料	材料单耗（千克/件）	3	3	3	3	3
	预计产量（件）	1 160	1 640	1 950	1 470	6 220
	预计生产需用量（千克）	3 480	4 920	5 850	4 410	18 660
B材料	材料单耗（千克/件）	2	2	2	2	2
	预计产量（件）	1 160	1 640	1 950	1 470	6 220
	预计生产需用量（千克）	2 320	3 280	3 900	2 940	12 440

附表11-9　　20×7年度HX公司直接材料采购预算　　单位：元、千克

品种	季　度	一	二	三	四	全　年
A材料	材料采购单价	5	5	5	5	5
	材料耗用量	3 480	4 920	5 850	4 410	18 660
	加：期末材料存量	1 476	1 755	1 323	1 980	1 980
	减：期初材料存量	1 030	1 476	1 755	1 323	1 030
	本期采购量	3 926	5 199	5 418	5 067	19 610
	材料采购成本	19 630	25 995	27 090	25 335	98 050
B材料	材料采购单价	3	3	3	3	3
	材料耗用量	2 320	3 280	3 900	2 940	12 440
	加：期末材料存量	984	1 170	882	1 200	1 200
	减：期初材料存量	830	984	1 170	882	830
	本期采购量	2 474	3 466	3 612	3 258	12 810
	材料采购成本	7 422	10 398	10 836	9 774	38 430
预计材料采购成本合计		27 052	36 393	37 926	35 109	136 480
增值税进项税额		3 517	4 731	4 930	*4 564	17 742
预计采购金额合计		30 569	41 124	42 856	39 673	154 222

*4 564=17 742−3 517−4 731−4 930。

附表11-10　　20×7年度HX公司直接材料采购现金支出预算　　单位：元

季　度	一	二	三	四	全　年
预计采购金额合计	30 569	41 124	42 856	39 673	154 222
期初应付账款	9 400				9 400
第一季度采购现金支出	15 285	*15 284			30 569
第二季度采购现金支出		20 562	20 562		41 124
第三季度采购现金支出			21 428	21 428	42 856
第四季度采购现金支出				19 837	19 837
现金支出合计	24 685	35 846	41 990	41 265	143 786

*15 284=30 569−15 285。

附表11-11　　20×7年度HX公司应交税费预算　　单位：元

季　度	一	二	三	四	全　年
增值税销项税额	12 870	18 720	23 400	17 550	72 540
增值税进项税额	3 517	4 731	4 930	4 564	17 742
应交增值税	9 353	13 989	18 470	12 986	54 798
税金及附加	935	1 399	1 847	1 299	5 480
现金支出合计	10 288	15 388	20 317	14 285	60 278

附表11-12　　20×7年度HX公司直接人工预算　　金额单位：元

季　度	一	二	三	四	全　年
工资率	5	5	5	5	5
单位产品工时定额（小时）	4	4	4	4	4
预计产量（件）	1 160	1 640	1 950	1 470	6 220
直接人工工时总数（小时）	4 640	6 560	7 800	5 880	24 880
预计直接工资	23 200	32 800	39 000	29 400	124 400
福利费	3 248	4 592	5 460	4 116	17 416
预计直接人工合计（付现）	26 448	37 392	44 460	33 516	141 816

附表11-13　　20×7年度HX公司制造费用预算　　金额单位：元

变动性制造费用		固定性制造费用	
间接材料	9 000	管理人员工资及福利费	8 000
间接人工	8 600	折旧费	17 000
维修费	6 832	办公费	5 500
水电费	6 300	保险费	5 300
其他	4 100	其他	3 000
合计	34 832	合计	38 800
直接人工工时总数（小时）	24 880	减：折旧	17 000
预算分配率=34 832÷24 880=1.40		现金支出合计	21 800
		各季支出数=21 800÷4=5 450	

附表11-14　　**20×7年度HX公司制造费用现金支出预算**　　金额单位：元

季　度	一	二	三	四	全　年
变动性制造费用分配率	1.40	1.40	1.40	1.40	1.40
直接人工工时（小时）	4 640	6 560	7 800	5 880	24 880
变动性制造费用	6 496	9 184	10 920	8 232	34 832
固定性制造费用	5 450	5 450	5 450	5 450	21 800
现金支出合计	11 946	14 634	16 370	13 682	56 632

附表11-15　　**20×7年度HX公司销售费用预算**　　单位：元

变动性销售费用		固定性销售费用	
项　目	单位产品标准费用额	项　目	全年费用额
销售佣金	0.90	管理人员工资及福利费	6 000
销售运杂费	0.80	广告费	15 000
其他	0.20	保险费	5 000
		折旧费	600
		其他	2 000
合计	1.90	合计	28 600
		减：折旧费	600
		付现固定性销售费用	28 000
		平均每季（28 000÷4）	7 000

附表11-16　　**20×7年度HX公司销售费用现金支出预算**　　金额单位：元

季　度	一	二	三	四	全　年
单位产品标准费用额	1.90	1.90	1.90	1.90	1.90
预计销量（件）	1 100	1 600	2 000	1 500	6 200
变动性销售费用	2 090	3 040	3 800	2 850	11 780
固定性销售费用（不含折旧）	7 000	7 000	7 000	7 000	28 000
现金支出合计	9 090	10 040	10 800	9 850	39 780

附表11-17　　20×7年度HX公司管理费用预算　　单位：元

费用项目	金　额
公司经费	5 000
工会经费	1 100
董事会费	1 000
折旧费	1 100
无形资产摊销费	900
职工培训费	600
其他	800
合计	10 500
减：折旧费	1 100
无形资产摊销费	900
现金支出	8 500
平均每季支付数（8 500÷4）	2 125

附表11-18　　20×7年度HX公司现金预算　　单位：元

季　度	一	二	三	四	全　年
期初现金余额	5 500	6 265	6 445	6 501	5 500
经营现金收入	112 122	142 380	187 128	172 890	614 520
可运用现金合计	117 622	148 645	193 573	179 391	620 020
经营现金支出：	102 082	132 925	153 562	132 223	520 792
采购直接材料	24 685	35 846	41 990	41 265	143 786
支付直接人工	26 448	37 392	44 460	33 516	141 816
支付制造费用	11 946	14 634	16 370	13 682	56 632
支付销售费用	9 090	10 040	10 800	9 850	39 780
支付管理费用	2 125	2 125	2 125	2 125	8 500
支付应交税费	10 288	15 388	20 317	14 285	60 278

续表

季　度	一	二	三	四	全　年
预缴所得税	15 000	15 000	15 000	15 000	60 000
预分股利	2 500	2 500	2 500	2 500	10 000
资本性现金支出：	56 000	10 000	34 000	38 000	138 000
购置固定资产	56 000	10 000	34 000	38 000	138 000
现金支出合计	158 082	142 925	187 562	170 223	658 792
现金余缺	−40 460	5 720	6 011	9 168	−26 772
资金筹措及运用	46 725	725	490	−3 085	44 855
加：短期借款	51 000		22 000		73 000
发行普通股		20 000			20 000
发行公司债券				30 000	30 000
减：支付短期借款利息	1 275	1 275	1 510	1 085	5 145
支付长期借款利息					0
支付公司债券利息					0
购买有价证券	3 000	1 000	3 000	4 000	11 000
归还借款本金		17 000	17 000	28 000	62 000
期末现金余额	6 265	6 445	6 501	6 083	6 083

（2）年末应收账款余额=152 550−91 530=61 020（元）

年末应付账款余额=39 673−19 837=19 836（元）

第十二章　成本控制（上）

（一）单项选择题

1.C　2.B　3.A　4.D　5.D　6.C　7.A　8.B　9.C　10.A　11.B　12.C　13.B　14.D　15.D　16.B　17.D　18.C　19.A　20.B

（二）多项选择题

1.ABE　2.ABCDE　3.ABCD　4.ABCDE　5.DE　6.ABCD　7.AB　8.CE　9.ABCDE　10.ADE　11.ABCDE　12.ABD　13.CD　14.ABE　15.ABC　16.ABE　17.ACD　18.CDE　19.ACE　20.AD

（三）判断题

1.√　2.×　3.√　4.×　5.×　6.√　7.×　8.×　9.×　10.×　11.√　12.√　13.√　14.×　15.√　16.×　17.√　18.×　19.√　20.√

（四）计算分析题

1.解：依题意，销量增长15%后两种产品的利润及利润变动率见附表12-1。

附表12-1　**销量增长后的利润及利润变动率**　金额单位：万元

项目	甲产品	乙产品
销售收入	115	115
单位变动成本	69	46
固定成本	10	30
税前利润	36	39
利润变动率	20%	30%

固定成本降低5万元，两种产品的利润及利润变动率见附表12-2。

附表12-2　**固定成本降低后的利润及利润变动率**　金额单位：万元

项目	甲产品	乙产品
销售收入	100	100
单位变动成本	60	40
固定成本	5	25
税前利润	35	35
利润变动率	16.7%	16.7%

上述计算结果表明，乙产品的贡献边际率较高，为60%，销量增长后的利润变动率比固定成本降低后的利润变动率高，甲产品销量增长后

的利润变动率比固定成本降低后的利润变动率高，但没有乙产品两个数据的差距大。因此，对于甲、乙产品，采取增加销量的方式对企业的盈利更加有利。

2.解：依题意

A产品的目标成本=3 000×（1−10%）÷（1+30%）≈2 076.92（元）

A产品的设计成本=1 500÷（1−10%−15%）=2 000（元）

因为A产品的设计成本低于目标成本，所以可以直接投入生产。

3.解：依题意

乙产品的单位目标成本=1 875×（1−10%−10%）=1 500（元）

根据零件功能评分计算六种零件的功能系数，依据功能系数分解产品目标成本，并计算各种零件的成本降低额，计算结果见附表12-3。

附表12-3 **乙产品价值分析表**

零件名称	功能系数	设计成本	目标成本	成本降低额
A	0.2143	270	321.45	−51.45
B	0.2143	260	321.45	−61.45
C	0.1429	200	214.35	−14.35
D	0.2143	400	321.45	78.55
E	0.0713*	150	106.95	43.05
F	0.1429	320	214.35	105.65
合计	1	1 600	1 500	100

*尾数调整。

计算结果表明，D、E、F三种零件是成本改进的对象，成本需要分别降低78.55元、43.05元和105.65元。

4.解：依题意，三个方案的功能总分为：

方案一功能总分=7+8+8+7+9=39（分）

方案二功能总分=9+7+9+8+9=42（分）

方案三功能总分=7+8+6+8+6=35（分）

三个方案的功能系数为：

方案一功能系数=39÷（39+42+35）≈0.3362

方案二功能系数=42÷（39+42+35）≈0.3621

方案三功能系数=35÷（39+42+35）≈0.3017

三个方案的成本系数为：

方案一成本系数=110÷（110+120+100）≈0.3333

方案二成本系数=120÷（110+120+100）≈0.3636

方案三成本系数=100÷（110+120+100）≈0.3031

三个方案的价值系数为：

方案一价值系数=0.3362÷0.3333≈1.009

方案二价值系数=0.3621÷0.3636≈0.9959

方案三价值系数=0.3017÷0.3031≈0.9954

计算结果表明，方案二和方案三的价值系数小于1，说明两个方案的产品功能低但成本高，不能采用；而方案一的价值系数大于1，说明该方案的产品功能高但成本低，因此方案一最优，应该选择方案一。

第十三章 成本控制（下）

（一）单项选择题

1.A 2.B 3.D 4.C 5.A 6.C 7.A 8.B 9.D 10.D 11.D 12.A 13.A 14.C 15.D 16.A 17.B 18.C 19.B 20.B

（二）多项选择题

1.AB 2.ABC 3.ABCDE 4.BCD 5.AD 6.ABC 7.ABE 8.ABD 9.CE 10.ABCDE 11.AD 12.ABC 13.ABE 14.ACE 15.AB 16.CDE 17.ABCD 18.BCD 19.AE 20.ABCDE

（三）判断题

1.√ 2.√ 3.× 4.√ 5.× 6.× 7.√ 8.√ 9.× 10.× 11.× 12.× 13.√ 14.√ 15.√ 16.× 17.√ 18.√ 19.× 20.√

（四）计算分析题

1.解：依题意

直接材料标准成本=20×5+32×9=388（元/件）

直接人工标准成本=7.50×13=97.50（元/件）

变动性制造费用标准成本=$\frac{38\ 000}{10\ 000}$×13=49.40（元/件）

固定性制造费用标准成本=$\frac{61\ 000}{10\ 000}$×13=79.30（元/件）

A产品标准成本=388+97.50+49.40+79.30=614.20（元/件）

2.解：依题意

直接材料成本差异=9 000−450×20=0

直接材料价格差异=（$\frac{9\ 000}{900}$−9）×900=+900（元）

直接材料数量差异=9×（900−50×20）=−900（元）

直接人工成本差异=3 325−180×20=−275（元）

直接人工价格差异=（$\frac{3\ 325}{950}$−4）×950=−475（元）

直接人工效率差异=4×（950−45×20）=+200（元）

变动性制造费用成本差异=2 375−135×20=−325（元）

变动性制造费用耗费差异=（$\frac{2\ 375}{950}$−3）×950= −475（元）

变动性制造费用效率差异=3×（950−45×20）=+150（元）

固定性制造费用成本差异=2 850−90×20=+1 050（元）

固定性制造费用耗费差异=2 850−2×1 000=+850（元）

固定性制造费用生产能力利用差异=2×（1 000−950）=+100（元）

固定性制造费用效率差异=2×（950−45×20）=+100（元）

3.解：依题意

（1）∵实际变动性制造费用总差异为−40元。

∴实际变动性制造费用=−40+24×1 300=31 160（元）

（2）效率差异=8×（4 100−3×1 300）=+1 600（元）

耗费差异=（$\frac{31\ 160}{4\ 100}$−8）×4 100=−1 640（元）

4.解：依题意

（1）直接材料价格差异=（200−210）× 9 000=−90 000（元）

直接材料数量差异=210 ×（9 000−10×1 000）=−210 000（元）

（2）直接材料成本差异=−90 000+（−210 000）=−300 000（元）

（3）固定性制造费用的总差异=2 000−580+1 000=2 420（元）

固定性制造费用的能量差异=−580+1 000=420（元）

5.解：依题意

（1）甲产品直接材料的标准成本=16×30.5+52×16+23.5×40=2 260（元/件）

（2）A材料成本差异=$\frac{39\ 000}{2\ 600}$×2 500−16×30.5×80=−1 540（元）

A材料数量差异=16×（2 500−80×30.5）=+960（元）

A材料价格差异=（$\frac{39\ 000}{2\ 600}$−16）×2 500=−2 500（元）

6.解：依题意

（1）单位标准成本=3×10+5×8+12×3+8×3+12×3

=30+40+36+24+36=166（元/件）

（2）∵实际工资总差异为−800元。

∴实际工资=12×3×1 300−800=46 000（元）

（3）效率差异=12×（4 100−3×1 300）=+2 400（元）

工资率差异=46 000− 12×4 100=46 000−49 200=−3 200（元）

7.解：依题意

（1）直接材料标准成本差异=23 700−22 000=+1 700（元）

（2）直接材料数量差异=10×（1 200−1 000）+6×（2 100−2 000）

=+2 600（元）

直接材料价格差异=（11−10）×1 200+（5−6）×2 100=−900（元）

（3）变动性制造费用标准成本差异=2 090−2 000=+90（元）

（4）变动性制造费用效率差异=0.4×（5 500−5 000）=+200（元）

变动性制造费用耗费差异=2 090−0.4×5 500=−110（元）

（5）固定性制造费用标准成本差异=4 675−4 000=+675（元）

（6）固定性制造费用预算差异=4 675−4 800=−125（元）

固定性制造费用能量差异=0.8×（6 000−5 000）=+800（元）

8.解：依题意

Q=92%，F=300元：

$Y_2=\frac{2\ 760}{100}$=27.6（元）　　$K=27.6\times\frac{1-92\%}{92\%}=2.4$

最优质量（Q_0）$=\frac{1}{1+\sqrt{\frac{2.4}{300}}}\times100\%=91.79\%$

最优质量成本（Y_0）$=300\times\frac{1-91.79\%}{91.79\%}+2.4\times\frac{91.79\%}{1-91.79\%}=53.67$（元/件）

9.解：（1）$Q^*=\sqrt{\frac{2\times16\times44\ 100}{8}}=420$（千克）

$TC^*=\sqrt{2\times16\times8\times44\ 100}=3\ 360$（元）

$N^*=\frac{44\ 100}{420}=105$（次）

（2）基本模型条件下，经济采购批量为420千克，适用的单价为10元，此时的存货成本：

$$TC_{420}=16\times\frac{44\ 100}{420}+8\times\frac{420}{2}+10\times44\ 100=444\ 360（元）$$

当Q=350千克时，单价=10.50元；当Q=11 025千克时，单价=9.40元，则：

$$TC_{350}=16\times\frac{44\ 100}{350}+8\times\frac{350}{2}+10.50\times44\ 100=466\ 466（元）$$

$$TC_{11\ 025}=16\times\frac{44\ 100}{11\ 025}+8\times\frac{11\ 025}{2}+9.40\times44\ 100=458\ 704（元）$$

由于444 360元最低，所以经济批量应为420件，此时最低的相关总成本为444 360元。

（3）$$Q^*=\sqrt{\frac{2\times16\times44\ 100}{8}}\times\sqrt{\frac{8+25}{25}}=420\times1.15=483（千克）$$

$$TC^*=\sqrt{2\times16\times8\times44\ 100}\times\sqrt{\frac{25}{25+8}}\approx3\ 360\times0.87=2\ 923.20（元）$$

（4）每日耗用量$=\frac{44\ 100}{360}=122.50$（千克）

$$Q^*=\sqrt{\frac{2\times16\times44\ 100}{8}}\times\sqrt{\frac{200}{200-122.50}}\approx420\times1.61=676.20（千克）$$

$$TC^*=\sqrt{2\times16\times8\times44\ 100}\times\sqrt{\frac{200-122.50}{200}}\approx3\ 360\times0.62=2\ 083.20（元）$$

10.解：（1）已知A=25 000，P=25，C=10，f=50，$t_1=7$，$t_2=1$，则：

每次采购量（Q^*）$=\sqrt{\frac{2PA}{C}}=\sqrt{\frac{2\times25\times25\ 000}{10}}\approx354$（千克）

再订货点（R）$=f\cdot(t_1+t_2)=50\times(7+1)=400$（千克）

（2）当$Q_2=450$时，因为$Q_2>R$，所以不用采购；

当$Q_2=400$时，$Q_2=R$，应马上采购354千克。

第十四章　责任会计

（一）单项选择题

1.A　2.B　3.C　4.D　5.D　6.C　7.D　8.C　9.B　10.C　11.A　12.A　13.C　14.B　15.B　16.D　17.A　18.C　19.D　20.D

（二）多项选择题

1.AD 2.ABCDE 3.ABCD 4.ADE 5.ABCDE 6.CE 7.DE 8.ABCD 9.BCDE 10.CD 11.CDE 12.DE 13.AE 14.ABCD 15.ABCDE 16.ABDE 17.BD 18.ABC 19.AD 20.ACE

（三）判断题

1.× 2.× 3.√ 4.√ 5.× 6.√ 7.√ 8.√ 9.× 10.× 11.√ 12.× 13.× 14.× 15.√ 16.× 17.× 18.√ 19.√ 20.×

（四）计算分析题

1.解：依题意

$$投资利润率=\frac{营业利润}{营业资产}\times 100\%=\frac{18\ 000}{100\ 000}\times 100\%=18\%$$

剩余收益=营业利润-营业资产×最低收益率

=18 000-100 000×15%=3 000（元）

2.解：依题意

$$\because 投资利润率=销售利润率\times 资产周转率=销售利润率\times\frac{销售收入}{营业资产}$$

$$\therefore 销售利润率=投资利润率\times\frac{营业资产}{销售收入}$$

$$A公司的销售利润率=15\%\times\frac{16\ 000}{40\ 000}\times 100\%=6\%$$

$$B公司的销售利润率=15\%\times\frac{20\ 000}{100\ 000}\times 100\%=3\%$$

3.解：依题意

（1）增加一项新业务后：

$$投资利润率=\frac{100\ 00+68\ 000}{500\ 000+200\ 000}\times 100\%=\frac{168\ 000}{700\ 000}\times 100\%=24\%$$

从以上计算可知，通过投入新项目，可以使投资中心A的投资利润率由原来的20%提高到24%，所以，投资中心A愿意投资该项新业务。

（2）投资新业务前的剩余收益=100 000-500 000×15%=25 000（元）

投资新业务后的剩余收益=（100 000+68 000）-（500 000+200 000）×15%

=63 000（元）

从以上计算可知，通过投入新项目，可以使投资中心A的剩余收益由原来的25 000元提高到63 000元，所以，投资中心A愿意投资该项新业务。

4.解：依题意，编制的A分厂的成本业绩报告见附表14-1。

附表14-1　　E企业A分厂（成本中心）成本业绩报告　　单位：元

项　目	实　际	预　算	差　异
A分厂可控成本			
直接材料	520 000	550 000	-30 000（有利）
直接人工	65 000	60 000	5 000（不利）
制造费用	46 000	40 000	6 000（不利）
A分厂可控成本合计	631 000	650 000	-19 000（有利）
厂部可控费用			
管理人员薪金	17 000	9 000	8 000（不利）
折旧费用	6 000	6 000	0
其他费用	9 000	7 000	2 000（不利）
厂部可控费用合计	32 000	22 000	10 000（不利）
A分厂责任成本合计	663 000	672 000	-9 000（有利）

5.解：依题意，编制的该责任中心的利润报告见附表14-2。

附表14-2　　责任中心的利润报告　　单位：元

项　目	实　际	预　算	差　异
销售收入	575 000	600 000	-25 000（不利）
变动成本			
变动生产成本	295 000	300 000	-5 000（有利）
变动性销售及管理费用	55 000	50 000	5 000（不利）
边际贡献	225 000	250 000	-25 000（不利）
固定成本			
固定性制造费用	100 000	100 000	0
固定性销售及管理费用	17 000	20 000	-3 000（有利）
营业利润	108 000	130 000	-22 000（不利）
所得税（25%）	27 000	32 500	-5 500（有利）
营业净利润	81 000	97 500	-16 500（不利）

6.解：依题意，编制的A、B投资中心的业绩报告见附表14-3。

附表14-3　　G企业投资中心业绩报告　　金额单位：元

项　目	A投资中心	B投资中心
销售收入	1 152 000	600 000
营业利润	138 240	60 000
营业资产	288 000	200 000
销售利润率（%）	12	10
资产周转率（次）	4	3
投资利润率（%）	48	30
剩余收益	95 040	30 000

第十五章　企业绩效评价

（一）单项选择题

1.A　2.C　3.A　4.C　5.D　6.B　7.C　8.C　9.B　10.B　11.C　12.D　13.A　14.B　15.A　16.C　17.D　18.D　19.B　20.C

（二）多项选择题

1.ABCD　2.ABCD　3.ABCD　4.ABCDE　5.ABDE　6.ABCD　7.CE　8.ACE　9.ABDE　10.ABCE　11.AE　12.ABC　13.ABCDE　14.ABCD　15.ABCD　16.ABCDE　17.ABCDE　18.ABCD　19.ABCDE　20.ABCD

（三）判断题

1.√　2.×　3.×　4.√　5.√　6.√　7.×　8.×　9.×　10.×　11.√　12.×　13.√　14.×　15.√　16.×　17.√　18.×　19.√　20.√

第十六章　管理会计专题

（一）单项选择题

1.D　2.C　3.B　4.C　5.A　6.C　7.A　8.B　9.C　10.B　11.A　12.D　13.B

（二）多项选择题

1.ABCDE　2.ABC　3.ABD　4.ABCD　5.BCDE　6.ABCD　7.ABCD　8.BCDE　9.ABCDE　10.ABCDE　11.ACD　12.ABCDE

（三）判断题

1.×　2.×　3.√　4.√　5.√　6.×　7.√　8.×　9.×　10.√